Jorgos Canacakis

Ich sehe deine Tränen

Jorgos Canacakis

Ich sehe deine Tränen

Lebendigkeit in der Trauer

Die Grundlagen des Lebens- und Trauerumwandlungsmodells (LTUM©)

Komplette Überarbeitung der bewährten Texte,
erweitert durch aktuelle Themen und Bilder und bereichert
mit neuen Erkenntnissen aus Forschung und Praxis

Mitgestaltet und neu geordnet
von Stefanie Montermann-Müller

Kreuz

Meinem Sohn Nikolas und meiner Frau Margarita
gewidmet

Inhalt

Dialog mit dem Buch anstelle eines Vorwortes: Der Wandel der Zeit braucht Umwandlung

Wer hätte das gedacht: Auf einmal klopft jemand an die Tür meiner Erinnerung. Es ist dieses Buch und die darin seit langem aufbewahrte Theorie der *Umwandlung*. Sie ist eine der Grundlagen dieses Buches und verlangt jetzt nach ihrem Recht auf Beachtung. »Hallo, Herr Autor!«, höre ich es rufen. »Hast du es schon wieder vergessen? Dabei steht es schon seit langem hier drin geschrieben: Es gibt nichts, was sich dem Wandel der Zeit entziehen kann. Du selbst auch nicht! Und ich, das Buch, bin seit fast zwei Jahrzehnten kaum verändert worden. Es wird dringend Zeit für eine Überarbeitung! Also, lieber Herr Autor, setz dich an deinen elektronischen, trauerunfähigen, oft widerspenstigen Computer-Kumpan und erfrische uns mit den vielen Erfahrungen der letzten Jahre. Oder willst du die Texte vergilben und verkümmern lassen, sodass die Leser beim Lesen nur noch mit dem Kopf schütteln können?«

Also, an die Arbeit! Denn wenn im Wandel der Zeit die notwendige Umwandlung nicht rechtzeitig stattfindet und sichtbar wird, gibt es nichts Neues, sondern nur »verwelkendes Vergessen« und »unauffindbares Verlieren«.

Diese Erkenntnis kommt gerade noch rechtzeitig, und so versuche ich, die gemachten Erfahrungen zu beschreiben, indem ich den Dialog mit meinem in die Jahre gekommenen Buch von neuem beginne.

Ich grüße dich, du mein gutes, altes Büchlein, und freue mich, dich wieder in meinen Armen zu halten. Das waren Zeiten damals, als ich mich vor fast 20 Jahren hinsetzte, um dich zu schreiben. Damals zitterte ich, weil ich verständlicherweise eine Schreibhemmung hatte, da ich nicht in meiner Muttersprache schreiben konnte. Dies hätte aber auch nicht besser funktioniert, da ich so früh aus Griechenland weggegangen bin. Na ja, ich habe es nicht bis zur hohen Schreibkunst gebracht, aber dank meines Lektors, der Einfachheit meines Schreibens, der prägnanten und manchmal frechen Sätze bist du, mein Buch, gut angekommen bei den Lesern. Überall im Land waren wir damals unterwegs, um die Besonderheiten des Geschriebenen zu zeigen und vielen Menschen vorzutragen. Also wird es uns auch jetzt wieder gelingen, meine neuen Erkenntnisse mit etwas Weisheit zu Papier zu bringen, auch wenn manchmal ein wenig Angst mitschwingt, dass es heute, da so viele Menschen schreiben, nicht gelingen könnte.

Ich sehe, dass du äußerlich immer schöner geworden bist, wofür der Verlag gesorgt hat, aber dein Inneres ist so geblieben wie damals. Gut, du bist immer noch interessant, aber in der heutigen Zeit spielt das »Verfallsdatum« eine besondere Rolle. Ich höre dich schon antworten, dass ich auch in die Jahre gekommen sei und man sofort bemerke, dass es sich bei mir um ein Auslaufmodell handelt. Aber: Sollen wir jetzt alles hinwerfen, verzweifeln und jammern darüber, dass es zu spät ist, dir ein neues Innenleben zu geben, und der Verbitterung, dem Rückzug, der Melancholie und der Depression die Tür unseres Herzens öffnen?

Nein, das machen wir nicht! Wir beide wissen, dass es in diesem Buch das Zauberwort »Trauerumwandlung« gibt. Also nur Mut, wir werden es schon schaffen! Es wird uns gelingen, obwohl das Verfallsdatum des Autors uns schon vor Augen steht. Da kann man nicht mehr viel vertuschen. Ich, der Autor, bin wirklich in die Jahre gekommen, sichtbar an einigen unmerklich stattgefundenen Umwandlungen: runzelige Haut, langsamere Bewegungen, lange Arme beim Lesen und der zunehmende Glanz auf dem Kopf. Und das ist nur das, was auf den ersten Blick auffällt. Vom Übrigen spricht man nicht in einer

Kultur, in der der Lifestyle des Anti-Aging in allen vergänglichen Leibern um die ewige Jugendlichkeit kämpft.

Aber ich stelle bei mir merkwürdigerweise fest, dass sich mein Inneres durch die vielen Erfahrungen meines Lebens und meines Berufes als Trauerforscher sehr gewandelt hat: auf dem Kopf strahlender Glanz und drinnen viel frische Weisheit. Man erzählt, ich sei philosophischer und reifer geworden. Und komischerweise bezeichnen viele Menschen, die meine Arbeit erleben, sie als neu, frisch, innovativ und lebendig für die heutige »alte Zeit«. Eine Teilnehmerin nannte meine Arbeit sogar »junges Denken«.

Also könnten wir doch jetzt gemeinsam mit einer gehörigen Portion »neuem Denken« eine Art »Schreiberneuerung«, ja, eine Renaissance versuchen, die wir hier Eu-Aging nennen wollen, d.h. »gutes Altern« für Buch und Mensch. (»Eu« ist eine kleine altgriechische Vorsilbe und bedeutet »wohl« oder »gut«.) Das müsste dir doch gefallen! Wenn es uns wieder gelingt, die Leser zu begeistern, können wir das Interesse der Menschen vielleicht wieder so viele Jahre lang wach halten und daraus Freude und Eu-Aging gewinnen. Dann könnten wir uns, wenn ich weiterhin für meine Lebendigkeit sorge und den alternden Teil in mir ein wenig mehr lieben lerne, nach fast 20 Jahren nochmals zusammensetzen, um eine weitere »Erneuerung« zu versuchen. Also packen wir die Umwandlung jetzt mit viel Herzens- und Schreibfreude an!

Liebe Leser, Ihr seht gleich zu Beginn dieses Buches, dass weder der Autor noch das Buch vom stetigen Werden, Vergehen und Neuwerden und den dazugehörenden Gefühlen wie etwa der Trauer, aber auch der Freude verschont werden. Wir können Euch versprechen, dass wir trotz der vieler Neuerungen in diesem Buch unseren Wurzeln und Grundlagen treu geblieben sind. Darüber hinaus werden wir Euch aber auch all die neuen und aufregenden Entdeckungen der engagierten Arbeit der letzten Jahre vorstellen und erklären, soweit dies durch das Schreiben möglich ist. Wir werden Euch mit Herz, Klarheit und Erfahrung aus den Seminaren mit unzähligen Menschen durch dieses Buch begleiten und Euch so sicher durch die Untiefen dieses von der Kultur missverstandenen emotionalen Phänomens »Trauer« geleiten. Vertraut darauf, dass Ihr während des Lesens immer sicherer werdet. Es gibt ab jetzt keinen Grund mehr, Angst vor dem Fühlen zu haben, auch wenn Ihr bis heute vielleicht schlechte Erfahrungen gemacht habt, wenn Ihr Euch auf die eigenen Gefühle eingelassen und mit anderen mitgefühlt habt. Oft hindern uns diese schlechten Erfahrungen daran, den *Schatz und den Reichtum unserer Gefühle, besonders den der Trauer, zu entdecken.* Die sich unbemerkt einschleichenden depressiven und melancholischen Stimmungen versetzen uns in Angst vor dem *berechtigten Fühlen,* weil wir nicht fähig sind, das eine vom anderen zu unterscheiden.

Also geht es jetzt darum, unsere Trauerfähigkeit so weiterzuentwickeln, damit wir echte Trauergefühle von deformierten und fehlentwickelten unterscheiden können. Wir können Euch nicht vorenthalten, dass Trauergefühle schmerzhaft sind. Aber wenn wir klar wahrnehmen, an wen sie gerichtet sind, dann sind sie ein Ausdruck von Liebe, dann sind sie Ausdruck für den Schmerz um jemanden, der nicht mehr da ist, für das, was nicht gemeinsam gelebt werden konnte, und für ein Leben, das so nicht mehr fortgesetzt werden kann. Wir gewinnen dabei *echte, wertvolle, lebendige Gefühle* und werfen diese nicht mehr den lauernden Aasgeiern der Depression zum Fraß vor.

Während Du durch die Seiten dieses Buches begleitet wirst, beachte bitte Folgendes, was wir bei der Begleitung vieler Menschen festgestellt haben.

Die sechs unerschütterlichen Wirklichkeiten und Tatsachen der Trauer:

1. Trauer ist das größte persönliche Geschenk der Schöpfung und der Evolution an jeden von uns, um das Werden und Vergehen um uns und in uns zu meistern und zu gestalten.
2. Trauer ist keine Krankheit, sondern das Gesündeste in uns, um das Leben mit dem Herzen zu gestalten.
3. Die Trauerfähigkeit ist eine angeborene Ausstattung, die durch Leitbilder der nächsten Angehörigen und der Umgebung entwickelt werden muss.
4. Trauer ist ein aufwändiger Prozess des ganzen Organismus

und der Persönlichkeit, um die Mitmenschen auf unsere Gefühle und unsere Situation aufmerksam zu machen.
5. Trauer ist nicht für das stille Kämmerlein gedacht. Trauer braucht Mitmenschen. Ungesehene Tränen sind verschenkte und manchmal verlorene Tränen. Tränen sind dazu da, gesehen, gehört, verstanden, akzeptiert und bestätigt zu werden.
6. Trauer kann man nicht loswerden, weil sie ein Teil von uns ist, sie kann aber unter besonderen Bedingungen, d.h. mit Achtsamkeit und Liebe, in Lebendigkeit umgewandelt werden. Diese steht uns dann als Geschenk der Umwandlung zur Verfügung.

Das Lesen dieses Buches ist wie eine Expedition in ein unbekanntes Land, die es Euch ermöglicht, sich diesen gesunden Gefühlen zu nähern, Euer Wissen mit Kenntnissen zur Entwicklung Eurer Trauerfähigkeit zu bereichern und den Umgang mit und den Schutz Eurer Trauergefühle zu verbessern. Ihr werdet am Ende dieses Buches reicher sein an Verständnis für diese Gefühle und habt damit für Euch selbst viel Klarheit und Identität gewonnen.

Versucht aus dieser Expedition keine Trauer-Olympiade zu machen, sondern macht euch mit Liebe, Verständnis, Achtsamkeit, aber auch Neugierde und Experimentierbereitschaft auf den Weg mit uns. Ihr habt jetzt sicher auch verstanden, dass dieses Buch kein therapeutisches Buch sein will und auch kein solches ersetzen kann. Na denn, »Glück auf«! Das sagen die Menschen hier im Ruhrgebiet täglich, wenn sie als Bergarbeiter von oben nach unten in das Dunkel oder von unten nach oben ins Licht fahren. So fühlen sie sich sicher auf dem Weg zur Arbeit unter Tage.

Euer Expeditionsleiter in das Land der Gefühle

Essen, im April 2006 Jorgos Canacakis

Wir haben in diesem Buch die männliche Anredeform gewählt, damit der Text leichter lesbar ist. Dennoch schauen wir Frauen wie Männer an und meinen beide mit dieser Anrede. Wir hoffen auf Euer Verständnis.

Vorwort von Kristine Schneider

Köln-Rodenkirchen, im April 1987

Was bewahrt den Menschen ernstlich vor Verkümmerung und erhält seine Leistungsfähigkeit und seine Freude? Befremdlich, zu denken, dass es die Fähigkeit zum Trauern sein soll.

Dieses Buch fordert aufzugeben, was eine Konsumgesellschaft zu ihren Bequemlichkeiten zählt: das Überspielen der individuellen Bedürftigkeit nach Nähe und Verständnis. Es hat sich längst herausgestellt, welche Probleme für diejenigen entstehen, die nicht mitspielen können, weil das Schicksal sie getroffen hat.

Jorgos Canacakis und ich haben uns im Sommer 1980 durch ein zufälliges Telefonat kennen gelernt, das eine Minute dauern sollte und länger als eine halbe Stunde wurde, weil ich auf interessante Art von ihm über die Bedeutung von Trauerprozessen und über die Ergebnisse seiner Trauerforschung ins Bild gesetzt wurde, ein zu jener Zeit für mich mehr am Rand liegendes Thema. Seine Stimme, was er zu sagen hatte und seine Begeisterung beeindruckten mich. Mit den Jahren ist aus dem kollegialen Verhältnis zweier Gestalttherapeuten eine Freundschaft entstanden.

Das Bemühen der Kirchen um die Bewältigung der Trauer ist fehlgeschlagen, sonst hätte dieses Buch nicht geschrieben zu werden brauchen. Für den Autor handelt es sich dabei nicht um die Frage, ob man trauern soll oder ob lieber nicht, sondern auf welche Weise Trauer zu leben ist. Trauer ist Arbeit der Seele. In der Trauerarbeit befreit diese sich von Bindungen, die nicht mehr lebendig sind. Trauerarbeit ist schmerzvoll, darüber dürfen wir uns nicht täuschen. Wird dem Schmerz ausgewichen und findet die Trauer nicht ihren Ausdruck, weil Formen und Kanäle fehlen, die sie benutzen könnte, finden weder Trauerarbeit noch Abschied statt.

In den letzten 20 Jahren wird über Tod, Sterben und Trauer mehr und mehr nachgedacht, geforscht und geschrieben. Wer sich informieren will, findet zahlreiche Bücher, die ihm Auskunft geben über das menschliche Erleben im Verlust und seiner Bewältigung.

Noch wartet die Trauer darauf, von der Gesellschaft für salonfähig erklärt zu werden. Die meisten kennen den trauernden Menschen und das eigene Ergriffensein nur in Ansätzen. Es ist die Absicht dieses Buches, einen Schritt weiter zu gehen und direkt zu sein. Ich finde, es ist persönlich und dialogisch geschrieben. Es enthält den Lernprozess des Trauern-Könnens, wie ihn der Autor durchgemacht hat, deshalb ist es äußerst persönlich. Für dialogisch halte ich es aus dem Grund, weil der Leser als Du angesprochen ist, als ein Du, das sich fragen und das antworten darf. Im Lesen erfährt das Bewusstsein sich selbst.

Die Menge an Erlebnissen, die der Autor im hautnahen Kontakt mit zahlreichen Trauernden gesammelt hat, war für ihn so überwältigend, dass sie unmöglich alle hier einen Platz finden. Humanistisches Engagement ist Jorgos wichtig. Um die Anteilnahme der Aufmerksamen und Suchenden geht es ihm. Zuerst waren es die Menschen in den über Jahre von ihm geleiteten Trauerseminaren, die lernen wollten und lernten, Trauer zu respektieren und ihr wieder einen Platz in ihrem Leben zu geben. Dieses Buch erfasst ihre Leiden und ihre Triumphe in beeindruckenden Szenen, die ihrerseits nun die Anteilnahme des Lesers wecken wollen. Es geht darum, die Bedeutung des Zusammengehörens von Trauer und Freude klarer ins Bewusstsein zu rufen.

Um die Farbigkeit und Intensität der Trauerprozesse vollständig mitzuteilen, ist ein Buch immer nur kümmerlicher Ersatz. Ich wünsche dem Leser, dass es trotzdem beitragen kann, den Wert der Trauer wieder zu erkennen. Wer den bequemsten Weg, das Überspielen, nicht gewählt hat oder wer ihn verlassen möchte, wird viele entlastende und befreiende Erlebnisse haben.

Versuchen wir, es mit unserer Trauer aufzunehmen und mit Hilfe dieses Buches den Umgang mit ihr anders zu versuchen. Wir sind aufgefordert, unseren Zorn hinter ihr wahrzunehmen. Die auf halbem Weg chronisch festgefahrene Expressivität wartet auf Befreiung. Wer den Durchstoß wagt, hat ausgezeichnete Chancen, sich den lebensfeindlichen Rückzug zu ersparen.

Einleitung: Die ungewöhnlichen Seiten der Trauer

Wohlan denn, Herz,
nimm Abschied
und gesunde.
Hermann Hesse

Wir stehen jetzt am Ausgangspunkt des Pfades, der uns über die hohen Berge von aufgestapelter, unausgedrückter Trauer und durch den Ozean von ungeweinten Tränen führt. Vielleicht denkst du, dass dies für den Anfang ein bisschen viel ist, aber wir beide werden bald entdecken, dass es unendlich viel mehr davon gibt. Sei einfach neugierig auf die kommenden Kapitel und bereite dich darauf vor, zu staunen über all das, was du entdecken wirst. Sicherlich wirst du dann dich und dein Fühlen, so wie es ist, viel besser verstehen.

Da inzwischen fast 20 Jahre seit dem ersten Erscheinen dieses Buches vergangen sind, wäre es gut, liebevoll auf diese Zeit und alles, was seitdem passiert ist, zurückzuschauen und das von Herzen zu würdigen. Hinter mir liegen viele Jahre an Erfahrung in der Begleitung trauernder Menschen, die nicht wussten, wie sie weiterleben sollten, vieler anderer, die unerträgliche Angst vor dem Fühlen hatten, aber auch vieler Neugieriger, die ihre Trauerfähigkeit entwickeln wollten, und schließlich derer, die so unsicher waren, dass sie es von Anfang an ablehnten, mitzumachen, ungeduldig und ungerecht waren und den mit Liebe aufgebauten Prozess störten. Heute werden die zuletzt Erwähnten sicherlich die Erkenntnis gewonnen haben, dass sie sich zu sehr von dem Gefühlsgeschenk »Trauer« distanziert und entfremdet hatten.

Daher ein herzlicher Dank an alle, die in den vergangenen Jahren dabei waren und somit viel zur Entwicklung des *Lebens- und Trauerumwandlungsmodells* beigetragen haben.

Sicherlich wirst du dich auf diesem Weg entwickeln können, wenn du die Einladung zu diesem gemeinsamen Weg mit dem Herzen annimmst. Durch aufmerksames Hinschauen und Hinfühlen wirst du mit der Zeit langsam das nötige Vertrauen gewinnen. Wichtig ist aber, dass du mit dir ehrlich bist in Bezug auf das, was du tust und was du fühlst. Sei neugierig auf dich und entwickle die Bereitschaft, beim Fühlen zu experimentieren und zu probieren. Am Ende kannst du dich dann darüber freuen, so viel Wertvolles entdeckt zu haben.

1. Von der unbemerkten Verschwörung gegen die Trauer

Bei der Rückschau auf meine Arbeit in den vergangenen Jahren und beim Betrachten der Menschen und der Kultur, in der wir leben, habe ich manches festgestellt, das mich traurig stimmt. Dies möchte ich dir erzählen, damit du dich selbst vielleicht besser verstehen kannst.

Die Beziehung der Mitmenschen zur Trauer hat sich in den letzten Jahren leider nicht verbessert. Im Gegenteil: Viele überfällt eine enorme Angst, wenn sie nur das Wort »Trauer« hören. Dieses wunderbare Geschenk der Schöpfung spielt ungewollt die Rolle eines munteren Elefanten im unaufgeräumten Porzellanladen unserer Emotionen. So viel Verweigerung, Entfremdung, Bedrohung, Desinteresse, Loswerden-Wollen und Angst gegenüber dem Trauergefühl hat es früher im Vergleich zu heute nicht gegeben. Mit Bedauern muss ich die ungebremste Zunahme von depressiven Phänomenen in der Bevölkerung weltweit bestätigen. Die Depression ist heute die Volkskrankheit Nummer eins, und die notwendige und uns verpflichtende Prävention steht weiterhin auf verlorenem Posten im Regen der ungezeigten Tränen der Menschen. Es gibt viele Gründe dafür und sicher auch viele Verantwortliche. Es sieht so aus, als gäbe es eine echte Verschwörung gegen die Trauer, die sich bei vielen unbemerkt eingeschlichen hat und geblieben ist. Man kann darüber klagen oder jammern, aber das ist leider die Realität. Ich staune über so viel gesammelte und darin gebundene destruktive Energie, die lebenshindernd wirkt. Diese ungebremste Fehlentwicklung innerhalb des letzten Jahrzehnts hat sich inzwischen so weit »etabliert«, dass sie als Normalität angesehen wird. Wenn ihr nicht bald entgegengesteuert wird, ist sie nicht mehr umkehrbar.

Es ist verwunderlich, dass die galoppierende Zunahme von »depressoformen«, d.h. depressionsähnlichen Phänomenen die meisten unbeeindruckt lässt. Und dies ist wiederum typisch für die Zunahme von Depressionen. Bald werden viele Menschen dies gar nicht mehr wahrnehmen können, und die übrigen werden es nicht wahrnehmen wollen. Erstaunlich ist auch, dass die Wissenschaftler, die dafür zuständig sind, die Augen davor verschließen, wenig zur Prävention, aber viel zur Verwaltung von gefühlsvernichtenden Phänomenen beitragen. Die »pharmakologische Revolution« der letzten Jahre hat manch Gutes gebracht, aber auch viel Schädigendes, das sich unbemerkt eingeschlichen hat oder aus Gewinn bringenden Verpflichtungen bewusst unterschlagen wurde. Die Konsequenzen für das Gesundheitssystem werden in Zukunft unbezahlbar sein, wobei die moralischen Kosten noch gar nicht mitgerechnet sind. Die Pharmakologie hat also eigentlich das Monopol für die Behandlung der Konsequenzen von Fehlentwicklungen im emotionalen Bereich und des schlechten Umgangs mit Gefühlen, insbesondere der Trauer, übernommen. Der leichte Weg der Pille, der oft durch Werbung und Werbegeschenke ins Bewusstsein der Menschen »hineingeklont« wird, lässt kaum andere Möglichkeiten zu. Mit Blick auf das Allgemeinwohl muss man sich dringend Gedanken machen, wie man Firmen dafür gewinnt, neue kreative Konzepte zu entwickeln, welche dem Gewinnen und Erhalten von Gesundheit dienen.

Lieber Leser, sicherlich hast du nun verstanden, wie wichtig es für jeden von uns ist, Engagement für alle und damit auch für sich selbst zu zeigen, um unser Miteinander und Untereinander zu fördern. Wir sollten jetzt unseren Weg fortsetzen, diesmal angeregt durch obige Ausführungen und mit vermehrter Aufmerksamkeit. Auf dem Weg durch dieses Buch werden wir die Grundlagen und die Wurzeln des Lebens- und Trauerumwandlungsmodells, LTUM© genannt, entdecken. Es beinhaltet viel präventives Potenzial zum Schutz unseres oft noch nicht entwickelten Gefühlsreichtums und zeigt Möglichkeiten, diesen zum Ausdruck zu bringen. Du wirst durch die Stufen der Entwicklung dieses Modells geführt, um es in seinen Grundzügen kennen zu lernen.

2. Das Trauergefühl ist unser Dauerbegleiter

Eigentlich müsste dir die Trauer vertraut sein, denn es gibt sie von Anfang an. Sie wird aber nicht erst mit uns geboren, obwohl wir ihre Kraft durch den ersten Geburtsschrei zum ersten Mal erfahren, sondern meist lernen wir sie schon während unseres Aufenthalts im Bauch der Mutter kennen.

Das Trauergefühl begleitet uns unermüdlich, außer in Situationen, in denen wir sehr krank sind, ohnmächtig oder nicht bei Sinnen oder durch Drogen oder Medikamente eine andere Ebene des Bewusstseins oder der Bewusstlosigkeit erreicht haben.

Trauer ist immer da und zu unserer Verfügung, wenn wir vor Erfahrungen der Trennung, des Abschiednehmens und des Verlusts stehen, wenn etwas keine Zukunft haben wird oder nicht so kommt, wie wir es uns erhofft haben.

Die Möglichkeit, solche Situationen durch Trauern zu durchschreiten, ist vielen Menschen nicht bekannt, andere haben Angst davor, und für die meisten bleibt dieser »Kumpan« trotz seiner ständigen Anwesenheit im Hintergrund ihres Erlebens. Es kommt dann oft vor, dass er uns ohne Vorwarnung unkontrolliert anspringt, dass er uns sogar blamiert und oft erst durch viel Mühe oder durch den Einsatz von Medikamenten zum Schweigen gebracht werden kann.

Offiziell ist es uns erlaubt, nur sehr eingeschränkt zu trauern, nicht in jeder Situation, nicht überall, nicht zu stark und nicht zu lange. Trauer ist nicht erwünscht. Wir sind so erzogen, dieses Gefühl vor anderen und in der Öffentlichkeit zu unterdrücken. Wenn es unbedingt sein muss, trauern wir irgendwo im stillen Kämmerlein, und wir sehen zu, es zügig hinter uns zu bringen und schnell wieder loszuwerden.

Auch wenn unser Leben zu Ende geht und wir »klugerweise« Abschied nehmen können, steht uns die Trauer zur Seite. Manchmal kommt dieser Abschied zu früh, manchmal aber auch zu spät. Hier begegnet uns dann die Trauer darüber, dass man keinen Sinn mehr im Leben findet, denn es scheint wegen Krankheit oder Behinderung unwürdig und nicht mehr lebenswert zu sein. Da der Lebenssinn der wichtigste Lebensfaktor ist, ist sein Verlust ein Zeichen dafür, dass dieser Mensch gefährdet ist, in eine Depression abzurutschen. Hätte er dann die Möglichkeit, seine Trauer gegenüber anderen Menschen auszudrücken, könnte es zu einer lebensfördenden Umwandlung kommen und neuer Lebenssinn gefunden werden. Doch leider gibt es in unserer Kultur selten geeignete Rahmenbedingungen und kompetente menschliche Begleitung, die solche Prozesse zum Erfolg bringen können.

3. PCs können uns auch sehr traurig machen

Trauer hat es schwer in einer Zeit, in der wir durch den raschen technischen Fortschritt und die permanente Zunahme der Beschleunigung des Alltags gezwungen werden, immer schneller von alltäglichen Dingen und von vertrauten Gewohnheiten Abschied zu nehmen. Trauer ist nicht »in«. Unsere idealisierten Schöpfungen, die Maschine und der Computer, weinen und trauern nicht. Diese Gesellen aus Eisen, Glas und Plastik werden repariert, ersetzt oder verschrottet, ohne dass es Probleme gibt.

Um diese Hardware-Kameraden brauchen wir uns keine »Trauersorgen« zu machen, aber um uns als User schon! Jeder kennt die Situation, wütend und zornig auf den Computer zu sein, weil er nicht nach unseren Vorstellungen funktionieren will oder kaputtgeht.

Schon früh im Leben erfahren wir, dass es von »Vorteil« ist, das Gefühl »Trauer« nicht zu zeigen, ja, wir werden daraufhin programmiert, ein möglichst trauerloses Dasein zu führen. Wir bewältigen diese Aufgabe mit vielen zur Verfügung stehenden Mitteln. Wir schlucken Tabletten, wir üben die Entspannung durch moderne Vergessensstrategien, wir lassen unser Gesicht versteinern, den Atem flach werden, verfallen in ständige Geschäftigkeit und in Einkaufsorgien. Wir betäuben unsere Sinne, schwächen unsere Erinnerungsfähigkeit durch Drogen, vernebeln unser Gehirn mit Rauchen oder wischen unsere Nüchternheit durch Alkohol weg. Die letzte Methode, uns die berechtigte Trauer nicht anmerken zu lassen, ist das »Schauspielern«, d. h. gute Miene zum traurigen Spiel zu machen, falls wir nicht lieber unsere Trauer beim Joggen durch die Poren »wegtränen« lassen.

4. Die Zuständigen machen sich wenig Gedanken über die Trauer

Es ist ein Phänomen, dass zu viele Wissenschaftler sich, nicht nur im europäischen Raum, in den letzten Jahren immer weniger Gedanken über Trauergefühle machen. Und dies, obwohl sie entdeckt haben, dass uns die Früchte der trainierten Unfähigkeit zu trauern teuer zu stehen kommen. Wir werden krank davon. Es wurden viele Untersuchungen gestartet, um herauszufinden, wie das Gefühl der Trauer am Ausbruch, Verlauf, aber auch an der Heilung einer Krankheit beteiligt ist und wie viele Menschen aufgrund von unausgedrückten Trauergefühlen an Depressionen leiden. Die Medizin, die Psychologie, die Theologie und – bis auf wenige Ausnahmen – auch die Psychotherapie sind uns dringende Antworten schuldig geblieben.

Welche vorbeugenden Maßnahmen für Trauerereignisse, die jeden von uns ohne Ausnahme treffen werden, stehen uns zur Verfügung? Welches pädagogische Vorgehen ist im Vorfeld nötig, damit wir zum Trauern fähig werden? Was können die Eltern tun, was die Lehrer? Was sollen wir in Trauerkrisen unternehmen? Wie sollen wir uns in der Zeit der Trauer verhalten? Wie sollten wir mit der Trauer umgehen, sodass wir uns unsere Gesundheit erhalten können? Viele Fragen weisen auf das *Wie* des Umgangs mit der Trauer hin. Und hier herrscht weitgehende Rat- und Orientierungslosigkeit, sowohl bei den Betroffenen, den Nahestehenden als auch bei den Zuständigen. Dies ist eine sonderbare Situation: Auf der einen Seite steht die antrainierte Unfähigkeit zu trauern und auf der anderen die Notwendigkeit, mit Trauer umgehen zu müssen.

Warum macht man eigentlich so viel Theater, wenn dieses Gefühl zu unserer genetischen Ausrüstung gehört, das, wie wir aus eigener Erfahrung wissen, nicht verheimlicht werden kann? Man fragt sich zu Recht, warum gerade das spezielle Gefühl der Trauer so herabwürdigend behandelt wird. Warum wollen die meisten Menschen nichts davon wissen? Was könnte sich denn ereignen, wenn wir dem Trauergefühl die gleichen Rechte einräumen würden wie unseren anderen Gefühlen? Was würde geschehen, wenn wir die Freude so herabsetzend behandelten wie die Trauer?

Gefühle sind nicht so einfach voneinander zu trennen. Sie sind alle Teile einer einzigen energetischen Einheit. Wir können uns den gesunden Gefühlskörper so vorstellen wie eine Statue der klassischen Antike: als einen vollkommenen menschlichen Körper, als eine schöpferische Komposition aller Teile. Alle Gefühle wirken in einem harmonischen Fließen zusammen als gelungene Komposition. Wenn wir, aus welchem Grund auch immer, von der Statue einen Teil wegnehmen würden, wie würde sie dann auf uns wirken? Ein Teilnehmer der Trauerseminare, die ich seit einigen Jahren in verschiedenen Städten Europas durchführe, gab eine treffende Antwort, als er über seine Unfähigkeit zu trauern sprach: »Ich fühle mich in meinen Gefühlen verkrüppelt, und seit kurzem merke ich das auch körperlich. Ich kann nicht fühlen!«, sagte er mit leiser Stimme. Diese Antwort hat mich sehr betroffen gemacht.

Es ergibt ein bedauernswertes Bild, wenn ich sehe, wie viele Menschen um uns sich als »gefühlsbehindert« erleben, besonders wenn es um die Trauer geht. Viele wissen gar nicht, wie behindert sie in ihrem Gefühlskörper sind, und vielen kann man auch nicht helfen, weil sie auf ausgeklügelte Weise ihre Gefühlsbehinderung für Trauer versteckt halten. Sie sind stolz, die Pose des Coolseins zu beherrschen. Die meisten von ihnen spüren nur eine übermäßige Anspannung im Alltag, Resignation und Sinnverlust, Depressivität und eine allmähliche Verminderung ihres Lebenswillens. Bisherige Untersuchungen lassen erkennen, welche Defizite und Versäumnisse unsere technologisch hoch entwickelte Gesellschaft im Bereich der Trauer aufweist. Erkennbar wird aber auch, dass es dringend notwendig ist, Veränderungen in Gang zu bringen.

5. Meine eigenen Erfahrungen mit dem faszinierenden Phänomen Trauer

Meine persönlichen Erfahrungen mit Trauer, meine langjährige intensive Erforschung von Trauerbräuchen und -traditionen, die wissenschaftliche Auseinandersetzung mit diesem Thema in meiner Dissertation, die Begegnung mit zahlreichen trauernden Menschen in meiner früheren therapeutischen Praxis und die Untersuchung von Trauerritualen an »Originalschauplätzen« hatten mich auf die Idee gebracht, ein Buch über das Trauern zu schreiben.

Teilnehmer meiner Trauerseminare, ihre Freunde und Angehörigen, viele Hörer von Radio- und Zuschauer von Fernsehsendungen, Leser von Zeitungen und Zeitschriften, in denen ich in Interviews und Artikeln neue Wege des Umgangs mit der Trauer angeboten habe, schrieben mir spontan viele Briefe, telefonierten mit mir und sprachen mich an. Ich fühlte mich dadurch ermutigt, mit dem Aufschreiben meiner Gedanken zu beginnen. Zutiefst beeinflusst fühle ich mich auch von der aktuellen Situation der Bevölkerung, die ich als unerträglich erlebe. Viele Menschen werden täglich mit ihrer Trauer allein gelassen, sie erfahren keine Solidarität, keine Orientierung und auch kein Verständnis für ihren Schmerz. Wir leben in einer Gesellschaft, die die Trauer tabuisiert, missbilligt und die unentwickelte Fähigkeit zu trauern in Kauf nimmt. Es besteht eine weitgehende Unwissenheit, hervorgerufen durch Mangel an Informationen und Missverständnisse. Wir wissen noch zu wenig über den angemessenen Umgang mit der Trauer, professionelle Helfer ebenso wenig wie einfache Menschen. Mit »Verarbeitung« allein erwirbt man leider keine Trauerkompetenz. Wir brauchen die Entwicklung der eigenen Trauerfähigkeit.

Ich wollte kein Buch schreiben, in dem man einfach Rezepte, Methoden und Tricks findet, wie man die Trauer rasch zum Verschwinden bringt und sie fest in sich einschließt, »verdrängen« genannt, sodass kein Tropfen Tränenflüssigkeit nach außen dringt. Stattdessen möchte ich durch Erzählen den Leser und die Leserin mitnehmen auf den Weg durch die Trauer. Sie sollen Zeugen meines Weges sein, den ich gegangen bin, und der Erfahrungen jener Menschen, deren Trauer ich miterlebt und begleitet habe. Daraus erhoffe ich mir für meine Leser ein inneres Mitschwingen und den Gewinn von Verständnis und Orientierung für ihre persönliche Auseinandersetzung mit der eigenen Trauer.

Diese Aufgabe ist nicht leicht, für mich als Autor ebenso wenig wie für dich als Leser. Erlebte Dinge kann man nur sehr schwer beschreiben und in einem Buch mitteilen. Die Aufgabe, Erlebtes schriftlich niederzulegen, stößt bei mir auf viele Hemmungen und Hindernisse. Ich fühle mich wohler, wenn ich praktische, direkte, spontane und lebendige Arbeit verrichte. Ab und zu kommt es dann von allein zu einem kleineren Vortrag, der für das Erlebnis bereichernd sein kann. Es kostet mich auch viel Überwindung, mit meinen Sprachschwierigkeiten umzugehen, da ich als Zwanzigjähriger von Griechenland zum Studium nach Deutschland gehen musste. Ich spüre heute in beiden Sprachen Ausdrucksbarrieren, die mir beim Schreiben Mühe machen. Auch glaube ich, dass die Natur mich nur spärlich mit dem Talent des Schreibens beschenkt hat. Und doch fühle ich mich nicht benachteiligt, da ich auf geheimnisvolle Weise mit musikalischer Sensibilität und Ausdrucksfähigkeit begabt bin.

Da ich präventive Ziele anvisierte, habe ich in den letzten Jahren meine Seminare für mich genutzt, um selbst von einer deutsch-griechischen literarischen Karriere Abschied zu nehmen. Darüber bin ich sehr froh. Ich schreibe seitdem frei und freue mich über jeden Satz, der spontan zustande kommt. Gefürchtet und geliebt sind inzwischen einige meiner prägnanten Sätze zu brennenden gesellschaftlichen Themen, ausgehend vom Kernpunkt, dass Trauer die Basisressource ist, durch die neue Lebendigkeit entsteht, wenn dieses Geschenk der Schöpfung umgewandelt wird.

Daher spüre ich meine Lebendigkeit, wenn ich in Workshops, Seminaren und Vorträgen erzähle, spiele, mitübe oder in der Natur Menschen begleite. Ich vertraue dann meinen Gefühlen, »lese« quasi in ihnen und kann darüber berichten. Merkwürdigerweise entsteht viel Humor, wenn ich mit dem Kobold Mega-Foot-Tränchen diskutiere, der auf viele Menschen ansteckend wirkt.

Übrigens, lebendige, gesunde Trauer findet ihren Ausdruck

nur in einem lebendigen Leib, der sich bewegt, wahrnimmt, voll bei Sinnen ist und sich gerne zum Ausdruck bringt. Dabei lernt man auch die eher selten vorkommenden »Freudentränen« kennen. Offensichtlich sind die Trauer und die Freude Geschwister, die sich mögen. Das sollten dringend all die zur Kenntnis nehmen, die eines der Geschwister, meistens die Trauer, wegsperren.

Ich habe die Hoffnung, dass dieses Buch dazu beiträgt, Verständnis für die aktuelle Situation unzähliger Trauernder zu wecken. Mein Anspruch, etwas besonders »Wissenschaftliches« oder Literarisches zu schreiben, ist gering. Aber ich will so einfach und so verständlich wie möglich von meinen Erlebnissen und Beobachtungen erzählen und von Entdeckungen berichten, die ich mit mir selbst und mit anderen Menschen gemacht habe. Es geht mir auch darum, zu informieren, wie Menschen anderswo trauern, wie Trauer überhaupt abläuft, was passieren kann, wenn man ihr freien Lauf lässt, und welche Vor- und Nachteile zu erwarten sind. Ich möchte den Schatten, den das Trauern als »Bürde mit Würde« mit sich schleppt, und die »depressiven Wolken«, welche oft über der Trauer hängen, für einige Momente mit Licht durchstrahlen, sodass alles, was an Bedrohlichem und Gefährlichem in sie hineinprojiziert wird, sichtbar und überschaubar werden kann.

6. Ursprung und Ziel dieses Buches

Anfangs hatte ich erwogen, wissenschaftlich zu arbeiten und mit Zitaten, Quellenangaben und guter Statistik den anthropologischen und philosophischen Hintergrund meines Ansatzes eines innovativen Lebens- und Trauerumwandlungsmodells (LTUM©), die Methoden und Modalitäten detailliert darzulegen. Aber ich bin der Meinung, dass ich durch meine Dissertation und einige Vorträge und Artikel meine wissenschaftliche Pflicht im Moment erfüllt habe. Ich habe mich auch für ein populäres Buch entschieden, da ich die Früchte meiner praktischen Arbeit ungern als Staubfänger in Universitätsbibliotheken stehen sehe. Ich fühle mich wohler, wenn dieses Buch denjenigen zugute kommt, denen meine Arbeit von Anfang an gegolten hat: den trauernden Menschen, die isoliert sind und vergeblich versuchen, mit ihrer Trauer allein fertig zu werden.

Nicht umsonst trägt meine Arbeit den Namen »Myroagogik©«, nach dem altgriechischen Wort *»myromai«* mit der Bedeutung »fließen, weinen, beweinen, beklagen« und »Agogik«, d.h. Begleitung und Anleitung. Ich möchte nämlich, dass jeder, der dieses Buch liest und vielleicht in unausgedrückter, lang verschleppter, unerledigter, blockierter oder aktueller Trauer steckt und in seinen Tränen zu ersticken droht, Möglichkeiten erkennen kann, aus dieser Situation herauszukommen und den Weg zurück ins Leben zu finden.

Mein Buch will nicht von der Trauer wegtrösten, sondern Mut machen, sie anzuschauen und sich das »Trauern zu trauen«. Ich will aber auch die Konsequenzen nicht verschweigen, die uns und unserer Gesellschaft drohen, wenn wir weiterhin die Unfähigkeit zu trauern systematisch organisieren.

7. Dank

Ich möchte nicht versäumen, einige Worte des Dankes und der Anerkennung denjenigen Menschen zu sagen, die mir geholfen haben, dieses Buch zu schreiben.

Meine Bewunderung und meine Dankbarkeit gelten den Menschen von Mani, die den südlichsten Teil der mittleren Halbinsel des Peloponnes bewohnen, besonders den Frauen, die nicht nur eine zweitausend Jahre alte Tradition fortführen, sondern lebenswichtige Bräuche lebendig halten. Ich bedanke mich dafür, dass ich ihnen beim Trauern zuschauen durfte und dass sie mich später unterstützt haben, als ich um meinen Sohn trauerte.

Bedanken möchte ich mich bei meinem Doktorvater Professor Dr. Dieter Betz, der mich bei meinen Forschungen verständnisvoll und geduldig begleitet hat. Obwohl ich einige Jahre älter bin, kann ich meinen Freund Professor Dr. Hilarion Petzold als meinen besonderen »Lehrer« bezeichnen. Er hat während meiner psychotherapeutischen Ausbildung am Fritz-Perls-Institut viel zu meiner Persönlichkeitsentwicklung beigetragen. Durch die Begegnung mit ihm wurde ich sensibilisiert für die unermessliche Bedeutung der Trauerbräuche in meiner eigenen Kultur.

Besonderer Dank gilt auch den vielen Teilnehmern meiner Trauerseminare in verschiedenen europäischen Städten sowie vielen meiner Klienten, die sich mit mir der Trauer gestellt haben. Sie sollen wissen, dass ich viel von ihnen gelernt habe, für mich, aber auch für andere Menschen. Ohne die Initiative von Pastorin Karin Degenkolbe und die finanzielle und räumliche Hilfe der evangelischen Gemeinde Bedingrade/Schönebeck in Essen hätten die später bekannt gewordenen »Essener Trauerseminare« seit 1981 nicht so vielen Menschen aus der Ausweglosigkeit ihrer Trauerkrisen helfen können. Herzlichen Dank!

Ich fühle mich auch mit meiner Kollegin Dr. Kristine Schneider sehr verbunden, deren Freundschaft nicht nur aus vergangenen gemeinsamen »Schreibschlachten« stammt. Sie stand mir auch bei anderen Vorhaben mit Rat und Aufmunterung, mit konstruktiver Kritik und viel Verständnis zur Seite. Leider ist Kristine vor einiger Zeit nach einer langen Krankheit zu früh verstorben. Kristine, du warst für mich nicht nur eine patente Frau, kompetente Kollegin und Mitautorin, sondern vor allem ein wunderbarer Mensch. In meiner lebendigen Erinnerung stehst du in der ersten Reihe. Schön, dass es dich gegeben hat. Du kannst darauf vertrauen, dass ich vieles, was wir gemeinsam angefangen haben, fortsetzen werde, solange ich mich des Lebens erfreue.

Auch die Geduld und die mühevolle Arbeit meines Freundes Johannes Thiele, der als Lektor dieses Buch und die erste Auflage betreut hat, seine »emotionale Resonanz« bei dieser Arbeit möchte ich hier mit all meiner Dankbarkeit und aus vollem Herzen laut benennen. Dem Kreuz Verlag schulde ich Dank für die angenehmen Begegnungen miteinander, vor allem mit dem damaligen Verlagsgründer und dem heutigen Team, das sich entschieden hat, die Überarbeitung dieses Buches zu unterstützen.

Zum Schluss: Bühne frei für meine Frau, die Opern- und Kammersängerin Margarita Turner. Vielen Dank, Mäggie, für deine Geduld und dein Verständnis für meine vielen Stunden des

Rückzugs mit meiner »Amerikanerin« (gemeint ist hier mein aus Amerika stammender Laptop)!

Du hast mir viel unsichtbare Energie gegeben, hast mich einfühlsam angeschaut, als ich müde aus meinem Zimmer kam und die Pausen mit dir und Niko verbrachte. Du hast dich mit mir über jede mühevoll fertig gestellte Seite gefreut. Für meinen kleinen Sohn Niko empfinde ich unendliche Dankbarkeit. Niko, du sollst wissen, dass mich gerade deine schwere und mehrfache Behinderung und du als »Pflegefall« sehr verändert haben. Nach vielen Jahren der Trauer kann ich dir heute sagen, dass du für mich der wichtigste Lehrer in Sachen Trauer bist. Ich habe durch dich gelernt, mit Trauer umzugehen und dabei Lebensenergie und Lebenssinn zu entdecken. Ich bin ganz sicher, dass viele Menschen, die mir begegnen, dir dafür ebenso dankbar sein werden und sind. Dadurch würde sich ein Traum erfüllen und bewahrheiten, den ich einen Tag vor deinem achten Geburtstag hatte, in welchem du mit einer klaren samtenen Stimme vor einem kleinen Publikum griechische und deutsche Weihnachtslieder gesungen hast. Ich weiß, dass du solche Väterträume nicht verstehst, aber du wirst es sicherlich ebenso fühlen können wie ich.

8. Welchen Weg, lieber Leser, können wir gemeinsam gehen?

Ich möchte dir in diesem Buch erzählen, warum immer weniger Menschen sich trauen zu trauern. Es wird mir gut tun, wenn du mir zuhörst, wie mein eigener Weg durch die Trauer verlaufen ist. Ich kann dir versprechen, dass ich dich so, wie du bist, und so, wie du trauern kannst oder nicht, akzeptieren und verstehen kann. Hab keine Angst. Wenn auch du dich so, wie du bist, in deiner Trauer annimmst, dann sind wir schon zu zweit. Und zu zweit können wir uns gegenseitig unterstützen und lernen, weniger Angst vor Gefühlen zu haben.

Ich lade dich ein, der Entwicklung meines Umgangs mit der Trauer zu folgen. Wenn du mit mir fühlst und deine eigene Trauer mitschwingt, brauchst du nicht besorgt zu sein. Wir fühlen zusammen, ich beim Schreiben jetzt und du beim Lesen irgendwann später irgendwo auf der Welt. Wir sind gemeinsam auf dem Weg und werden versuchen, uns langsam an unsere Trauer heranzutasten.

Ich glaube, dass es dich interessiert, zu erfahren, wie die Menschen an der Wiege unserer Kultur, in Griechenland, getrauert haben. Ich werde dich an die Orte führen, an denen Menschen heute noch mit der Trauer natürlich und gesund umgehen. Ich werde dir erzählen, wie Menschen in meiner Heimat Griechenland ihren Trauerschmerz in Form von symbolischen Handlungen und einfachen Ritualen sich gegenseitig unterstützend mit schöpferischen Mitteln zum Ausdruck bringen. Du kannst zu Untersuchungen an »Originalschauplätzen« mitkommen, Feldforschung nennen es die Wissenschaftler, und dabei sein, wenn ich über tausend Menschen befrage, sie beobachte und ihre Art zu trauern untersuche. Ich habe herausgefunden, dass die Menschen in Südgriechenland anders mit Trauer umgehen als wir und auch weniger krank werden, wenn Trennungen und Verluste zu beweinen sind. Die Menschen der Großstadt, auch in Athen, haben ebenso viele Schwierigkeiten mit der Trauer wie die Menschen in Essen und anderswo in Europa.

Die Ergebnisse der Untersuchungen werde ich dann daraufhin befragen, welche Bedeutung diese Forschungen für jeden einzelnen Menschen hat. Das Trauerritual mit seinen Phasen wird beschrieben, der Trauerprozess geschildert, sodass wir gemeinsam sehen können, wie eine Verbesserung des eigenen Umgangs mit dem Trauergefühl vonstatten gehen könnte.

Ich möchte auch von meinen Ideen und Erfahrungen berichten, wie man sich hier in Mitteleuropa mit Trauer auseinander setzen kann. Wir werden sehen, wie sich das entwickelte Modell in den Trauerseminaren bewährt hat. Bestimmt wirst du sehr erstaunt sein über den schöpferischen Ausdruck vieler trauernder Menschen, über ihre Bilder, in denen sie so vieles, vor allem wertvolle Gefühle, durch ungewöhnliche Formen zum Ausdruck gebracht haben. Danach konnten die Teilnehmer vieles Vergangene, das nicht mehr existiert, ohne Gefahr loslassen und *Abschied nehmen*, wobei das Nehmen in diesem Satz von besonderer Bedeutung ist. Erst wenn sie loslassen, können sie auch etwas mitnehmen.

Es wird uns gut tun, mehr von dem zu wissen, was wir verabschieden und loslassen, und von dem, was wir mitnehmen. Das Wichtigste davon ist eine untilgbare Erinnerung an die Erlebnisse von damals und an die, die wir jetzt im Moment machen. So kannst du dich weich und gut fühlen und wirst keine Gefühlspleite wie früher erleben.

In den vergangenen 25 Jahren wollte ich in meinen Seminaren denen Orientierung geben, die desorientiert und ohne Vorbild im Trauern waren und sind. Daraus ist das Lebens- und Trauerumwandlungsmodell entstanden. Es dokumentiert die Suche nach multidimensionalen Wirkungsformen und Handlungen, Möglichkeiten des Schutzes, des Ausdrucks und der Speicherung, die ein lebendiges Trauern ermöglichen. Entstanden ist ein präventives, aufbauendes, entwicklungs- und ressourcenzentriertes, protektives und performatives Konzept. *Kurz: Ohne Trauer keine Power*!

In der Werkstatt werden Teilnehmerinnen und Teilnehmer aus meinen Trauerseminaren, den verschiedenen Aufbauseminaren zur Stärkung der Identität und der Weiterbildung zur/m Myroagogin/Myroagogen zu Wort kommen und ihre Entwicklung in Bildern, Märchen, Briefen, Texten und Gedichten dokumentieren.

In einem eigenen Teil werden wir uns die unterschiedlichen Situationen und dazugehörenden Gründe des Trauerns sehr genau anschauen, denn Trauer ist nicht gleich Trauer. Jeder Mensch ist unwiederholbar einzigartig, und das gilt auch für seine Weise zu trauern. Wir haben viele Gelegenheiten zu trauern: beim Tod von Kindern (was den schwersten Verlustschmerz überhaupt hervorruft), von Partnern, Geschwistern und Eltern, bei unheilbaren Krankheiten, beim Verlust von körperlicher Unversehrtheit, von Heimat, Arbeit, Lebenszielen, beim Älterwerden und auch beim Abschied von Illusionen. Irgendwann trauert jeder Mensch bewusst oder unbewusst über nicht gelebtes Leben. Dann entdecken wir, wie wir uns selbst belogen und am Leben gehindert haben. Dabei erleben die meisten Menschen einen unermesslichen Trauerschmerz, der den Schmerz früherer Verluste mit wachruft.

In einem Teil werde ich einen Leitfaden für den Umgang mit Trauer geben und Schutzregeln als Orientierungshilfe für den sicheren Weg durch die Trauer benennen. Ich möchte hier auch Möglichkeiten aufzeigen, wie wir trauernden Menschen begegnen und sie auf ihrem Weg liebevoll trösten und konkret begleiten können. Wer solche Situationen beobachtet, wird vom Analphabetentum in Sachen Trauern betroffen sein. Hier können wir uns über konkrete Möglichkeiten, Menschen in Trauer in ihrem Ausdruck zu unterstützen, informieren, etwa mit dem Entwickeln einer Atmosphäre der Erlaubnis zu trauern, mit vitalisierenden und aktivierenden Übungen, mit prägnanten, anschaulichen Erzählungen, symbolischen Handlungen und Ritualen und vielem mehr.

Fast am Ende des Buches möchte ich noch einen Blick auf die Aktualität und Folgen der gesellschaftlichen und individuellen Trauerunfähigkeit werfen, bevor im Ausklang Visionen, Pläne und Perspektiven zur Entwicklung und Stärkung der Trauerfähigkeit in allen Lebensbereichen entworfen werden. Mein Ziel ist, etwas zur Veränderung im Bewusstsein und in unseren Handlungen beizutragen. Hier findest du auch einen Fragebogen, der einen Kontakt zwischen dir und mir herstellen kann. Deine Antwort wird dazu beitragen, das bestehende Konzept für Menschen wie dich weiterzuentwickeln, die einen gesunderen Umgang mit der Trauer lernen können.

Der letzte Teil informiert über Trauerseminare für verschiedene Zielgruppen, Aufbauseminare und Weiterbildungen, über Literatur und Anlaufstellen, die dir weiterhelfen können.

Das Ziel dieses Buches bleibt es, die eigenen Lebenserfahrungen mit dem Phänomen Trauer, die bisherigen Erkenntnisse der Wissenschaft und meiner mehr als 30-jährigen Lebens- und Trauerforschung und schließlich die Stufen der Entwicklung des Lebens- und Trauerumwandlungsmodells in all ihren Bezügen zu verknüpfen, um diese dann leicht und verständlich zu vermitteln.

Merkst du, welches Erkenntnis-Abenteuer wir vor uns haben? Jetzt bist du sicherlich neugierig genug, sodass wir beide gemeinsam die Expedition zu den Wurzeln der Gefühle starten können. Ich wünsche uns nun von ganzem Herzen Wachheit und Experimentierbereitschaft! Ich freue mich darüber, dass du dabei bist!

Teil I
Von Uranfang an war Trauer notwendig

1 Trauer ist vielfältiger, als wir wissen

1. Beispiele nicht gelungener Trauer

Für mich ist wichtig, dass ich die Bedeutung des Wortes »Trauer« an einigen Beispielen veranschauliche, bevor ich mich in das Thema vertiefe. Ich kann mir vorstellen, dass man sich leicht im Dickicht unterschiedlicher Erscheinungsformen verirrt.

Das Verhalten eines Kindes kann sich plötzlich unerklärlich verändern, ohne dass wir zunächst eine Ahnung davon haben, woran das liegt. Der kleine achtjährige Fritz zum Beispiel greift seine Kameraden auf dem Spielplatz grundlos an und entwickelt sich dann immer mehr zu einem wortkargen Jungen. Unserer Aufmerksamkeit ist entgangen, dass seine Veränderung gerade in dem Moment zu Tage trat, als er seinen heiß geliebten Goldhamster in seinem Käfig tot auffand. Seine Mutter packte das Tier in eine Plastiktüte und warf es in die Mülltonne. Fritz zeigte keine Anzeichen von Trauer und hat sich auch nicht getraut, der Mutter eine kleine Beerdigung mit seinen Freunden vorzuschlagen, wie damals mit den Kindern in dem Dorf, in dem sie ihren Sommerurlaub verbrachten. Fritz hat Angst davor, dass seine Mutter trauriger werden könnte, als sie es in der letzten Zeit sowieso schon ist.

Eine Freundin aus unserem Bekanntenkreis zieht sich plötzlich von uns zurück, was uns unsicher macht, weil wir annehmen, dass wir etwas falsch gemacht haben. Dass unsere Freundin sich aber von ihrer großen Liebe getrennt und sich erst im Anschluss an ihren Verzicht von anderen Menschen zurückgezogen hat, ist uns leider nicht bekannt.

Verwundern könnte uns auch die »tapfere« Reaktion eines Arbeitskollegen auf den Tod seiner Frau. Kurz danach stürzt er sich ins Vergnügen, geht zum Tanzen und auf Partys, entwickelt sich zu einer Arbeitsmaschine, erzählt ungewöhnlich viele Witze in unpassenden Situationen und geht für alle unverständlich schon kurze Zeit nach der Beerdigung seiner Frau eine neue, enge Beziehung mit einer Freundin ein.

Dies sind einige wenige Beispiele aus dem Alltag, die uns irritieren können. Wir würden sie aber verstehen, wenn wir uns klar machten, dass in diesen besonderen Situationen Trauer eine Rolle spielt, hier in unseren Fällen unausgedrückte, nicht erlaubte, verdrängte und verleugnete Trauer. Trauer versucht immer, einen Ausdruck zu finden, auch wenn wir sie daran hindern. Dann zeigt sie sich zum Beispiel im Schweigen. Die echte Trauer bleibt im Körper und wirkt sich im Hintergrund ohne unser Wissen zerstörerisch aus.

Oft begegnen wir Menschen, die gar nicht wissen, dass sie traurig sind. Andere wiederum können keine Trauer empfinden, haben Angst davor und bemühen sich ein Leben lang, sie zurückzuhalten und zu unterdrücken. Manche Menschen ertrinken in der eigenen Trauer oder bleiben in einem selbst geschaffenen Trauersumpf stecken. Es gibt aber auch Menschen, die ihre Trauer zulassen, sodass diese ihren Weg und ihren Ausdruck findet.

Ich werde einige Aussagen von Teilnehmern meiner Trauerseminare wiedergeben, um die unterschiedlichen Erfahrungen trauernder Menschen deutlich zu machen.

Die junge 34-jährige Witwe bezeichnet ihr Trauergefühl als »schlimmer als der Tod«. Seit dem Tod ihres Mannes vor zwei Jahren fühlt sie sich »wie eine lebendige Tote, die sich in dieser Welt fremd vorkommt«.

Eine junge Studentin, die vor zwei Jahren ihren Vater durch einen Autounfall verloren hat, beschreibt ihren Zustand mit den Worten: »Ich weiß nicht, was ich mit meiner Trauer machen soll. Der Druck in mir wächst täglich, er nimmt mir im wahrsten Sinne des Wortes die Luft zum Atmen. Meine Gedanken sind den ganzen Tag und oft während der Nacht bei meinem Vater. Ich kann mich schwer konzentrieren, leide unter Appetitlosigkeit und Schlafstörungen.«

Ein Mann, ungefähr 55 Jahre alt, den seine Frau verlassen hat und der seit einem Jahr allein lebt, beschreibt sich als »Eiszapfen, der nicht auftauen kann«. Er hat ständig Körperschmerzen und des Öfteren Alpträume, in denen er wie eine Rakete herumfliegt und alles zerstören will. Er friert, obwohl er sich warm anzieht.

2. Die Vielzahl der Trauerempfindungen

Es gibt so viele verschiedene Mitteilungen über Trauerempfindungen, dass wir damit leicht ein ganzes Buch füllen könnten. Es gibt nicht nur *ein* Erscheinungsbild der Trauer und nicht nur *ein* Gesicht. Es gibt so viele Arten ihrer Erscheinung, wie es Menschen gibt. Deshalb möchte ich versuchen, anhand des Bildes eines Gebirgssees das Verständnis für die Trauer zu erleichtern.

Wir können uns einen schönen, klaren Gebirgssee mitten in einer herrlichen Landschaft von Bergen mit weißen Gipfeln und umrandet von grünen Wäldern vorstellen. Sein Wasser ist kühl und klar, und man kann in ihm das Spiel verschiedener Farben sehen. An manchen Stellen ist der See dunkel. Dort scheint er am tiefsten zu sein. In ihm spiegeln sich der Schnee, der manchmal bis an sein Ufer reicht, der blaue Himmel, die dunklen Wolken. Im Frühling kommt die Zeit der Gewitter und der grünen Felder, im Sommer blühen alle Blumen, und im Herbst gewinnt die goldene Farbe die Oberhand. Das Wasser des Regens oder des Schnees fließt in den See hinein und sammelt sich darin. So hat er immer frisches Wasser, das ihn regeneriert und auch nicht austrocknen lässt.

Die Gefahr, dass der See übervoll wird und über seine Ufer

tritt, die Landschaft an seinen Ufern überflutet oder ein Dammbruch fruchtbare Felder vernichtet, ist durch die Natur selbst gebannt. Unser See reguliert sich durch einen natürlichen Abfluss. Einige kleinere Bäche, die bei Regenfällen zu größeren Flüssen werden, führen das Wasser zu den Feldern und sorgen dafür, dass es oben im See nicht zu sehr ansteigt. Diese Bedeutung der Bäche für den See und für die Landschaft oberhalb und unterhalb unseres Sees wollen wir besonders auf uns wirken lassen. In Zusammenhang gesehen mit der Landschaft, den Bergen, den Wolkenbrüchen, den Jahreszeiten, dem Schnee ergibt dieser See ein sinnvolles Ganzes.

Wir können mit etwas Fantasie dieses Bild auf uns selbst übertragen: Der See ist der Ort, an dem unsere Gefühle verweilen, Gefühle wie Wolkenbrüche, Sonnenfreuden, Frühlingsgefühle, Wut- und Zorndonner, traurige Abende in romantischen Momenten der verschiedenen Jahreszeiten. Mit anderen Worten: Unser »innerer See« ist bis oben hin voll mit unseren Gefühlen. Die Bäche sind in unserem Bild die Wege, über die wir unsere Gefühle ausdrücken. Für alle Ausdrucksweisen unserer Gefühle haben wir einen »Bach« zur Verfügung: für die Bewegungen unseres Körpers, für unsere Stimme, unseren Atem, für Gedanken, Vorstellungen und Fantasien. Wenn der Bach frei fließen kann, werden unsere Gefühle über diesen Weg ausgedrückt, und der Körper als Träger von Gesundheit und Krankheit sowie die Menschen und die Welt um uns werden wie Getreidefelder von diesen »Gefühlsbächen« versorgt.

Wir müssen also dafür sorgen, dass die klaren Gefühle, z. B. Trauer, Wut und Freude, die abwechselnd fließen, wirklich durch das Flussbett des Ausdrucks den Weg nach außen finden.

Sollten wir aus irgendeinem Grund versuchen, das Fließen eines Gefühls zu blockieren, weil es zum Beispiel nicht erlaubt ist, dann blockieren wir diesen Weg auch für die anderen Gefühle und stören damit das Gleichgewicht und die selbstregulierenden Energien des sinnvollen Ganzen, hier unseres »inneren Gefühlssees«. Wenn die Gefühle unseres Gefühlssees also keinen Ausdruck finden, sind wir in Gefahr, in den uns innerlich überschwemmenden eigenen Gefühlen zu ertrinken. Denn Gefühle sind dazu da, dass sie gesehen, gehört, verstanden und bestätigt werden. Ein Damm als Blockade lässt aber das Wasser nicht fließen. Wir versumpfen, fühlen uns gefühlsarm und unseren Gefühlen immer mehr entfremdet. So bekommen wir Angst, wenn wir auf diese Gefühle stoßen. Die Gefahr einer Auflösung der Blockade oder eines Dammbruchs lässt uns in dauernder Angst und Anspannung leben. Ein Bruch würde Vernichtung bedeuten, meinen wir, für uns und für alle, die in unserer Nähe leben. Bedrohlich wird so natürlich die Entstehung jeglicher neuer Gefühlsregungen, die wie die Schneeschmelze neues Wasser in unseren »inneren Gefühlssee« bringen. Aber ist es wirklich besser, auf Gefühle wie Lebensfreude und Liebe zu verzichten?

Erschreckend ist, dass mittlerweile so viele Menschen gar keinen Zugang mehr zu ihrem »inneren Gefühlssee« haben, sondern erkaltet, abgestumpft und wie betäubt durchs Leben gehen oder von der Angst vor diesen Gefühlskräften aufgefressen werden. Trauer ist jedoch ein grundlegendes Gefühl, *eine Basisressource*, die uns im stetigen Werden, Vergehen und Neuwerden begleitet. Sie bringt oft im selben Moment Gefühle der Freude, der Zuneigung, der Trauer oder der Wut mit sich.

Und gerade daher sollten wir immer darum bemüht sein, unsere Trauerfähigkeit weiterzuentwickeln und für das Fließen der Gefühle zu sorgen, da unser Leben ständig voll von Verlusten und Trennungen war, ist und auch sein wird: der Verlust von geliebten Personen, von Heimat, von großen Zielen und einmaligen Ideen, von Gesundheit und körperlicher Unversehrtheit, von Schönheit und Jugend, von Hoffnungen, von guten Freundschaften, von einem geliebten Tier und auch von materiellen Dingen. Lebensereignisse, die mit Verlustschmerz zu tun haben, sind besonders intensiv an Gefühlsstärke. Sie sind die schmerzlichsten und stressvollsten in unserem Leben und führen immer zu körperlichen und seelischen Reaktionen.

Wenn wir unsere Trauerfähigkeit aber stetig weiterentwickeln, werden wir auch fähig, den Reichtum des »inneren Gefühlssees« zu nutzen und die besonderen, erfüllten Momente unseres Lebens nicht zu verpassen, sondern zu erkennen, auszukosten und als wichtige Erfahrungen in Erinnerung zu behalten.

3. Alles Leben ist Wandlung

Vor Verlusten im Leben werden wir nicht verschont. Da alles im Leben in Wandlung ist, d.h. alles »im Fluss« ist (»panta rhei« sagten die Philosophen der Antike), sind wir gezwungen, mit Verlusten und Abschieden zu leben. Wir müssen uns besonders heute, in unserer hoch technisierten, schnelllebigen Welt ständig von vielem verabschieden und uns an veränderte Lebensumstände gewöhnen.

Auch vom Wichtigsten müssen wir ständig Abschied nehmen: von dem, was jetzt gerade geschieht und gleich schon Vergangenheit ist. Es ist die Zeit, »Chronos«, der König aller Dinge, der seine Kinder frisst. Das Erlebnis der Unwiederbringlichkeit zwingt uns zur Hinnahme von Schmerzen, Verletzungen und Kränkungen. Verlustkummer ist eine Erfahrung, die jeder Mensch machen und mit der er fertig werden muss. Sie zwingt ihn aber auch dazu, jeden Moment des Lebens zu gestalten, zu fühlen, zu genießen oder zu besingen, sodass er in jedem Moment etwas gewinnen kann.

Da wir für Verluste von Natur aus vorprogrammiert sind, hat uns die Evolution so ausgestattet, dass unser Organismus damit auch fertig werden kann. Wir sind mit Fähigkeiten ausgerüstet, Verluste und Trennungen aller Art zu bewältigen. Diese Fähigkeit ist das *Trauern*. Wir besitzen sie seit unserer Geburt und verlieren sie nie, aber sie muss wie die Sprachfähigkeit entwickelt werden.

Trauer ist also eine spontane, natürliche, normale und selbstverständliche Antwort unseres Organismus, unserer ganzen Person auf alle Arten von Veränderungen. Wenn sie entwickelt wird, erwächst daraus Lebendigkeit für Körper, Seele und Geist.

4. Trauer – die Antwort des Herzens

Trauer antwortet notwendigerweise mit dem Körper, mit dem Gefühl, mit Gedanken und Handlungen, nicht nur bei Verlust, sondern auch in Trennungs- und Ablösesituationen: beim Weggang des Partners oder der erwachsenen Kinder aus dem Haus, beim Abschied von Liebgewordenem, das zu einem Teil unseres Selbst geworden zu sein scheint, beim Loslassen von Menschen und Dingen, an die man sich klammert. Trauer ist eine Fähigkeit von besonderer Qualität, ja von lebenswichtiger Bedeutung, die unser befristetes Leben auf diesem Planeten überhaupt erst erträglich macht.

Die Antwort des Organismus mit Trauer beeinflusst uns nicht nur psychisch. Auch der Körper reagiert auf ihre Wirkungen, auch die Art unseres Denkens ist mit betroffen. Schließlich verändert Trauer auch die Beziehung zu unserer Umgebung, zur Natur und zu anderen Menschen. Im Bild vom See gesagt: Plötzlich ziehen dunkle, tief hängende Wolken auf, starke Böen blasen zum Sturm. Unser »Gefühlssee« kommt in Wallung. Eine Teilnehmerin meiner Seminare benutzte das Bild vom Sturm für ihre Erlebnisse während eines Trauerausbruchs. Es war eine lang verschleppte Trauer: »Fast fünf Jahre habe ich damit leben müssen. Jetzt aber bin ich froh und fühle mich entlastet. Es ist, als sei ich viele Tonnen Last von meinen Schultern losgeworden.« Sie hat, während sie das erzählt, eine gesunde rote Gesichtsfarbe. Sie atmet frei, und ihr Körper ist weich und verschwitzt. »Als es anfing«, sagt sie, »hatte ich Angst. Diese Angst kannte ich von früher, wenn es um Verlust und Weinen ging. Diesmal aber ist es mir warm gewesen, und ich floss wie ein Wasserfall, der nicht zu halten war. Ich hörte meine Stimme, als ich zu schluchzen anfing, was schließlich in einem Verzweiflungsschrei endete. Ich erinnere mich, dass später dann auch Ärger und Groll gegen meinen Mann nach oben schossen, weil er sich dieses verdammte Sportauto gekauft hatte und damit in den Tod fuhr. Ich konnte endlich meine ganze Wut ausdrücken, dass er mich wegen dieser Liebhaberei, dieser Autoleidenschaft allein gelassen hat, mitten in einer Zeit, in der ich mit ihm sehr glücklich war. Ich fühle mich wohl jetzt«, erzählt sie der Gruppe, »dass ich hier vor euch ihm nochmals sagen konnte, wie lieb ich ihn hatte. Ich fühle mich wohl, dass ich jetzt endlich meinen Schmerz draußen habe. Ich fühle mich davon befreit. Ich danke euch, dass ihr mir mit eurer Erlaubnis, mit eurer Geduld, mit Verständnis und Solidarität den lang verschobenen Abschied ermöglicht habt.«

Dieses Beispiel zeigt uns, wie man eine chronische, das

heißt lang verschleppte Trauer bewältigen kann. Die Trauer ist eine Verlustreaktion, die kompliziert und schwer zu verstehen ist. Sie hat unendlich viele Ausdrucksmöglichkeiten: Weinen, Kummer, Schluchzen, Jammern, Erschöpfung, Apathie, Schweigen, Stöhnen, Schmerzschrei, Angst, Wut, Groll, Hadern, Grimm, Beschimpfung, Selbstbelügen, Ärger, Fluchen, Grübeln, Vorwürfe, Nachtragen, Resignieren, Hilflosigkeit, Hoffnungsverlust, Selbstaufgabe, Sich-gehen-Lassen, Verzweiflung, Betäubtsein, Hass, Zärtlichkeit, Verzeihen, Erbitten, Flüchten, Triumph usw.

Alles das lässt sich nicht ausmachen, es befindet sich in dauernder Verwandlung, löst einander ab. Trauer ist nichts Statisches, sondern ein Prozess. Sie ist eine Verwandlungskünstlerin.

In den vielen Jahren der Begleitung trauernder Menschen habe ich jedoch gelernt, Trauer in *lebenshindernde* und *lebensfördernde* Trauer, in *kindliches* und *erwachsenes* Trauern zu unterscheiden.

5. Rückblick auf das Kapitel

Trauer ist nicht nur Trauer. Sie ist ein gemischtes Gefühl, das in seiner Vielfalt schwer erkennbar ist. Sie ist uns gegeben, um Schmerzen des Verlusts zum Ausdruck zu bringen. Wenn wir ihr keine Hindernisse in den Weg stellen, kann sie von selbst fließen und nach außen gelangen. Wenn sie in uns bleibt, kann sie zerstörerisch wirken. Sie tritt selten allein, sondern fast immer vermischt mit anderen Gefühlen auf. Den Umgang mit ihr lernt man, indem man mit Hilfe und Unterstützung Gleichgesinnter den Entschluss fasst, sie zu durchleben und nicht zu verstecken. Dabei müssen wir darauf achten, ob der kindliche oder erwachsene Anteil unserer Persönlichkeit in uns trauert. Wir unterscheiden daher zwischen kindlichem Jammern und bewusstem Trauern.

2 Jeder trauert anders

1. Persönliches und gesellschaftliches Umfeld

Im vorangegangenen Kapitel haben wir die Frage gestellt, warum so viele Menschen nicht fähig sind, die natürliche und normale Ausstattung ihres Organismus und ihrer Person, die Trauerfähigkeit, in Anspruch zu nehmen, wenn es um Veränderungen geht. Es gibt viele Menschen, die mit ihrer Trauer allein sind, isoliert und einsam leben und deshalb oft Gefahren für ihre Gesundheit in Kauf nehmen müssen. Unverständlich ist, dass es keine Hilfsmöglichkeiten von Seiten gesellschaftlicher Institutionen gibt. Für alle möglichen Krankheiten, Unfallgefahren und Altersprozesse gibt es wissenschaftlich untersuchte vorbeugende Maßnahmen. Nur für das Erkrankungsrisiko, das aus einer nicht normal verlaufenden Trauer erwachsen kann, gibt es dies nicht. Für die Behandlung solcher Symptome, die gesundheitliche Störungen ankündigen, gibt es bis jetzt reichlich wenig Mittel.

Ich will die Ernsthaftigkeit der Situation, in der wir uns alle befinden, mit einigen statistischen Zahlen belegen. In der Bundesrepublik gibt es ca. 715 000 Menschen, die innerhalb eines Jahres nicht mehr unter uns sein werden. Alle 40 Sekunden beendet ein Mensch sein Leben. Jede Stunde trauert irgendwo eine Mutter um ihr Kind. In Amerika sind es über 8 Millionen Menschen, die jedes Jahr den Tod eines nächsten Familienangehörigen betrauern müssen.

Das kleine Land Griechenland muss trotz rückläufiger Bevölkerungszahlen mit 100 000 Toten jährlich rechnen. Besonders in den Großstädten leben dort ca. 90 000 verwitwete Menschen, in der Bundesrepublik sind es fast 5,5 Millionen und in den Vereinigten Staaten über 11 Millionen, die ohne den Lebenspartner weiterleben müssen. Der Anteil der Witwen überwiegt dabei im Vergleich zu den Witwern. In Deutschland ist das Verhältnis inzwischen 6 zu 1. Viele allein lebende Witwen tragen das Risiko der Vereinsamung. Die Lebenserwartung der Europäer hat sich während der letzten Jahre erhöht. Frauen erreichen im Durchschnitt 83 Jahre, die Männer dagegen nur 77 Jahre. Wenn man sich überlegt, dass die Zahl der Menschen über 60 Jahre ca. 30 % der Bevölkerung ausmachen, dann sind das ca. 19 Millionen ältere Menschen. Man kann sich leicht ausrechnen, wie viele ältere Frauen das Schicksal der Verwitwung erleiden werden. Jede zweite Frau muss damit rechnen, ihren Ehepartner durch Tod zu verlieren. Das Risiko, eine Witwe zu werden, erhöht sich nach dem 60. Lebensjahr. Der Verlust des Ehepartners bedeutet automatisch ein erhöhtes Erkrankungsrisiko, das aus einer nicht »normal« ablaufenden Trauerbewältigung entsteht; so haben es die Wissenschaftler herausgefunden.

Darüber hinaus haben meistens mehrere nahe stehende Menschen und Angehörige unter dem Verlust eines Menschen zu leiden. Und die vielen anderen täglichen Situationen von Trennung, Ablösung, Abschied usw. bedeuten ein riesiges Heer von Trauernden. Die meisten davon, das kann ich mit Gewissheit sagen, verleugnen, verdrängen, vermeiden ihre Trauer. Die Gesellschaft, in der wir leben, besonders in den Industriestaaten, hält das Thema Trauer und Trauern für tabu.

Ein Ingenieur, verwundert über seine Trauerreaktionen im Trauerseminar, sagte bei einem Interview dem Fernsehreporter, als er über seine Erfahrungen berichten sollte: »Ich staune selbst über meine Reaktionen und wie positiv mich die anderen hier annehmen. Bei uns zu Hause existierte so etwas nicht. Nein, offen vor den anderen Familienmitgliedern weinen, das gab es nicht.« Eine 52 Jahre alte Witwe berichtet über Hindernisse, die sie bei ihrer Trauer erlebt: »Ich traue mich nicht mehr, daheim zu bleiben. Oft kann ich meine Tränen nicht mehr zurückhalten, und ich schließe mich dann in der Toilette ein oder laufe in den Keller. Meine Leute sagen: Du hast genug auf dem Friedhof geweint. Jetzt ist es an der Zeit, dass du Schluss mit der Trauer machst. Drei Monate müssen genügen.«

Ein junger Angestellter (25) hat Angst, dass er explodieren und andere Menschen in seiner Umgebung dadurch verletzen könnte, wenn er seine Trauer zulassen würde: »Nein, besser ist es, nicht in diese Trauer hineinzufallen, sonst könnte ich mich total verlieren, und davor habe ich Angst.« Eine Sekretärin stimmt zu und sagt für sich: »Ich habe immer Angst, dass ich verrückt werden könnte.«

Ich möchte hier noch ein paar Beispiele nennen: Ein Geschäftsmann aus dem Ruhrgebiet war untröstlich, als er im Seminar merkte, dass er weinen wollte, es aber unmöglich war. »Es ist wie eine Wüste in mir«, sagte er. Als er über seine Kindheit sprach, erfuhren wir, dass seine Eltern großen Wert darauf legten, dass Jungen eben nicht weinen dürfen. Mit ihrer Erziehung hatten es seine Eltern geschafft, aus ihm einen nicht weinenden Marmorhelden zu machen. Dass er dabei auch gefühlskalt wurde, merkte er erst nach der Heirat durch seine Frau.

Häufig wird angenommen, dass die Zeit die Trauer heilen kann. Aber eine 60-jährige Witwe wartete nun schon über 20 Jahre darauf, dass die Zeit die Trauer um ihren Mann, den ein plötzlicher Infarkt aus ihren Armen gerissen hatte, heilen würde. Sie berichtete auch über ihren Krebs und dass man ihr vor drei Jahren ihre zweite Brust entfernt hatte. Die Diagnose Krebs erfuhr sie ca. drei Jahre nach dem Verlust ihres Mannes. Vor den erstaunten Seminarteilnehmern sagte sie wörtlich: »Ich habe jetzt genug Jahre mit meiner Trauer herumgekrebst. Ich will jetzt Schluss damit machen. Endlich stehe ich auf eigenen Füßen und habe von meinem Mann Abschied genommen, um mich endlich wieder meiner Lebendigkeit zu widmen.« Es ist erstaunlich, aber diese Frau hat sich mit Hilfe des Trauerseminars wieder »aufgerichtet« fürs Leben!

Als letztes Beispiel möchte ich über eine Frau in den mittleren Jahren berichten, die Übersetzerin ist und aus Süddeutschland zu mir kam, um ihren Ehemann »wegzutun«. Fünf Jahre sind seit der Scheidung vergangen. Das Verhältnis, das ihr Mann mit einer Nachbarin aus dem Haus auf der anderen Straßenseite hatte, war für sie so unerträglich, dass sie ihn hinauswarf und »leider viel zu eilig die Scheidung beantragte«. Dass sie ihn sehr liebte und nur aus »purem Egoismus« den Entschluss fasste, kam ihr erst später zu Bewusstsein. »Diese Scheidung ist für mich eine Katastrophe. Wenn ich von meinem Fenster aus sehe, wie mein Mann bei der Nachbarin ein und aus geht, ist es jedes Mal wie Sterben. Ich musste in den letzten Jahren schon so oft sterben, dass ich mich tot fühle. Als ich die ersten Tabletten schluckte, dachte ich, dass ich damit ein bisschen Zeit gewinnen würde.« Eine Entgiftungsbehandlung und die Erlaubnis zu trauern konnten ihr helfen, das Trauern um ihren Mann nachzuholen und von ihm Abschied zu nehmen. Sie hat endlich das losgelassen, was schon lange nicht mehr existierte. Ich begegne vielen Frauen in meinen Seminaren, die sich an etwas klammern, was nicht mehr existiert. Sie halten das oft lange durch, ohne zu merken, dass sie sich damit körperliche und seelische Schäden zufügen. Wenn ich solche Menschen, die von sich behaupten, dass sie schon »tot« sind, in ihre Trauer hineinbegleite, geht fast jedes Mal eine unglaubliche Veränderung mit ihnen vor. Die Trauer hilft vielen, wieder ins Leben zurückzufinden. Das kann sie, weil sie eine starke Energie ist, die uns krank, aber auch gesund machen kann, wenn sie einem Umwandlungsprozess zugeführt werden kann.

Trauer ist nicht gleich Trauer. Eine Frau, die geschieden ist, kann oft mehr leiden als eine andere, die einen Verlust durch Tod betrauert.

2. Trauerhinderungen

Die Gründe, die uns der Fähigkeit zu trauern berauben, sind vielfältig. Von unseren Eltern haben wir gelernt: Männer dürfen nicht weinen, und Mädchen, die oft weinen, werden als »Heulsuse« bezeichnet. Auch persönliche Ängste spielen eine Rolle: »Ich könnte mich verlieren« oder »Vielleicht werde ich verrückt«, aber auch »Ich muss mich zurückhalten, weil ich die anderen nicht zu stark belasten will« oder »Ich glaube, wenn ich weine, werden mich die anderen weniger mögen«. Unsere moderne Gesellschaft verhält sich der Trauer gegenüber »duldend ungeduldig«. In den meisten Situationen gilt sie allgemein als unangebracht, zu langwierig und nicht rasch genug abklingend. In der Öffentlichkeit wird sie versteckt. Sehr oft wird die Trauer als Krankheit betrachtet, also als etwas Unnatürliches, Ungesundes, ja Pathologisches, das mit allen möglichen Medikamenten und Pillen auf breiter Front bis zum totalen Verschwinden bekämpft wird. Dass wir uns mit Medikamenten, Drogen, Alkohol und vielen raffinierten Tricks um das notwendige und berechtigte, gesunde Gefühl der Trauer bringen, das wir brauchen, um den Abschied, die Ablösung und die Trennung wirklich zu vollziehen, ist nur wenigen bewusst.

Zu Hause lernen wir also das Trauern selten. In der Schule wird das Thema ausgeklammert. Später, an der höheren Schule und der Universität, würde uns das Thema viel zu sehr von der wissenschaftlichen Arbeit abhalten. Ich habe persönlich viel erlebt während meines Studiums in Bochum, dessen Hochschule wegen der vielen Studenten, die sich dort umbrachten, den Namen »Selbstmord-Universität« trägt. Ich erlebte, wie junge Menschen sich wegen mangelnder Unterstützung und fehlendem Verständnis seitens ihrer Lehrer, wegen der Unfähigkeit zur Solidarität mit ihren Kommilitonen, wegen inhumaner Studien- und Prüfungsordnungen, wegen der Sinnlosigkeit ihres Studienzieles und auch wegen ihrer Unfähigkeit zu trauern aufgaben. Anstatt ihr Studium loszulassen oder mit anderen Erwartungen zu beenden, haben sie ihrem Leben ein Ende gesetzt.

Auch im Arbeitsleben ist für Trauer kein Platz. In Gesellschaften, in denen Profit, Konsum und Materielles den Vorrang vor der Menschlichkeit, Umwelt und Solidarität beanspruchen, wo Jugend, Schönheit und permanente Gesundheit bis zum Exzess propagiert werden, um Alter, Krankheit, Behinderung und das Sterben mit allen Mitteln zum Verschwinden zu bringen, ist Trauer am falschen Platz. Trauer macht dann alles kaputt. Sie zerstört unsere schöne synthetische Welt der Werbung. Sie ist wie der Elefant im Porzellanladen unserer hochtechnologischen Illusionen und Bemühungen um ein Leben ohne Ende. »Plastik« ist dafür ein Symbol: Es ist nicht kaputtzukriegen. Ein Produkt für die Ewigkeit, das vielleicht unsere eigenen Unsterblichkeitsträume widerspiegelt. Ein Produkt ohne die Fähigkeit des Selbstzerfalls, des Vergehens, das sich nicht in Humus verwandelt und so zu einer anderen Art von Energie werden könnte. Plastikwelten brauchen nicht zu trauern, weil sie nicht kaputtgehen.

Jetzt wird, glaube ich, verständlich, welche »Plastikziele« wir verfolgen, um uns die Trauer zu ersparen. Trauer bedeutet immer auch Schmerzen, »Plastikleben« tut niemals weh. Wir müssen uns für das eine oder andere entscheiden. Aber wie sollen wir solch schwer wiegende Entscheidungen treffen, wenn wir nicht über Leitbilder für »gute Trauer« zur Nachahmung verfügen? Wo sind die Menschen, die uns durch ihren Umgang mit der Trauer Vorbild für den eigenen Weg durch den Verlustschmerz sein können? Die Vorbilder, die es in unserer Gesellschaft gibt, sind ungeeignet, manchmal sogar schädlich. Die Fernsehbilder von trauernden Menschen zeigen versteinerte Witwen am Heldenfriedhof, die den Männern Konkurrenz machen können, wenn es um eiserne Haltung geht. Solche Bilder wirken katastrophal auf große Bevölkerungsschichten, die nur wenig über natürliche Reaktionen auf Verlust wissen. Ähnliche Wirkung haben auch Bilder von Politikern in »Staatstrauer«. Was uns das Fernsehen dann bietet, sind so genannte »Beerdigungstreffen«, »Arbeitsessen« und die politische Rangelei am Rand solcher Staatsbegräbnisse. Dass die versammelten Politiker und ihre Frauen dabei den Grund ihres Besuches übersehen, wird fast von niemandem wahrgenommen. Die Nachteile solcher Erfahrungen sind nicht nur für diese politischen Führer zu erwarten, sondern auch bei der Bevölkerung, die irgendwann später solche Energien unausgedrückter und verleugneter Trauer als aggressive Tendenzen zu spüren bekommt.

3. Rituale fördern den Trauerausdruck

Ich denke, das Wichtigste, was uns fehlt, sind Trauerrituale, die uns den Weg durch die Trauer zeigen, das Gefühl der Sicherheit auf diesem Weg geben, die Erlaubnis und die Solidarität der anderen enthalten und die durch symbolische Handlungen den Weg durch die Trauer ebnen können.

Solche Rituale gibt es nicht mehr. Es wäre, denke ich, eine wichtige Aufgabe für uns, solche Rituale spontan entstehen zu lassen, die für die jeweilige Verlustsituation geeignet sein können, um die Auseinandersetzung mit der Trauer zu fördern und ihren Ausdruck zu strukturieren.

In meinen Seminaren sind solche Rituale der Kern des gesamten Ansatzes. Sie sind nicht zu verwechseln mit trockenen, zwanghaften und sterilen Ritualen, wie wir sie kennen und oft zu Recht verabscheuen oder frisch aus anderen Kulturen importieren. Die Teilnehmer erhalten vielmehr einen »geeigneten

Raum«, in dem lebendige und natürliche Rituale entstehen können, die den Ausdruck von Trauer in natürlicher Umgebung fördern.

Wenn uns die Trauer überfällt, wissen wir oft nicht, wohin mit ihr. Es fehlt uns ein geeigneter Rahmen. Wir wissen nicht, wann wir sie zulassen sollen, mit wem und unter welchen Umständen. Gesellschaft und Wissenschaft haben das Thema bis jetzt mit viel Distanz behandelt. Auch die meisten Religionen lassen die Menschen allein oder verkomplizieren oder verhindern natürliche Trauerverläufe nach dem Motto: Drüben ist es besser als hier. Wer weint, glaubt nicht, und wer darüber klagt, versündigt sich. Ich übertreibe jetzt bewusst etwas, um die verfahrene Situation noch stärker ins Bewusstsein zu bringen. Es fehlt einfach das Kollektiv für die aktuelle und langfristige Unterstützung von Betroffenen. Es fehlt die Großfamilie, die Dorfgemeinschaft, die verständnisvolle Nachbarschaft als »Auffangbecken für berechtigte Tränen«.

Die immer mehr an Boden gewinnende verhängnisvolle Einstellung, Trauer sollte man alleine im stillen Kämmerlein erledigen, ist der Grund für Vereinsamung, für Gefühle des Alleingelassenseins, für schwere Gesundheitsrisiken.

4. Rückblick auf das Kapitel

Ich möchte das Kapitel kurz zusammenfassen: Trauer ist nicht bei allen Menschen gleich. Jeder reagiert auf Verlust oder Trennung anders, entsprechend seiner Herkunft, seiner Erziehung, seiner Lebenserfahrung und seiner momentanen Situation. Wir haben festgestellt, dass persönliche Erfahrungen mit Trauer oft verhindert werden. Die Gründe dafür können gesellschaftliche Normen, Klischees und Rollen, die wir spielen müssen, sein. Allgemein verbreitet ist eine Art Gefühlsanalphabetismus. Kaum jemand traut sich, Gefühle angemessen auszudrücken, ihre Färbungen genauer zu unterscheiden, ihre wirklichen Ursachen zu ergründen und ihnen angemessen Raum zu geben. Weder die Gesellschaft noch die Kirche konnte bis jetzt trauernde Menschen auf breiter Ebene unterstützen oder beraten. Trauer ist auch ein Stiefkind der Wissenschaft. Es gibt selbstverständlich einige wenige Ausnahmen bei oben erwähnten Institutionen. Aber das ist wie ein entlastender Tropfen aus einem Ozean voll ungeweinter Tränen.

Es fehlen Menschen und Gruppen, bei denen die Betroffenen ihr Leid äußern können, ohne Angst zu haben, von anderen abgewiesen oder missverstanden zu werden, oder das Gefühl zu haben, andere damit zu belasten. Es fehlen Menschen, die in Bezug auf Trauer nachahmenswert sind. Es fehlen Rituale, die unseren Weg durch die Trauer heller machen können, uns Halt und Gestaltungsmöglichkeiten geben.

3 Trauer ist keine Krankheit, kann aber krank machen

1. Lebenshindernde Trauer

In den vorangegangenen Kapiteln ist uns die Vielzahl der Trauersituationen, aber auch der Trauerhindernisse bewusst geworden. Es ist wirklich bedrückend, dass trotz der Störungen des Gleichgewichts durch Trauerereignisse im seelischen, körperlichen und sozialen Bereich während und nach dem Verlusterereignis von vielen nur sehr wenig unternommen wird. Verlust, Trennung, Ablösung und die darauf folgende Trauer sind oft ernst zu nehmende Krisensituationen, die Gesundheitsrisiken bergen und nach früh- und rechtzeitigen Maßnahmen verlangen. Äußere und innere Faktoren können den Verlauf einer Trauer so ungünstig beeinflussen, dass man von lebenshindernder Trauer sprechen kann.

Untersuchungen zeigen, dass die Trauer – in unserem Fall verdrängte, vermiedene, unausgedrückte Trauer – eine wichtige Rolle bei der Entstehung, im Ausbruch und Verlauf von Krankheiten spielen kann. Im neuen Lebens- und Trauerumwandlungsmodell nennen wir sie »noch nicht umgewandelte Trauer«. Sie erhöht das Risiko, dass ein gesunder Mensch krank werden kann. Und wenn man krank ist, kann sich durch nicht endende Trauer die bestehende Krankheit noch verschlimmern.

Es ist kein Wunder, dass Depression heute die häufigste seelische Krankheit ist. Man behauptet, dass es niemanden unter uns gibt, der nicht irgendwann für eine begrenzte Zeit depressiv wird. Leider gibt es nicht wenige Menschen, die zu häufig melancholisch und depressiv werden, dann spricht man oft von einer chronischen Depression, die mit den heute bekannten Methoden sehr schwer zu behandeln ist. Wenn man das Heer von trauernden Menschen sieht und die organisierte Verhinderung von Trauer wahrnimmt, sollte man nicht allzu erstaunt darüber sein, dass die meisten von uns Gefahr laufen, depressiv zu werden. Leider scheint an erster Stelle des Umgangs mit dieser Volkskrankheit die pharmakologische Strategie zu stehen, d.h. das Verschreiben und Verabreichen von Tabletten, was aber keine wirkliche Lösung bringt.

Ich kann mich gut an einen 40-jährigen Anwalt erinnern, der mich anrief und mich um die Erlaubnis bat, an einem meiner Trauerseminare teilzunehmen. Er fügte gleich hinzu, dass er seit Jahren Psychopharmaka nehme und dass die Diagnose der Ärzte »endogene Depression« laute. Ich antwortete ihm, dass ich angesichts der Schwere dieser Diagnose seine Hoffnungslosigkeit verstehen könne. Aber sein Anruf zeige ja bereits ein Stückchen Hoffnung, und ich glaube, dass er sich noch nicht aufgegeben habe. Obwohl das Seminar eigentlich Trauernde nach einem Verlust anspricht, wollte ich ihm seinen Wunsch erfüllen und ihn zum Seminar einladen. Wir waren uns einig, dass er es versuchen sollte, ohne allzu große Erwartungen. In den ersten Tagen des Seminars zeigte er uns mit seinem Verhalten, was tiefe, stumme, erdrückende Trauer sein kann. Die Situation änderte sich prompt – Traurigsein enthält viele lebendige Momente –, als eine ältere Teilnehmerin wie ein kleines Kind über den Vater, der im Krieg geblieben war, zu weinen begann. Der Anwalt begann nun auch zu schluchzen wie ein Kind. Die Anwesenden rückten näher zu ihm, schauten ihm wohlwollend in die Augen und bestärkten ihn, indem sie sagten: »Schön, dass du fühlst! Deine Tränen zeigen es. Wir sehen deine Lebendigkeit. Hab keine Angst, wir sind bei dir.« Er weinte sich richtig aus. Seine Angst vor der Trauer nahm ab. Als wir seine Geschichte erfuhren, konnten wir die Wucht seiner Tränen verstehen; er wurde uns sehr sympathisch: Seine

Mutter starb ein paar Monate nach der Geburt. Das Kind blieb viele Tage beim viel beschäftigten Vater unversorgt. Als er sich später mit einer Freundin ins Ausland absetzte, musste der kleine Johann ins Kinderheim. Dort weinte er die ersten Stunden, bis man ihm das Weinen abgewöhnte. Er musste sehr früh lernen, die Tränen nach innen zu schlucken. Die Pflegeeltern, die ihn ein Jahr später erhielten, hatten nicht nur ein »stubenreines«, sondern auch ein »tränentrockenes« Kind bekommen. Sie waren begeistert, dass dieses Kind fast nie weinte, und hielten es für einen tapferen Jungen. Dabei merkten sie nicht, dass er das Weinen zurückhielt und dass sein Gesicht wie eine versteinerte Maske war. Schließlich konnte er überhaupt nicht mehr weinen.

Es dürfte nun einleuchtend sein, warum wir so vielen depressiven Gesichtern begegnen, von denen einige alte und tief sitzende Trauer mitschleppen, die sich nur in Sonderfällen von allein erledigt.

Dass zurückgehaltene Trauer nicht nur seelisch, sondern auch körperlich krank machen kann, zeigt uns die Geschichte einer jüngeren Frau. Sie hatte ihren heiß geliebten Sohn im Alter von vier Jahren durch einen Unglücksfall verloren. Sie wollte sich während eines Spaziergangs mit dem Kind in einem Schaufenster ein Kleid ansehen. Obwohl die Straße sehr befahren war, merkte sie nicht, dass der Kleine eilig und ohne der Mutter etwas zu sagen die Straße überquerte, um im Schaufenster eines kleinen Zooladens auf der anderen Straßenseite die Affen zu bewundern. Als die Mutter das scharfe Bremsen eines Autos und die Schreie von Menschen hörte, wusste sie nicht, dass ihr Oliver nur acht Meter entfernt von ihr überfahren worden war. Er war auf der Stelle tot. Sie konnte diesen Verlust überhaupt nicht akzeptieren. Die Vorwürfe ihres Mannes und der Schwiegermutter und die unerträglichen eigenen Schuldgefühle ließen der Trauer keinen Raum.

Erleichterung spürte sie erst, als sie eines Morgens beim zweiten Glas Cognac merkte, wie ihre Bedrücktheit und körperlich spürbare Last langsam verschwanden. Der Weg in die Alkoholabhängigkeit dauerte nur einige Monate. Ihr Mann verließ sie nach einem Jahr. Im Seminar war es ihr zum ersten Mal möglich, sich ihren Schuldgefühlen zu stellen, die sie Tag für Tag als Folter erlebt hatte. Das Verständnis, die Stütze und die Sicherheit, die ihr der Rahmen des Trauerseminars bot, ermöglichten ihr, endlich zu ihrer Trauer zu finden und dieser mit der Zeit Ausdruck zu geben.

Ein häufiger Grund von Alkoholismus und anderen Suchttendenzen ist unausgedrückte Trauer: Trauer um nicht erfüllte Erwartungen und Illusionen in Ehe und intimer Freundschaft. Die Zahl von alkoholabhängigen einsamen Frauen nimmt zu.

2. Die Konsequenzen von nicht ausgedrückter Trauer

Wir kennen eine Fülle von Konsequenzen, die man beobachten kann, wenn eine Trauerreaktion nicht natürlich abläuft. Bei Männern und Frauen zeigen sich körperliche Reaktionen wie etwa Schmerzen im ganzen Körper, Atembeschwerden, Herzbeschwerden, Verdauungs- und Appetitstörungen, Muskelschwäche, Einschlafschwierigkeiten und nächtliches Erwachen, Gewichtsschwankungen, häufigere Infektionskrankheiten, Leberzirrhose.

Der psychische und geistige Bereich sind nicht weniger beeinträchtigt. Außer den bereits erwähnten Depressionen kann nicht normal ablaufende Trauer der Grund für erhöhte Selbstmordgefährdung und für Unfälle sein. Dauernde Angstgefühle, Hilflosigkeit, Zorn, Resignation wechseln sich ab mit ständiger Suche nach der verlorenen Person, die sich in Wahnbildern und Gefühlen der Gegenwart des Toten zeigen. Störungen im gesamten Nerven- und Hormonsystem wirken sich möglicherweise schwächend auf das Immunsystem aus. Wir wissen, dass mehr als die Hälfte aller Krebskranken unerledigte Trauer, welcher Art auch immer, mit sich schleppen. Viele Herzkranke werden mit großer Wahrscheinlichkeit von misslungener Trauer sprechen können, wenn man sie vorsichtig nach vergangenen Ereignissen fragt. Man sollte allerdings nicht nach Fakten fragen, sondern nach Gefühlsmomenten. Bei anderen macht sich die Störung des Trauerablaufs in verstärktem Rauchen, in Alkoholkonsum, in übermäßiger Einnahme von Medikamenten und Drogen bemerkbar.

Erwähnenswert ist noch eine interessante und gesicherte Aussage einiger Forscher, die ich vor kurzem gelesen habe. Allergischer Schnupfen, die Plage von Millionen Menschen, wurde oft bei Leuten beobachtet, die eine Trennung zu verarbeiten hatten. Es zeigte sich, dass durch allergischen Schnupfen oft eine andere Art der Trauererledigung stattfindet, wenn der Organismus den Verlust zu verarbeiten sucht.

Ich meine, natürliche Trauer weist immer auf die Notwendigkeit von Tränen hin, auch wenn diese wie in diesem Fall nur durch die Nase fließen können, solange die Augen »sich blind stellen« und die Trauer nicht sehen wollen.

3. Die kleine Geschichte vom traurigen Herzen

Vor kurzem kam eine jüngere Frau von ca. 35 Jahren zu mir. Sie erzählte, dass sie nachts nicht mehr schlafen könne: »Ich bin dann starr, und Angst überfällt mich. Mein Herz ist so unruhig, dass ich das Gefühl habe, es könnte auseinander brechen oder aufhören zu schlagen. Ich kann nicht mehr alleine schlafen, und meine Freundinnen müssen bei mir übernachten. Ich habe Tabletten genommen und auch viele Untersuchungen machen lassen. Die Ärzte sprechen von vegetativen Störungen und von herzneurotischen Symptomen. Es tritt aber keine Besserung ein, und ich bin verzweifelt, weil ich nicht weiß, was ich tun soll.« Ich setzte mich zu ihr, indem ich mit meinem Stuhl näher rückte, und fragte sie mit weicher Stimme: »Wenn dein Herz zu mir Vertrauen hätte, was würde es mir erzählen, warum es gebrochen ist?« Die Frau begann zu weinen und erzählte von ihren drei Kindern, die noch sehr klein seien, und vom plötzlichen Tod ihres Mannes vor fünf Jahren, von ihren ungeweinten Tränen, von ihrer Haltung, die Stärke zeigen soll, von ihrer Unfähigkeit, sich damals mit einem Aufschrei gegen den Verlust zu wehren. »Ich habe Angst, allein zu sein. Ich durfte es niemandem lange zeigen, meinen Eltern nicht und meinen Freundinnen nicht.« Sie berichtet von ihren Schuldgefühlen, nicht genug für die Gesundheit ihres Mannes getan zu haben, über das Grübeln, über die unendlichen Streitereien der letzten Jahre ihres Zusammenlebens. Sie kann nicht ertragen, ihrem Mann die verpassten Momente und ihre große Liebe zu ihm zu erzählen. Die schrecklichen Herzsymptome der vergangenen zwei Jahre sind unerträglich, aber sie kann »ihr Jammern niemandem zumuten«. Alle haben den Eindruck, dass sie mit dem Verlust schon seit langem fertig geworden ist. Fertig ist sie schon, aber mit ihrer Gesundheit.

Als sie fast eine Stunde lang weinend über alle Ereignisse und Gefühle der letzten Jahre in der »Rolle« des eigenen Herzens berichtet hatte, war sie selbst verwundert, dass es ihr sofort danach gut ging. Diese Frau hatte fünf Jahre lang ihr Herz vergewaltigt und gefangen gehalten, bis das Herz durch Zittern und wildes Klopfen seine »Geschichte« doch mitteilte. Diese Art des Erzählens ist für den Trauernden mit unangenehmen Symptomen verbunden, in diesem Fall mit vegetativen und neurotischen Herzbeschwerden. Das Herz kommt immer zu seinem Recht. Ich glaube, es würde unserem Herzen gut tun, wenn wir ihm Zeiten einräumen könnten und ihm erlaubten, über das, was es bedrückt, zu sprechen. Wer das ausprobiert, wird leicht feststellen, wie oft es über Bedürfnisse, Sehnsüchte, Trauer und Freude berichten wird.

4. Rückblick auf das Kapitel

Fassen wir am Ende des Kapitels wieder zusammen: Wir haben festgestellt, dass die jeweilige Geschichte einer Person wie die Situation, in der sie sich befindet, eine besondere Rolle für den Verlauf der Trauer spielen. Unerledigte Trauer kann die Gesundheit stark und dauerhaft beeinträchtigen. Angesichts solcher Gefahren ist es lohnend, die Trauer ernst zu nehmen und ihrem Ausdruck einen Weg zu bahnen.

4 Ich sehe deine Tränen

1. Aus welchem Stoff sind die Tränen?

Tränen sind nicht gleich Tränen. Ihre Qualität und Quantität hängt von vielen Faktoren ab: wem sie gelten, in welcher Situation wir uns befinden, was wir für eine Persönlichkeit sind und in welchem Kulturkreis wir leben. Ich denke, dass du verstehen wirst, warum es so schwer ist, herauszufinden, welche Tränen jemand weint.

Der Stoff, aus dem die Tränen bestehen, ist ein Gemisch aus Wasser und einer großen Zahl chemischer Substanzen. So wie der Regen für die Wolken und das Gewitter steht, so stehen die Tränen für die Gefühle. Die Quelle der Tränen sind also Gefühle und Empfindungen. Es gibt viele Tränenarten:

sichtbare und unsichtbare Tränen
echte und falsche Tränen
Freudentränen und Trauertränen
süße und bittere Tränen
Lebenstränen und Todestränen
Feuertränen und Wassertränen
heiße und kalte Tränen
befreiende und bedrückende Tränen
appellierende und gleichgültige Tränen
Allmachtstränen und Tränen der Ohnmacht.

Es gibt auch Tränen des Zornes, der Angst, der Furcht, der Verzweiflung, des Allein- und Verlassenseins, auch Tränen der Empörung, der Rebellion und des Protests (Feuertränen) und Tränen des Einverständnisses und der Versöhnung. Vielleicht wirst du oft müde vom Lesen über das Trauern. Vielleicht bist du verzweifelt und willst mit der ganzen Geschichte nichts mehr zu tun haben. Oder es wäre dir lieber, alles zu vergessen und aus deinem Gedächtnis zu streichen. Ich kann das verstehen. Sei sicher und erschrecke nicht, wenn dich die Tränen in heftigen Wellen zu überfluten drohen.

Lass mich das Sprachrohr der anderen sein, die in ähnlichen Situationen waren wie du. Sicherlich hatten es manche noch schwerer. Der Trauerschmerz muss durchschritten werden, denn wenn du deine Tränenquellen zuschüttest, werden deine Gefühle verdursten.

Ich kann es verstehen und akzeptieren, wenn du dich nicht traust, deine Tränen zu zeigen. Ich sehe, wie du deine Tränen zurückhältst. Ich sehe in deinen Augen, dass du Angst vor Tränen hast, Angst, schwach zu werden dabei oder darin zu ertrinken. Du hast Angst, du könntest auch andere zum Weinen bringen, sie belasten – oder missverstanden werden. Ich kann auch verstehen, wenn du sagst: Ich habe doch alles ausgeweint, oder wenn du dich beklagst, dass die Tränen nicht kommen, obwohl du sie dir so sehr wünschst.

Wenn ich dich jetzt einlade, mit mir das folgende Gedicht zu lesen, das eine Teilnehmerin während eines Trauerseminars geschrieben hat, erhoffe ich mir, dass du danach deine Reaktionen auf Trauer besser unterscheiden kannst. Helga mühte sich seit längerer Zeit, ihre »verschwommene Trauer«, die aus mehreren Verlust- und Trennungsanlässen bestand, umzuwandeln. Sie entdeckte während des Seminars, dass Trauer mehr war als ein trauriges Gesicht und eine depressive Miene. Sie fühlte allmählich den Unterschied zwischen Jammern und Trauern.

DIE TRÄNE

Sie hat vier Geschwister:
Die Trauer
Den Verlust
Den Schmerz
Die Wut

Sie wusste es nicht
Sie spürte
wie die vier Seiten
sich in ihr versteckten

Und wahllos überraschend
überwältigend und mächtig
traten sie hervor
und verwirrten
die kleine Träne

Bis,
ja bis sie benannte,
erkannte, fühlte und ließ
zuließ

Und sich verabschiedete
von der alten Trauer
von dem alten Verlust
von dem alten Schmerz
von der alten Wut
Und die Träne nannte
es Jammern
und schied
das Jammern vom Trauern

Und entschied sich zu trauern

Helga

2. Wie achte ich auf meine Tränen?

Probiere jetzt einfach, ein bisschen mehr auf deine Gefühle und deine Tränen zu achten. Es wäre wichtig, dass du dich in deinem Weinen akzeptierst, so wie es im Moment ist, ohne Angst zu haben oder darüber zu grübeln. Wenn du deinen Tränen das Fließen erlaubst und deinen Tränen sogar zu verstehen gibst, dass du sie magst, sprich sie an und sag: Ich kann auf euch warten. Ihr könnt kommen, wenn es euch danach ist, und ich werde mich darüber freuen.

Die Tränen werden dir vieles über dich verraten, wenn du dich ihnen zuwendest und auf sie achtest. Vielleicht erfährst du dann, was deine Tränen dir für eine Botschaft »zufließen« lassen wollen, woran du mit deinem Trauern bist, was dir fehlt, warum du weinst und für wen. Sie helfen dir bald zu entdecken, ob du um die Person, von der du Abschied zu nehmen versuchst, weinst oder vielleicht um dich. Ertrinke nicht im Sumpf der Selbstmitleidstränen. Sorge für einen einwandfreien Tränenfluss und für die Umwandlung deiner Tränen. Freie, fließende Tränen sind meistens ein Zeichen für die volle Anerkennung des Verlusts. Tränen helfen uns, das Unwiederbringliche der Verlustsituation zu verstehen und damit die Realität des Verlusts anzunehmen.

Wenn der Schmerz sehr groß ist und man merkt, dass man überschwemmt zu werden droht, dann sollte man für das Fließen nach außen sorgen. Wenn du das Fließen nach innen richtest, wird dein Herz belastet werden. Tränen gehören nach außen und nicht ins Herz.

3. Wann ist die beste Tageszeit für die Tränen?

In den letzten Jahren haben wir viel über das Weinen erfahren, und wir waren erstaunt über die Unterschiede zwischen Mann und Frau, die geschlechtsbedingte Tränenmenge und die bevorzugte Tageszeit dafür.

Männer weinen viermal weniger als Frauen; genauer gesagt weinen Männer 1,4 Mal im Monat, wohingegen Frauen 5,3 Mal im Monat ihre Tränen abwischen müssen. Die Zeit, in der die meisten Tränen vergossen werden, ist zwischen 19 und 22 Uhr abends. Geweint wird meistens nicht über aktuelle Ereignisse, sondern über Erinnerungen. Solche Erinnerungstränen reichen weit zurück bis in die Zeiten jugendlicher Verliebtheit oder noch weiter in die Vergangenheit bis in die Kindheit. Die Tränen der Männer bleiben in der Gegend der Augenhöhlen und machen den Eindruck feuchter Augen. Bei den Frauen dauert dagegen der Tränenfluss durchschnittlich sechs Minuten.

Solche Berichte sprechen dem Weinen eine gesunde Funktion zu, weil dem Körper die Möglichkeit gegeben wird, Gifte herauszuschwemmen. Tränen können in Stresssituationen den Organismus von hormonell produzierten Giften reinigen.

4. Keine Angst vor den Tränen

Unsere Tränen können viele Anlässe haben. Aber nicht der Anlass allein bringt die Tränen hervor, sondern es hängt immer von der Person ab, die den Tränen einen Weg öffnet oder nicht.

Die Anlässe sind z. B. körperliche Ursachen wie Schmerzen, Durst, Hunger, andere Mängel, oder seelische Ursachen wie Angst, Schuld, Wut, Reue, Gram, Trauer, Sühne, Sehnsucht usw. Man weint auch, wenn man sich persönlich verletzt, gekränkt und erniedrigt fühlt, an seinem Glauben verzweifeln muss, Hoffnungen und Illusionen zu Grabe trägt, wenn man den Sinn für manches verliert. Tränen sind aber auch »Wertaussagen«: Wenn man für jemanden keine Tränen übrig hat, erweckt man den Eindruck, kein Interesse an ihm zu haben. Es gibt auch Tränen, die appellieren und klagen, die um Aufmerksamkeit und Zuwendung ringen. Wir weinen, wenn wir versagen oder unbefriedigt sind. Tränen können auch ein ausgezeichnetes Mittel sein, um als erpresserisches Druckmittel eingesetzt zu werden. »Tränenlos« bleibt nur der, der nicht weinen kann, nicht darf, nicht will. Er wird dann erstarren, blockiert, gelähmt und ausgetrocknet sein.

Auch wenn wir uns vor den Tränen fürchten, wissen wir von ihrer mehr oder weniger positiven Wirkung: Erleichterung, Entlastung, Linderung von Beschwerden, Erschöpfung, Entspannung, Lösung, Zufriedenheit und vieles andere.

Tränen sind nicht nur gesund, weil Stresshormone herausgespült werden, sondern weil sie eine Antwort unserer Seele, unseres Körpers und unseres Geistes sind. Tränen reinigen von unerträglichen Trauerschmerzen, schrecklichen Trauergedanken und -fantasien und schließlich von bedrückenden Trauergefühlen. Sie reinigen die Trauer von allem Negativen.

Die Trockenlegung der Tränen, d. h. verhindertes Weinen ist Ausdruck von Gefühlsverarmung, die wir oft gesellschaftlich verinnerlicht haben. Wenn wir weinen, fühlen wir – und sind sehr unsicher dabei –, wie wir die Fassung verlieren. Diese Angst ist sehr natürlich. Tränen als etwas körperlich Fließendes unterliegen dem gleichen Tabu wie andere sich verströmende Körperflüssigkeiten. Wir müssen daher die Anfangsschwierigkeiten beim Weinen, die Vermeidungstendenzen und die manchmal starke Abwehr verstehen lernen. Im freien Tränenfluss können wir seelisch wachsen und an Reife gewinnen.

5. Wege zu »göttlichen Tränen«

Ich möchte dich hier auf zwei unterschiedliche Einstellungen zu Tränen und zu Gott aufmerksam machen, die in den beiden folgenden Gedichten ausgedrückt werden.

Auffallend ist, dass die Autorinnen ganz unterschiedliche Ursprünge benennen, durch die sie zu ihren ersehnten Tränen kommen.

Das erste Gedicht ist von der Theologin Dorothee Sölle:

gib mir die gabe der tränen gott
gib mir die gabe der sprache

führ mich aus dem lügenhaus
wasch meine erziehung ab
befreie mich von meiner mutter tochter
nimm meinen schutzwall ein
schleif meine intelligente burg

gib mir die gabe der tränen gott
gib mir die gabe der sprache

reinige mich vom verschweigen
gib mir die wörter den neben mir zu erreichen
erinnere mich an die tränen
der kleinen studentin in göttingen
wie kann ich reden
wenn ich vergessen habe, wie man weint?
mach mich naß
versteck mich nicht mehr

gib mir die gabe der tränen gott
gib mir die gabe der sprache

zerschlage den hochmut mach mich einfach
laß mich wasser sein das man trinken kann
wie kann ich reden
wenn meine tränen nur für mich sind
nimm mir das private eigentum
und den wunsch danach
gib und ich lerne geben

gib mir die gabe der tränen gott
gib mir die gabe der sprache
gib mir das wasser des lebens

Inspiriert von Dorothee Sölles Gedicht, schrieb eine Seminarteilnehmerin folgendes Gedicht im Oktober 2005:

Ich muss nicht Gott bitten, dass er sie mir gibt,
die Gabe der Tränen zur rechten Zeit,
denn ganz tief in mir, war'n sie lang schon verborgen
lagen schon als Geschenk in der Wiege bereit.

Dort fand ich die Gabe der Tränen
Getragen vom göttlichen Funken in mir
Und fand so die Gabe der Dichtung,
das Wasser des Lebens in mir.

Der Schmerz um den Tod meiner Mutter,
das Verlöschen ihrer Lebendigkeit im Sumpf der Depression,
der Selbstzweifel, Anklagen, Schuldgefühle,
riss mich, ihre Tochter, fast mit davon.

Doch ich öffnete mich meinem Fühlen
Vertraute dem göttlichen Funken in mir.
Fand in meinem Leib die Tränen
das Wasser des Lebens in mir.

Ich klammerte mich an das Leben,
wie ein Ertrinkender an das rettende Schiff,
doch hätt' ich gelernt nicht das Trauern,
wär' ich gesunken am nächsten Riff.

Aber ich fand die Gabe der Tränen
Getragen vom lebendigen Funken in mir.
Und fand so die Gabe der Dichtung,
das Wasser des Lebens in mir.

Den zehrenden Schmerz wie ein Stein tief in mir,
umspülte endlich der Tränenfluss.
Machte weich diesen Schutzwall und mürbe,
gab der Trauer in mir einen Kuss.

Und ich dank' für die Gabe der Tränen,
Ich schloss endlich Frieden mit mir.
Und ich fühl mich getragen auf Händen,
vom Wasser des Lebens in mir.

Nun kenn' ich auch jubelnde Tränen
der Freude und spür Lebenssinn
und öffne mich weit meinem Leben,
das ist der Gefühle Gewinn.

Einzigartig die Gabe der Tränen
des Lebensfunkens in dir und in mir.
Und so knospt in jedem Vergehen
das werdende Lebendige hier.
Stefanie, Religionspädagogin

Hier sieht man, dass es sich lohnt, zu suchen und zu probieren, um den »göttlichen Tränenfluss« zu finden.

Teil II
Mein einsamer Weg durch die eigene Trauer

1 Ohne Orientierung im eigenen Trauerlabyrinth des Lebens

Lieber Lesefreund, wahrscheinlich steckst du wie zahlreiche Mitmenschen um uns immer wieder einmal in einer Gefühlssackgasse, wenn es um das lebenswichtige Trauergefühl und den schwierigen Umgang mit ihm geht. Durch das Lesen des ersten Teils konntest du bestimmt schon einiges über das »Fühlen« herausfinden.

In diesem Kapitel können wir die Gelegenheit nutzen, mit vier Augen und zwei Herzen mehr zu sehen, zu erleben und besser zu verstehen als allein. Dies wird uns beiden gut tun. Wenn du offen und neugierig bist, wirst du viel Klarheit und sogar Freudentränen für dein Leben gewinnen.

Inzwischen hast du wohl bemerkt, dass dieses Buch etwas Besonderes und Ungewöhnliches ist. Das ist so wie mit dir und mir: Wir beide sind auch etwas Ungewöhnliches und Besonderes. Uns gibt es nirgendwo noch einmal, verstehst du? Wenn man sich dessen bewusst ist, hat man viel mehr Achtung vor sich selbst und schenkt dem, was man tut, viel mehr Aufmerksamkeit.

Da du wie ich ein Mensch bist, können wir annehmen, dass

es in unserem Innersten eine ähnliche Menge an ungeweinten Tränen gibt. Daher lade ich dich jetzt feierlich ein, mich auf meinem Weg auf den Spuren des universalen Gefühls »Trauer« zu begleiten, d.h., unser Augenmerk wird sich auf diese Gefühlsspur konzentrieren. Die Trauer ist das weichste und lebendigste Gefühl, das wir haben. Sie ist die Grundlage der meisten anderen Gefühle, die wir kennen. Du wirst es nicht glauben, aber durch Umwandlungsprozesse »bezieht« gerade auch das Lachen seine Kraft aus der Trauer. Lass uns aber lieber experimentieren als reden, denn mit Worten allein kann man die Trauer nicht vollständig begreifen und gewinnen. Also hab keine Angst. Vertraue dir und dem Geschenk der Trauerfähigkeit in dir. Wie gesagt: Zu zweit können wir nur gewinnen. Du musst nichts Spezielles tun, das dich besonders anstrengen würde. Sei einfach ein aufmerksamer Leser und achtsamer Zuhörer. Werde zu einer Art Gefühlskumpel, zu einem verlässlichen Gefährten. Achte darauf, dass du dich nicht in den vielen Fäden meiner Geschichte verstrickst. Du musst auch nicht unbedingt in meine Haut schlüpfen, denn wenn du dies nicht beachtest, kannst du sogar meine Wunden von damals spüren. Also bleib bei dir und sorge für dich! Du kannst jederzeit aus der Rolle des Begleiters aussteigen.

Wir starten mit dem unermesslichen Geschenk des Erinnerns. Dies ist eines der wichtigsten Mitbringsel bei unserer Geburt. Mit der Fähigkeit, sich aus guter geschützter Distanz an Gewesenes erinnern zu können, finden wir sicher unseren Weg durch das Trauerlabyrinth des Lebens. Aber diese Fähigkeit bedarf wie vieles andere der Übung und Pflege, um sie voll nutzen und auf Dauer erhalten zu können. Ich möchte auch gleich hier erwähnen, dass ein Erinnern unter Selbstachtsamkeit stattfinden sollte. In meinem Modell nenne ich dies »geschütztes Erinnern« (»Protective Memoring«). Es ist also wichtig, sich gut vorbereitet auf diese »Erinnerungsexpedition« zu begeben.

Die Erinnerung an den eigenen Trauerweg, an all die Trauererfahrungen des eigenen bisherigen Lebens kann für dich als Leser und für mich als Schreibenden sehr ergiebig werden. Wenn wir bei dieser Erinnerungsarbeit aufmerksam, achtsam und neugierig sind, kann dies zur Entdeckung vieler Quellen der Lebendigkeit führen.

Die Grundeinstellung zum Phänomen Trauer am Anfang dieser Expedition ist eine positive und akzeptierende, gefolgt von der Faszination am Entdecken und Experimentieren. Wie ich schon im vorherigen Kapitel ausgeführt habe, ist die »Trauer« unsere Grundausstattung für den Umgang mit den ein Leben lang stattfindenden Veränderungen in uns und um uns. Das heißt, wir sind grundsätzlich in der Lage, mit dem Basisgesetz alles Seienden – dem stetigen Werden und Vergehen – angemessen umzugehen. Dabei werden wir die Trauer als Grundlage unserer Emotionen betrachten und können so auf diesem Weg der Erinnerungen leicht ihre Spuren auf unserer speziellen Trauerlandkarte entdecken. Außerdem sehen wir, wie wir früher mit der Trauer umgehen konnten und wie sich dies bis heute verändert hat. Dies wird also keine reine Schreibtischarbeit sein, sondern es geht darum, Erinnerungen, Erfahrungen, Empfindungen achtsam nachzugehen und Berichte und Erzählungen aus der »freien emotionalen Wildbahn« des puren Lebens zu hören.

Heute weiß ich, dass der Verlauf meiner Lebensspur reichlich gespickt war mit Hindernissen und einschränkenden Ereignissen. Aber die eigene Lebenszeit kann man sich nicht aussuchen, sie ist für jeden von uns so, wie sie ist. Aus der Rückschau kann man sich jedoch den Verlauf des eigenen Lebens noch einmal aus einer geschützten Distanz heraus anschauen, um das Ganze zu ordnen, zu fühlen, zu verstehen und mit Achtsamkeit und Ehrfurcht ins eigene jetzige Leben zu integrieren. Mit den zu erwartenden unangenehmen Empfindungen ergibt sich die Möglichkeit, die eigenen Lebenszusammenhänge neu zu verstehen und eine andere Qualität von Lebenssinn zu finden.

2 Sei mein Begleiter! Ich lade dich dazu ein!

Komm, wir machen uns jetzt auf den Weg. Wir werden gemeinsam viele traurige, aber auch freudige Momente durchleben und dabei dem Auf und Ab des Weges und der Gefühle achtsam folgen. Wir beide werden jeweils auf uns selbst und aufeinander achten. Wenn berechtigte Gefühle aufkommen, werden wir uns vor den dortigen, damaligen Bildern unserer »Vorerfahrungen« schützen, indem wir uns des Hier und Jetzt des Lesens vergewissern. Jeder von uns wird sich dabei selbst achtsam und liebevoll in den Arm nehmen. Die Innenfläche der rechten Hand legen wir dabei vertrauensvoll auf das Herz als Zeichen der Selbstfürsorge und Selbstliebe. Du kannst dich jetzt schon darauf freuen, weil wir durch diese Form der Selbstbegegnung viel von dem, was damals nicht gelebt und nicht ausgedrückt werden konnte, neu gewinnen werden: Erinnerungen, Empfindungen, Gefühle und Ausdruck aus uns selbst heraus, aber sicherlich auch ein Gehört-, Gesehen- und Angenommenwerden durch die Verbundenheit mit anderen Lesern und deren Verständnis und Mitgefühl. Na, was meinst du? Das wäre doch ein Experiment wert! Nebenbei gesagt: Es geht bei diesem Experiment nicht darum, eine olympische Trauer-Medaille zu gewinnen.

Zu zweit sind wir jetzt stark, denn alleine sollte man nicht durch die Trauer gehen. Übrigens: Die Trauer ist wie eine anspruchsvolle Dame. Sie will gesehen, gehört, verstanden, angenommen und ernst genommen werden und braucht Mitgefühl. Also werden wir auf unserem Weg darauf achten, die Ansprüche dieser »emotionalen Dame« zu berücksichtigen. Du solltest auch wissen, dass ungesehene Tränen meistens verlorene Tränen sind. Wir stellen uns also vor, ich schau dich an, und du schaust zu mir herüber. Dann freut sich das Buch darüber, dass wir das Geschriebene wirklich praktisch ausführen. Nun sind wir also zu dritt unterwegs und brauchen keine Angst zu haben. Zur Bekräftigung leihen wir uns den Schwur der drei Musketiere aus, der lautet: »Einer für alle und alle für einen.« Aber da mir dies noch nicht genügt, fügen wir noch etwas hinzu, was ihn noch kraftvoller macht. Dieser Zusatz lautet: »Und ich für mich!« Unser Schwur lautet also jetzt: *»Einer für alle, alle für einen! Und ich für mich!«* Dieser Spruch ist sehr nützlich, weil er uns Selbstachtung und Selbstverantwortung schenkt. Wir brauchen weniger Angst um den anderen zu haben und können damit die ganze Kraft für unseren Selbstschutz und unsere Selbstentwicklung einsetzen. Frei von zu viel Sorge um den anderen, sind wir auch jederzeit in der Lage, helfend einzuspringen, wenn Not am Mann oder an der Frau ist. Ich sehe schon, dass du ganz begeistert bist. Und ich sage dir: »Gemeinsam wird es uns gelingen!«

3 Also starten wir durch!

Mein Lebensweg war von Anfang an vielfältig wie ein Blumenstrauß aus vielen wilden Feldblumen, die gegen Ende einer harten Zeit gesammelt werden. Diese Gräser und Blumen tragen Spuren von strengen Witterungseinflüssen und allerlei Verformungen durch äußere Einwirkungen, z.B. Krieg, Hunger, Angst, Bürgerkrieg, Verfolgung und schließlich Migration, und von vielen erdrückenden und kränkenden Erfahrungen in der Zwischenzeit. Diese haben mich, insbesondere in der Kindheit, über meine Grenzen hinaus gefordert. Man könnte sagen, dass während dieser Zeit dieser Junge, der ich war, seiner emotionalen Unschuld rücksichtslos beraubt wurde. Dennoch begleitete ihn in einigen Entwicklungsphasen auch die Freude. Und an diese kann ich mich in jedem Moment gut erinnern, doch habe ich diese seltenen Momente eher als »gestohlene« und nicht als geschenkte erlebt. Kinder, die unter menschenunwürdigen Bedingungen aufwachsen, in Zeiten, in denen das Töten und Zerstören als ehrenvoll und heldenhaft gilt, haben kaum Chancen, keine schwer wiegenden seelischen Traumata davonzutragen. Umso bedeutsamer sind diese wenigen freudigen Erlebnisse, so fühle ich heute, weil sie für mich schließlich lebensrettend waren und ich an ihnen emotional wachsen konnte.

4 Die freudig-traurige Ankunft an einem sonnigen, blumigen Apriltag

Versuche dir einfach einmal vorzustellen, wie es für ein neugeborenes männliches Baby ist, wenn es wie ich an einem herrlichen Frühlingsmorgen gegen Ende April in einer kleinen, schönen Provinzstadt, bekannt durch ihre dicken, saftigen und herrlich schmeckenden Oliven, im südlichen Peloponnes zur Welt kommt. Gewiss hätte es wohl genügend Grund gehabt, sich lebensfroh und überglücklich zu zeigen. Wie aus den Berichten meiner Mutter zu entnehmen ist, trifft dies leider nicht ganz zu. Gleich nach meiner Ankunft schrie, strampelte und weinte ich ununterbrochen mehrere Stunden lang. Scheinbar empfand ich den Schmerz um den Verlust des schönen, neun Monate lang wärmenden Bauchs der Mutter so unerträglich, dass ich gleich mit der ersten natürlichen und lebendigen, männlichen Babytrauer reagierte: Wut, Protest, Tränen und Schreie.

Immerhin meldete sich dieses schreiende Etwas unüberhörbar und zeigte seine Lebendigkeit durch unmissverständliche akustische Signale. Es sah die großen Augen über seiner Wiege, die es von oben herab betrachteten, und bemerkte die Bewunderung in ihnen, aber auch die »fragenden Falten« zwischen den Augen.

Später verstand ich dies: Der stolzen griechischen Familie war ein blonder germanischer Sohn geboren worden. Wer weiß, was damals die meisten Leute im Dorf gedacht und getuschelt haben. Sicher ist, dass ich ein »waschechtes Kind« meiner Eltern bin, obwohl beide schwarzhaarig waren. Im Jahr meiner Geburt war noch kein einziger deutscher Soldat auf den Straßen zu sehen gewesen, und so kann ich trotz meiner germanischen Erscheinung für meine Mutter meine Hand ins Feuer legen. Meinen Kosenamen »Germanos« (= der Deutsche«) hatte ich jetzt.

Später erzählte meine Mutter, dass ihr Vater, ein Grieche aus Kleinasien, auch blond gewesen war. Dadurch war die »Mama-Ehre« gerettet. Lass uns nach diesem Intermezzo zu meiner Situation kurz nach der Geburt zurückkehren. Ich wollte es vermutlich nicht wahrhaben, dass der längere Aufenthalt in diesem schönen, warmen und schützenden Mama-Bauch nun zu Ende war. Mein lauter Protest sollte den Anwesenden – meinen Verwandten und mein Vater, der sehr stolz darauf war, einen Sohn zu haben – klar machen, dass ich endlich da bin und die trockenen, kalten Verhältnisse, die ich vorfand, nicht ohne Protest hinnehmen würde. Man sollte mich bitte gleich ernst nehmen und alles Fehlende zügig nachbessern, ein typisches Verhalten eines neugeborenen zukünftigen Prinzen, den es eigentlich nur im Märchen gibt.

Nachträglich konnte ich bei dieser Rückschau noch folgende wichtige Entdeckungen machen, die diese Erzählung bereichern werden: Erstens sehe ich das von mir schon in den ersten Lebensmomenten gezeigte Weinen als eine bestandene Trauerprüfung und damit mich als vorzügliches lebendiges Vorzeigeexemplar in Sachen Trauer. Zweitens: Wer konnte damals schon ahnen, dass dieses Trauerverhalten, d.h. die natürliche Fähigkeit, begründete Trauer zielgerichtet und spontan auszudrücken, eine tiefere Bedeutung in sich trug? Die Weitsichtigsten unter den Anwesenden hätten eigentlich gleich entdecken können, dass sie Zeugen eines nicht alltäglichen einmaligen Ereignisses sein und sich geehrt fühlen dürfen, der Geburt eines zukünftigen namhaften Trauerspezialisten beigewohnt zu haben. Ihnen war es sogar vergönnt, die ersten gelungenen sinnlich hörbaren emotionalen Ausdrücke live erlebt zu haben. Aber auch die Zuwendung, Liebe und ehrenden Blicke, die ich damals bekommen habe, waren sicher ein guter Schutz für die späteren Verletzungen, Kränkungen und den seelischen Missbrauch, den die kindliche Seele des kleinen Jorgos später erleiden musste.

Der Anfang gelang also trotz allem bestens, da ich mich innerlich über diese drei angeborenen Fähigkeiten riesig freute, obwohl ich als Kind noch nicht viel davon verstand. Es herrschte einfach eine ungewöhnliche Atmosphäre an diesem Tag.

5 Der anfänglich wohltuende »Trauerausdruck« hielt leider nicht lange an

Das Spüren und Empfinden der ersten Stunden, Tage und Monate nach der Geburt und das Ausdrücken dieser empfundenen Gefühle war ein echtes irdisch-himmlisches Vergnügen. So glücklich gefühlt habe ich mich später sehr lange nicht mehr. Ich fühlte mich so lebendig, frei und leicht. Die Seele baumelte vor sich hin, und eine bis dahin unbekannte Freunde eroberte mein Herz. Nach einigen Monaten zeigte es sich, dass der Anfang zwar gelungen war, aber alles andere nicht so ganz stimmte, denn draußen lauerten die »gefräßigen Gefühlsmonster« meiner Angehörigen und Mitmenschen, die diese meistens in sicheren Räumen im eigenen Körper gut aufbewahrten. Dort lagen sie auf der Lauer und warteten auf ungebetene Gefühlsmomente und unerlaubte Gefühlsentwicklungen des kleinen Jorgos, um diese prompt in Kälte, Versteinerung und Ausdruckslosigkeit umzumodeln und »zurechtzubiegen«.

Aus Erzählungen der Verwandten weiß ich, dass die ersten natürlichen Schritte der Entwicklung meiner Trauerfähigkeit leider nicht lange vorhielten. Schon in den ersten Monaten zeigte die Umgebung dem kleinen Jorgos ganz klar, dass viele seiner »Trauerantworten« auf alltägliche Entbehrungen aller Art nicht unbedingt erwünscht waren. Wenn ich zu lange allein gelassen wurde oder für längere Zeit die Brust der Mutter nicht zur Verfügung stand und ich danach hungerte, meldete ich mich mit unüberhörbar tönender Trauer. Diese wurde anfangs geduldet, da ich so »niedlich weinte«, wie meine Mutter mir erzählte, aber nach einiger Zeit waren meine Eltern entschlossen, konsequenter auf meine Trauersalven zu reagieren. Ich sollte diese bitte schleunigst nach innen verlegen und mich auf eine schweigende Trauer einstellen. Würde ich dies nicht befolgen, könnte ich mit Bestrafung und mit Liebesentzug rechnen. Beide Eltern mussten hart durchgreifen, um meine Trauergefühle zum Verschwinden zu bringen. »Es war nicht leicht, Kind«, sagte meine Mutter, »du hast so ausdauernd geweint, dass der Papa oft eingreifen musste!«

So bekam ich den besonderen Rang des Erstgeborenen mit

all seinen Konsequenzen zu spüren, weil meine Eltern noch in der Wiegezeit damit begannen, aus mir einen tapferen und möglichst früh erwachsenen griechischen Jungen zu machen, der für seine geplanten Geschwister und später für die alten Eltern gut sorgen könnte. Und solch einem Jungen musste das Weinen abgewöhnt werden, um für Schmerzen unempfindlicher zu sein. Seine Gefühle sollten weniger wichtig genommen werden als sein Denken. Die meisten griechischen Väter und Mütter waren damals nicht von dem Glauben abzubringen, ihr männliches Baby sei ein potenzieller Held und könne dem Familienclan unermesslich wertvolle Ehren bringen. Heute begegnen wir einer solchen Haltung des Öfteren im Fernsehen, wenn arabische Eltern interviewt werden, die stolz sind, ihre Kinder aus »irrationalen« Gründen in den Tod zu schicken.

Was blieb mir damals anderes übrig, als mich als zukünftiges Kanonenfutter zu betrachten und dafür zu sorgen, langsam ein heldenhaftes Verhalten aufzubauen? »Verzichte auf deine Gefühle!«, lautete die Parole. Dies war aber ein Angriff auf meine angeborene Fähigkeit zu trauern und zu weinen. Doch ich gab klein bei und übte mich schon früh darin, auf den Ausdruck von Trauergefühlen zu verzichten. Sie gehörten in den Bauchraum und sollten gefälligst dort bleiben! Und wenn es in Bezug auf Gefühle brenzlig wurde, sollten alle zur Verfügung stehenden Kräfte eingesetzt werden, um die explosiven Energien zurückzuhalten. Der Tränenfluss sollte unterbunden und nach Möglichkeit nach innen umgeleitet werden.

Und es war ja auch keine schlechte Position, als cooler Prinz im Mittelpunkt der Aufmerksamkeit zu stehen und auf die Verwirklichung der an mich delegierten Regentschaftspläne zu warten, die meine Eltern für mich schon vorbereiteten.

6 Das Prinzendasein wurde plötzlich schlagartig unterbrochen

Das Prinzendasein wurde aber schon sechs Monate nach der Geburt unerwartet und schlagartig unterbrochen. Mama musste wegen Unterleibsbeschwerden für längere Zeit ins Krankenhaus. Und plötzlich war ich alleine. Der Papa, ein fleißiger Schneider, musste täglich schon frühmorgens um sechs das Haus verlassen. Die Nachbarinnen und ein paar Tanten, die am anderen Ende der Stadt wohnten, sollten auf mich aufpassen. Doch sie schafften es nicht, meinen geweinten Protest wegen dieser »komischen« Mutter, die mich plötzlich herzlos verlassen hatte, zu unterbinden. Dieses Alleinsein machte mich wütend und traurig, sodass in dieser Zeit das Urvertrauen, das ein Kind braucht, verloren ging. Ich verstand die Welt nicht mehr, und die Welt verstand mich auch nicht. In diesem Chaos entschloss sich der kleine potenzielle Held, dem Drama ein Ende zu setzen. Ich hörte auf zu fühlen und zu weinen. Es hatte keinen Sinn, weil niemand zuhörte. Ich fühlte mich ungeliebt und gleichzeitig schuldig, wie alle Kinder in solche Situationen reagieren. Mir war es egal, ob etwas geschah oder nicht. Ich wollte nicht mehr essen, hatte keine Lust zu lachen, wollte nicht spielen und auch nicht schlafen.

Als schließlich Mama nach mehreren Wochen zurückkam, kannte ich sie nicht mehr und wollte auch nichts mehr von ihr wissen. Ich wollte nicht mal mit ihr sprechen oder auf ihrem Schoß sitzen. Weil sie so lange weg gewesen war, war ich sehr sauer auf sie. Wenn sie dann aber zu den Nachbarinnen über die Straße oder zum Einkaufen ging, hatte ich Angst, sie wieder zu verlieren, und wollte sie nicht weggehen lassen.

Dieses Trauma der ersten Monate zehrte auch später im Leben an meinem Vertrauen in weibliche Wesen. So begleitete mich fast mein ganzes Leben lang eine unerträgliche Angst vor Trennungen. Natürlich versuchte ich als Kind, das unerträglich Gewesene mit allen mir zur Verfügung stehenden Kräften zu vergessen. Ich widmete mich einfach wieder der zwar unterbrochenen, aber noch nicht ganz verlorenen Prinzenzeit. Diese dauerte noch eine Weile an, selbstverständlich verbunden mit all den nervenden Verpflichtungen und Aufgaben eines frisch erkorenen Prinzen.

7 Es war eine traumhafte Zeit, bis das erste weibliche Geschwisterchen kam

Es waren drei bis auf diese Unterbrechung schöne Jahre eines märchenhaften Prinzendaseins. Obwohl meine Mutter neun Monate lang schwanger gewesen war, machte ich mir keine Gedanken darüber, dass meine sichere Position jemals durch eine potenzielle Konkurrentin gefährdet sein könnte. Und anfangs, nach der Geburt meiner Schwester, war ich natürlich neugierig und voller Bewunderung für dieses kleine dunkelhaarige Mädchen. Es war toll, mit dem kleinen weichen Baby zu spielen und es ab und zu, wenn ich schlechte Laune hatte, ein bisschen zu zwicken. Man brauchte keine Puppe zu kaufen, sondern hatte eine lebendige!

Aber bald wurde ich rot vor lauter Zorn, weil dieses schwarzhaarige, dunkeläugige, verdammt schöne Biest mir meinen Prinzenthron wegschnappte. Ich sah, wie mein gerade aufgegangener Stern sich wieder zügig abwärts bewegte und bald verglühen würde. Meine Schwester stand nun im Mittelpunkt der elterlichen Aufmerksamkeit. Ich wurde einfach nicht mehr gesehen. Ich war nicht mehr da. Ich hatte das Gefühl, nicht zu existieren. Das Schlimmste war, dass ich deswegen nicht einmal weinen durfte.

Ich behaupte nicht, dass meine Eltern mich nicht mehr mochten. Dennoch überfluteten mich Trauer, Wut und Verzweiflung, wenn ich beobachtete, wie sie mit meiner schwarzäugigen Schwester umgingen, sie ständig streichelten und liebkosten. Wie gerne hätte ich das in meiner gerade vergangenen »ungelebten« Babyzeit auch erfahren, eben dieses unendlich lange Streicheln und Schmusen mit den Eltern. Ja, ich war unbeschreiblich traurig und bitterlich enttäuscht. Mir wurde jetzt plötzlich klar, was ich an Zärtlichkeit während meiner Zeit als Baby entbehrt hatte.

Das Einzige, was mich tröstete, war ein kleines neugeborenes Zicklein und eine kleine Ente, die ich unentwegt streicheln konnte. Diese beiden Tiere bekamen von mir all die Streicheleinheiten, die ich selbst sehnlich begehrte, aber entbehren musste. Hier wurde wohl schon der Grundstein gelegt für meinen späteren »Helferberuf«. Das Entlein Kalo bewunderte ich, weil es fliegen lernte. Das wollte ich auch gerne: Einfach wegfliegen können aus dieser traurigen Umgebung, das müsste toll sein. Aber wohin sollte ich fliegen? Das Nirgendwo machte mir große Angst, also blieb ich dort, wo ich war. Aber mit Kalo träumte ich von einer anderen Welt.

Später als Jugendlicher fragte ich eines Tages meine Mutter, warum ich nicht wie meine Schwestern gestreichelt und in die Arme genommen worden war. Da sagte sie zu mir: »Das macht man mit den Jungs nicht, sonst werden sie zu ›Weicheiern‹!« Ich musste also einsehen, dass ich nicht beides gleichzeitig haben konnte, denn Sensibilität und Empfindsamkeit passen nicht zu Prinzendasein und Heldentum.

Dem Wunsch meiner Eltern folgend, wurde ich der Beschützer und Bodyguard dieses Schwesterchens. Später bestand diese Aufgabe vor allem darin, sie von Männern fern zu halten. Damals wusste ich nicht, weshalb ich diese Bürde tragen sollte. Doch später erfuhr ich, dass die Ehre der Familie immer von den Mädchen abhängt. Ich muss ehrlich sagen, dass ich damals froh war, kein Mädchen zu sein. Aber als Beschützer meiner Schwester sollte ich, je früher, desto besser, den Platz des Vaters einnehmen, über ihr Verhalten wachen und damit eisern die Ehre der Familie wahren und schützen.

8 Der Krieg, die Bombe, ich, Mama und das neugeborene Kind

Noch bevor ich mich zu einem echten steinernen Helden entwickelte hatte, passierte etwas unerwartet Schmerzhaftes und Schreckliches. Eine unfassbare bedrohliche Atmosphäre brach über die kleine Stadt, die Nachbarschaft und mein Zuhause herein. Alle Erwachsenen waren voller Anspannung, ungewöhnlich schweigsam und unkonzentriert, wodurch auch wir Kinder sehr unruhig und ängstlich wurden. Der Grund dafür war die Nachricht vom gerade ausgebrochenen Krieg, die an die Tür pochte und in den Herzen der Menschen die Angst weckte. Wir Kinder spürten eine doppelte Angst: unsere eigene und die Angst und Hilflosigkeit der Eltern. Zu Hause war alles in Aufruhr. Mama weinte, wir weinten auch und wussten nicht genau, warum. Plötzlich war Papa weg. Man verkündete uns stolz und mit steinernem Gesicht, dass Papa in den Krieg gezogen sei. Er dürfe jetzt einen großen Karabiner tragen, mit dem er möglichst viele feindliche Soldaten erschießen solle. Das kam zu plötzlich für mich, und ich fühlte mich elend. Er war weg, und so beeilte ich mich, ganz schnell groß und erwachsen zu werden, um Papas Stelle einzunehmen. Das fühlte sich so an, als ob ich ein Bonsaibäumchen wäre, das plötzlich zu einem Mammutbaum befördert wird. Ich spürte dieses Gezerre im Bauch und in meinem Herzen. Wie dem auch sei, aller Anfang ist schwer, aber mit der Zeit geht es dann. Man muss nur daran glauben. Meine neue Aufgabe war, der Beschützer der Familie zu sein. Gefragt wurde ich nicht dabei. Und dass ich erst sechs Jahre alt war und damit noch ein Kind, stand nicht mehr zur Debatte. Ich hätte gerne noch einige Zeit unbeschwert mit den Nachbarskindern gespielt, aber dies passte nicht mehr zu den mir aufgetragenen familiären Aufgaben und der dazugehörenden Verantwortung. Man durfte eben nicht gleichzeitig Vater sein und auch noch mit Kindern spielen. Adieu, kleiner Jorgos! Vielleicht kannst du später einmal spielen, wenn du selbst Kinder hast.

Richtig schlimm wurde es, als der Krieg unsere schöne kleine Stadt erreichte. Sirenengeheul, Kriegslärm, in den Keller laufen, Schutz suchen, Mama mitnehmen, die wieder einen großen Bauch hat, weil ein Baby darin wächst. Gerne wäre ich auch wieder in diesem Bauch, um mich sicher zu fühlen und auch ungesehen weinen zu können, weil es draußen so gefährlich ist. Bedauerlicherweise übernahm jetzt der Luftschutzkeller die Rolle des ersehnten Bauchs. Wir mussten oft dort hinunter, wenn es Alarm gab. Und nachts hatte ich dabei besonders viel Angst. Wir hörten die dröhnenden Motoren der

Bomber, aber entweder hatten sie unsere kleine Stadt übersehen oder wir waren so unbekannt und unwichtig, dass wir nicht mal eine Bombe wert waren.

Doch einmal heulten die Motoren der Flugzeuge besonders laut, lauter als sonst. Die Neugierde auf die Bomben machte plötzlich einer unerträglichen, ungeheuren Angst Platz. Wir saßen fast im Dunkeln, ab und zu den Blick auf die Kerze von der Osterfeier des vergangenen Jahres gerichtet. Damit hatten wir das Licht der Auferstehung nach Hause gebracht. In ihrem Schein sahen wir den Angstschweiß in unseren Gesichtern, hörten die Flugzeuge und dann eine höllische Explosion. In diesem Moment in meinem sechsten Lebensjahr wurde ich im Hagel der Bomben, von denen eine unser Haus erwischte, zum versteinerten Helden. Dies sollte mich mehrere Jahrzehnte am Leben hindern. Überall Staub, Schutt, Verwüstung. So gerne wollte ich weglaufen, weinen, schreien, schwach sein, in den Arm genommen werden, nach Papa rufen, doch ich stand unter Schock. »Hoffentlich kommt der Papa bald zurück. Ich kann nicht mehr. Ich habe Angst. Ich will nicht seine Rolle als Beschützer haben. Ich will Kind sein. Das andere ist zu viel. Ich schaffe es nicht. Ich will es auch nicht schaffen. Mama ist im neunten Monat schwanger. Sie sagt, sie bekommt bald ein neues Baby. Ich will kein neues Baby haben.« Das beschäftigte mich die ganze Zeit, Tag und Nacht. Ich konnte nicht schlafen. Also was tut man, wenn es keinen Ausweg gibt wie jetzt? Ganz einfach: Nicht fühlen! Ich wusste ja inzwischen, wie es geht, nicht zu weinen. Also, nimm dich zusammen! Schütze deine Mama und dein Geschwisterchen!

Plötzlich höre ich Babygeschrei. Wo ist denn das weinende Baby?, denke ich. Wie kommt es hier in den Keller? Wem gehört es? Mama stöhnt vor Schmerz. Das neugeborene Baby auch. Ich darf jetzt nicht weinen. Ich soll mich freuen. Ich habe ein neues Schwesterchen. Jetzt habe ich zwei. Das eine ist eine Minute alt, das zweite ist drei Jahre alt und ich bin sechs. Ich kann das Baby aber nicht sehen. Es ist zu dunkel, um wirklich etwas zu sehen. Wir sind hier unten verschüttet. Wir sehen aus wie Urmenschen. Mama blutet. Ich helfe ihr, räume den Schutt von den Kleidern und von unseren Köpfen. Ich darf jetzt auf keinen Fall weinen. Schnell weg von hier! Die Flugzeuge kommen bald wieder. Wir müssen raus aus dem Keller! Wir schaffen es und verbringen die Nacht im Wald. Eine Decke für alle vier. Welch ein Glück, da ist mein kleines süßes zitterndes Zicklein. Es schläft in meinem Schoß und wärmt mich. Schlafen. Träumen. Es wird wieder alles gut werden. Die Sonne ist wieder aufgegangen. Gut, dass sie jetzt da ist. Sie hilft mir, die Nacht zu vergessen. Die Strahlen der Sonne jagen die Nachtschwaden weg, vor denen ich so viel Angst hatte. Jetzt erinnere ich mich genau an diese Nacht. Gott sei Dank kann sie niemals wiederkommen! Ich bin ja weg aus dem Keller! Ich bin nicht mehr dort. Im Licht des Tages sieht alles ganz anders aus. Wasser trinken, die Augen reinigen von Sand und Staub, wieder sehen können.

Das neugeborene Mädchen sieht niedlich aus, wie ein blonder Engel. Ich bin froh darüber, dass ich jetzt eine blonde und eine schwarzhaarige Schwester habe. Wir werden bald viel zusammen spielen, und ich werde sie immer beschützen, bis ich ganz alt geworden bin. Ich fühle mich stolz und müde, aber innerlich im Herzen so zerrissen. Vielleicht sind darin die Angst, die Tränen und die Trauer eingesperrt geblieben. Wann darf ich wieder alles fühlen?

Und wieder wird meine Schwester gestreichelt und liebkost und muss ich Papa spielen, obwohl ich innerlich wütend bin. Doch ich hatte mich in der Zwischenzeit ja an meine Rolle gewöhnt und mich nach männlicher Art gut abgehärtet. Meine Entbehrungen spürte ich jetzt nicht so sehr wie beim ersten Mal. Mit viel Mühe und Übung gelang es mir, meine Traurigkeit in Tapferkeit umzuwandeln.

Mit der Ankunft der neuen Schwester musste ich meiner Kindheit zum zweiten Mal Adieu sagen: Ich durfte nicht mit den Puppen meiner Schwestern spielen. Ich durfte nicht weich sein. Ich durfte keine Albernheiten machen, da ich ein Junge war. Die Sache wurde immer ernster. Man arbeitete fast gewaltsam an meiner »steinernen Reife«. Ich verschwand in der Rumpelkammer, um zu weinen. Aber da ich Angst vor der Dunkelheit und dem Gehörtwerden hatte, verwandelte sich mein Weinen in ein unaufhörliches Wimmern. Inzwischen hatte ich gelernt, die Zähne so fest zusammenzubeißen, dass die Gefahr, unkontrolliert etwas herauszulassen, merklich kleiner wurde. Ich wollte nicht in Gefahr geraten, die Bewunderung meiner Eltern für den starken Jungen zu verlieren. Das wäre ein noch unerträglicherer Zustand gewesen. Ich hatte also keine andere Wahl.

9 Von der wunderbaren Übung, die das Fühlen ermöglicht

Lass uns jetzt die von mir entwickelte Methode anwenden, um die Gefühle der damaligen Zeit zu gewinnen. Wir umarmen uns selbst, wobei wir die rechte Hand ans Herz legen und die linke Hand auf die rechte Schulter. Lass uns diese Umarmung erleben, spüren und uns dabei sicher und geborgen fühlen. Wir lesen gerade das Buch, und die Gefühle von damals sind in uns. Wir dürfen sie jetzt hierher bringen und spüren. Wir lassen unsere Augen geöffnet und schauen nach draußen. Vielleicht sehen wir einen Baum oder eine wunderschöne Landschaft. Wenn wir bei unserem Blick nach draußen keine geeignete Landschaft finden, schauen wir im Raum umher, bis unser Blick auf etwas Schönes fällt, das uns Vertrauen vermittelt. Dies kann ruhig auch ein Bild sein oder etwas anderes.

Wir sprechen jetzt die Gefühle aus, die uns hier im Zimmer beim Lesen gekommen sind. Welche Resonanz hat das Geschriebene in uns ausgelöst? Wir achten darauf, dass wir nicht in ein kindliches Jammern verfallen, sondern Erwachsene bleiben. Dieses kleine Innere in uns versuchen wir zu trösten oder besser, wir »be-eltern« dieses kleinere jüngere Selbst in uns. Das heißt, wir werden uns selbst zu liebevollen, aufmerksamen Eltern. Wir geben uns selbst die Erlaubnis, fühlen zu dürfen und auch Tränen zu zeigen. Es kann uns beiden nichts Unangenehmes passieren. Wir sind in der Rolle der guten Eltern und freuen uns darüber, dass unser jüngeres Selbst endlich ein wenig zu fühlen beginnt.

Ich gratuliere dir, lieber Leserkamerad, weil du gerade mit einer wunderbaren Übung begonnen hast, zu fühlen und dich ein wenig lieb zu haben. Der ungewöhnliche Name dieser

Übung ist »He-Li-Wi-Wä-S-A« (Herzliebe, Wiegen, Wärme, Sprechen, Augen auf). Ab jetzt können wir ohne Sorge durch dieses Buch gehen, wenn wir uns an die genannten Schutzbedingungen halten.

10 Die Entdeckung: Beim Singen konnte ich Trauer ausdrücken, ohne aufzufallen

Als ich in die Schule kam, brauchten sich meine Eltern keine Sorgen zu machen, denn ich setzte die mühsam erlernte Haltung der Gefühlstapferkeit fort. Obwohl mich wieder viele neue Verluste, Kränkungen verschiedenster Art und starke Gefühlsentbehrungen mächtig durcheinander wirbelten, stand ich da wie Atlas, der auf seinem Buckel die Welt mit ihrem ganzen Leid trug. Inzwischen hatte ich ganz und gar verlernt, natürlich zu trauern. Als Ausgleich dafür begegnete mir in der Schule ein großes Glück in Gestalt meines ersten Lehrers. Dieser großartige Mann würde heute noch als progressiv gelten. Wie es dieser Lehrer in der damaligen Zeit, in der alles reaktionär, kirchlich konservativ und mit dem königlichen Hof verfilzt war, geschafft hatte, ein sensibler, menschlicher lehrender Philosoph zu bleiben, ist ein Wunder. Er bemerkte an meinem traurigen Gesicht und meinen traurigen Augen, meiner Unkonzentriertheit während des Unterrichts, aber auch an meinem Alleinbleibenwollen draußen auf dem Schulhof, dass sich etwas in mir versteckt hielt.

Damals hatte mir mein Opa ein kleines Lamm für das kommende Osterfest geschenkt. Mit ihm – sein Name war Kitzos – wanderte ich durch die grünen Felder, damit er sich dort satt fressen konnte. Mir war nicht bewusst, dass dieses kleine Lamm, das ich so sehr liebte, zu Ostern geschlachtet werden sollte. Ich war untröstlich, als ich erfuhr, dass das Mahl in der Nacht der Auferstehung mein kleiner Freund sein sollte. Ich lief in den Keller und weinte. Wem würde ich jetzt meine Sorgen und Streiche erzählen können, ohne Angst zu haben, getadelt zu werden? Ich blieb mehrere Stunden lang in meinem Versteck verschwunden. Ich ließ meine Eltern vergeblich in der Kirche warten und verweigerte die Nahrung, was sie unweigerlich zwang, sich Sorgen um mich zu machen.

Ein anderes trauriges Erlebnis, das ich mit mir herumschleppte, war der Verlust meines kleinen Spielbären, der seit dem Bombenhagel auf unser Haus verschollen war. Mir blieb die Stimme weg vor Wut, Angst und Trauer, und ich fühlte mich sonderbarerweise schuldig, weil ich meinen kleinen Bären nicht mitgenommen hatte. Und jetzt war er weg, begraben unter den Trümmern. O, und er war so ein lieber Kamerad gewesen. Nachts hatte er immer neben mir gelegen und mich getröstet, wenn ich traurig war oder Angst hatte. Ich hatte Bauchschmerzen, ich fühlte mich wie gelähmt. Als ich aber meine traurige Mutter sah, bleich im Gesicht, zitternd am ganzen Körper, und auch meine kleinen, wimmernden Schwesterchen, konnte ich nichts sagen. Ich hatte Angst, sie auch noch zu verlieren. Ich fühlte mich in diesem Gefühlschaos hilflos und desorientiert. Papa war weit weg im Krieg. Also sagte ich meinem kleinen verschollenen einmaligen Bären Adieu und widmete mich meiner Verantwortung für die Familie.

Mein Lehrer spürte damals, dass bei mir etwas steckte, das zum Ausdruck gebracht werden sollte. Er hatte oft meinem Gesang gelauscht, wenn wir morgens die Nationalhymne sangen. »Komm, Jorgos«, sagte er und hob mich auf meine Schulbank, stützte mich mit seiner großen festen Hand und sagte: »Lass uns mal ein trauriges Lied singen.« Ich stimmte ein Lied an und die Klassenkameraden stimmten ein. Tränen liefen über meine Wangen, viele weinten mit. Das Weinen dauerte nicht lange, denn spätestens das dritte Lied war fast immer ein fröhliches. Dieser wunderbare Lehrer konnte den Unterricht damit sehr gut gestalten und uns dazu bringen, unsere Gefühle zu erkennen und zum Ausdruck zu bringen. Besonders gut fand ich, dass uns dadurch eine ausgezeichnete Möglichkeit zur Verfügung stand, das Nichterlaubte und Blockierte auf andere Weise auszudrücken und sich so zu entlasten. Wir fühlten uns wohl, obwohl wir mitten im Krieg waren. Als Singende waren wir verbunden. Seitdem hat mich die Gabe, durch Singen einen

Weg zu meinen Gefühlen zu entdecken, nicht verlassen. Nach dem Singen fühle ich mich immer wohl und frisch, es ist meine nie versiegende Quelle für mein Wohlbefinden. Niemand merkt, dass ich durch meine Lieder Trauer ausdrücke. Meine Zuhörer sagen meistens nur: »Das hast du aber fein gemacht. Du hast eine sehr schöne Stimme. Bravo. Mach weiter so.«

11 Trauer wirkt lebensrettend

Irgendwann kam mein Papa aus dem Krieg zurück. Er sah aus wie ein Häufchen Elend. Der arme Kerl konnte einem Leid tun. Er war geschwächt, sprach mit leiser Stimme und war mit seinen Gedanken irgendwo anders. Mir war er sehr fremd. »Vielleicht ist er gar nicht mein Papa«, dachte ich. Ich spürte zum ersten Mal eine besondere Trauer in mir, die ich vorher noch nie gehabt hatte. Es war ein Gefühl, als ob mein Herz tief verletzt wäre. Um meinen Papa aufzuheitern, habe ich ihm mit der aus dickem Karton herausgeschnittenen Karangiosis-Figur (einer lustigen Figur aus dem griechischen Schattentheater) ein paar extra lustige Sketche vorgespielt, damit er ein wenig lachen konnte. Ich wusste nämlich, dass ihn dieses Spiel bestimmt zum Lachen bringen würde, wenn ich mich nur genügend anstrengte. Ich dachte und fühlte damals für meinen Vater, weil ich von seinem Schmerz so betroffen war. Ich wollte erreichen, dass es ihm wieder gut ging, und das strengte mich übermäßig an. Viele Kinder auf der Welt versuchen so, ihre Eltern zu stützen, ohne zu merken, dass sie ihr Herz damit »zerknittern«.

Es war frühmorgens, als wir durch ein schweres Motorengeräusch in unserem Wohnviertel wach wurden. Kurz danach erfuhren wir, dass alle Straßen abgeriegelt worden waren und die Soldaten der deutschen Besatzungsmacht begannen, die Männer als Geiseln zu verhaften. Meine Mutter war die Einzige, die die Nerven behielt und, wie sich später herausstellte, auch richtig handelte: »Nimm die Einkaufstasche und das Kind und ab mit euch. Geht zum Markt oder besser ins Geschäft«, sprach die Mutter mit harter Stimme und schubste meinen Vater und mich unsanft aus der Haustür. Sie wusste, dass die Soldaten unterwegs waren, alle Häuser zu durchsuchen. Sie zerrten die Männer auf die Straße und führten sie in die lebensvernichtende Geiselhaft. Als mein Vater und ich auf der Straße waren und den steilen Weg Richtung Gemüsemarkt einschlugen, merkte ich, dass das, was uns erwartete, nicht leicht sein würde. Ich spürte die nasse und zitternde Hand meines Vaters und wurde unruhig. Obwohl es draußen ziemlich frisch war, bemerkte ich die Kälte nicht. Meine Wangen brannten wie Feuer. Als wir nach ungefähr 150 Metern die wartenden Soldaten an der Straßenkreuzung sahen, spürte ich die verkrampfte Hand meines Vaters. Er verlangsamte seinen Schritt. Ein Soldat schien das bemerkt zu haben und winkte uns heran. Vater zeigte seinen Ausweis und wurde prompt zu den anderen Geiseln gebracht, die auf einem Lastwagen saßen und warteten. Ich blieb allein. Als ich mich auch daran machte, zum Lastwagen zu gehen, wurde ich mit unsanften Bewegungen weggeschoben. Ich wusste, dass jetzt etwas Schreckliches passiert war. Der Vater winkte mir von weitem mit traurigem Gesicht zu. Mit seinen Handbewegungen deutete er mir an, nach Hause zurückzukehren. Ich fühlte Angst. Die nach oben schießenden Tränen konnte ich nicht mehr kontrollieren. So fing ich an zu weinen und machte mich langsam und zögernd auf den Weg hinüber zum Lastwagen mit den gefangenen Geiseln. Ein Soldat drohte mir mit der Waffe und versuchte, mir durch Handzeichen deutlich zu machen, dass ich weggehen sollte, sonst würde ich Schläge bekommen. Ich lief jedoch um den Wagen herum, weinte und klagte heftig. Immer wenn die Soldaten mich fast erreicht hatten, lief ich wieder weg.

Die Schreie und das protestierende Klagen eines kleinen sechsjährigen Jungen machten die Soldaten unsicher. Das Ganze war ihnen scheinbar unangenehm. Ihre Gesichter wirkten zwar weiterhin hart, aber auch unsicher. Sie mussten die unangenehme Aufgabe erledigen, die Männer aus ihren Häusern zu zerren, zu verhaften und alle vorbeikommenden Passanten gleich auf den Lastwagen zu laden. Mir wurde allmählich immer klarer, dass mein Vater in großer Gefahr war. Es war erst einige Tage her, dass ich viele weinende Frauen auf der Straße gesehen hatte, die um ihre erschossenen Männer klagten. Meine

Angst wurde auf einmal unerträglich. Ohne meinen heiß geliebten Vater wollte ich nicht nach Hause zurückgehen. Am liebsten hätte ich die Soldaten mit Steinen beworfen. Nichts konnte ich ausrichten, ich war nicht stark genug. Ich wünschte mir, so groß und stark zu sein wie ein Gigant! Ich setzte mich vor Verzweiflung schluchzend auf die Straße und schrie: »Ich will meinen Papa zurück! Lasst ihn los, er gehört mir! Gebt ihn mir sofort zurück! Papa, lauf schnell weg!« Es kam keine Reaktion, so als ob sie keine Ohren hätten. Ich wurde immer wütender und schrie sie noch lauter an. »Ich werfe euch einen riesengroßen Stein auf den Kopf!«, drohte ich. Meine Proteste blieben lange unerhört, aber ich hörte nicht auf, sondern wurde immer wütender. Mein Drama dauerte fast eine Stunde lang. Plötzlich kam ein Armeejeep vorbei, hielt neben dem Lastwagen an, und ein Offizier stieg aus. Er sprach mit den Soldaten, gab laut Befehle und ging zum Lastwagen. Er schien durch mein Wehklagen auf mich aufmerksam geworden zu sein, schaute zu mir herüber und kam dann mit eiligen Schritten auf mich zu. Ich schaute zu ihm hinauf und zitterte. Er sah wie ein Gigant aus. In gebrochenem Griechisch fragte er mich, warum ich weinte. Trotz meines Jammerns gelang es mir, mit bestimmtem Ton zu sagen: »Diese bösen Soldaten haben mir meinen Vater weggenommen. Mein Vater gehört mir, und ich muss ihn nach Hause bringen zu meiner Mutter und zu meinen zwei kleinen Schwestern. Sie werden sehr traurig sein, wenn mein Papa nicht mitkommt. Ich werde nicht hier weggehen ohne meinen Vater!« Er schaute mich verwundert an, streichelte meinen Kopf und rief einen der Soldaten zu uns, sagte ihm etwas, und dieser zuckte mit den Schultern. Es vergingen einige Momente, die mir wie eine Ewigkeit vorkamen. Beide, Soldat und Offizier, blickten unentschlossen zum Lastwagen. Inzwischen waren über hundert Männer festgenommen worden. In der Menge konnte ich meinen Vater nicht mehr ausmachen. Der Offizier nahm mich an der Hand und führte mich zum Lastwagen, und als mein Vater sich meldete, befahl man ihm herunterzuspringen. Dann gab er uns beiden einen Schubs, und ich bemerkte in seinen Augen und in seinem Gesicht ein verkniffenes Lächeln, als ob er uns beiden sagen wollte: Macht euch jetzt schnellstens auf den Weg, bevor der Oberoffizier plötzlich hier erscheint. Ich jubelte innerlich vor Freude. Obwohl ich noch so jung war, wusste ich, dass meine Trauer mich diesesmal nicht nur von explosiven und niedermachenden Gefühlen befreit, sondern auch eine wunderbare unerwartete Wirkung hatte, die Unmögliches möglich machte: nämlich ein Menschenleben zu retten, das meines Vaters. Ich weinte und lachte, hielt meinen Vater fest an der Hand und eilte mit ihm weit weg von den Soldaten. Am nächsten Tag erfuhren wir, dass die Männer auf dem Lastwagen ohne Ausnahme am gleichen Tag als Vergeltung für den Tod eines deutschen Offiziers erschossen worden waren.

12 Die erdrückende Trauer um den Tod meines erschossenen Onkels

In der folgenden Zeit musste ich noch eine enorme Menge von Trauer über hereinbrechende Ereignisse managen. Für einen zukünftigen Helden meines Kalibers war dies eine große Herausforderung, vor allem aber eine emotionale Überforderung.

Eines Tages kam ich in der Mittagszeit von der Schule nach Hause und sah, dass meine Mutter verweinte Augen hatte, ihr Gesicht versteckte und dann im Schlafzimmer verschwand. Mein Vater wirkte wie eine schweigende, steinerne Säule, das Gesicht war bleich, er rauchte ohne Unterbrechung. Als ich zaghaft fragte, erhielt ich als Antwort, mein Onkel sei krank. Die schweigende, eisige Atmosphäre wurde zunehmend unerträglich. Wir Kinder konnten uns nicht wehren und hatten Angst, als wir sahen, wie schlecht es unseren Eltern ging. Wir verstanden aber auch nicht genau, warum. Am nächsten Tag wurden wir auf verschiedene Verwandte verteilt, weil die Eltern irgendwohin mussten, und unsere Angst und unser Unverständnis wuchsen. Ich kam zu meiner Tante, einer Schwester meiner Mutter, wo ich mit meinen Cousins spielen konnte. Aus den Informationen, die wir Kinder aufgeschnappt hatten, und aus unvorsichtigen Gesprächen der Eltern wussten wir, was passiert war: Mein liebster Onkel, der mich gerne mochte, immer mit mir spielte, mir oft schöne Geschenke brachte und den ich ein paar Mal auf kleine Bergtouren durch das sagenumwobene Taygetos-Gebirge begleiten durfte, war vor ein paar Tagen auf der Reise vom Dorf in die Stadt zu uns erschossen worden. Er war unterwegs gewesen, um uns mit Mehl und Öl zu versorgen. Auch ihn hatte das Schicksal getroffen, als Geisel gefangen genommen und getötet zu werden. Ich erfuhr, wann die Beerdigung stattfinden sollte, bat meine Tante, mich doch mitzunehmen, und ging zu Fuß in das Haus, wo er aufgebahrt lag. Ich wollte ihn unbedingt noch einmal sehen und ihm Lebewohl sagen. Ich versprach meiner Tante, brav zu sein, und dieses Versprechen verpflichtete mich, keine Gefühle zu zeigen. Doch bei der Aufbahrung sah ich Frauen aus dem Dorf meines Vaters, die den toten Onkel beweinten und ihn mit Klagegesängen überschütteten. Ich fand es überraschend bereichernd und wohltuend für meine Gefühle, so etwas Schönes von so vielen fühlenden und weinenden Frauen hören zu dürfen. Dies erstaunt mich heute noch. In den Momenten, in denen die Klage »ruhiger« wurde, klang es fast wie ein Wiegenlied. Ich war erstaunt darüber, dass dieses Weinen mich sehr berührte, obwohl ich mich damals eigentlich sehr vor solchen öffentlichen Trauerexpressionen fürchtete. Alle Anwesenden fühlten sich betroffen und weinten mit. Trotz meiner Beherrschung und meines Versprechens, »gefühlsbrav« zu bleiben, brach ich schließlich auch in Tränen aus. Den liebsten Onkel auf der Welt hatte ich verloren, das war mir klar, und deshalb war ich auch der traurigste Neffe der Welt. Mein Onkel war einer der wenigen Menschen gewesen, von denen ich mich verstanden fühlte. Deshalb war es mir egal, was die Anwesenden über meine Tränen dachten.

Wenn ich mich heute ab und zu an diesen Onkel Elias erinnere, öffnet sich mein Herz wie eine Rose im Sonnenlicht.

13 Wie Kinder durch den Krieg hart und gefühllos werden

Auch in den folgenden Jahren fiel es mir schwer, mich mit Tod und Sterben auseinander zu setzen. Die Kriegsereignisse waren hart. Es war unbegreiflich für mich, als Kind so viele Tote, Erschossene, Verbrannte und Verhaftete sehen zu müssen. Beim Versuch, diese Ereignisse zu verstehen, entstand in mir das Gefühl, dass Tod und Sterben so schrecklich und unnatürlich sind, dass man sie besser möglichst rasch vergessen sollte.

Den nachfolgenden Bürgerkrieg erlebte ich als noch unerträglicher: Landsleute schlachteten sich gegenseitig ab. Täglich sah ich auf dem Marktplatz die erhängten Menschen. Die einzige Rettung, die es gab, war, nichts mehr zu fühlen, hart zu werden, die Tränen nicht zuzulassen. Alle Mitglieder unserer Familie, auch die Kinder, wurden politisch verfolgt und waren ständig in Gefahr, aufgegriffen und getötet zu werden. Wir wussten, dass unsere Familie zum Abschuss freigegeben war. Neben dieser ständigen Bedrohung war es für mich am schlimmsten, schließlich auch noch die Heimat zu verlieren. Ich fühlte mich so elend, als ich mit meiner Mutter auf einen Frachter flüchten musste. Ich konnte meine Tränen vor ihr nur schwer verstecken. Wir verließen unser schönes Heimatstädtchen. Ich war unendlich traurig, meine Spielkameraden nie mehr wiederzusehen, im Sommer nicht mehr am Fluss spielen zu können, die kleine Spielstraße zurücklassen zu müssen, wo wir mit einem aus Stoffresten gefertigten Fußball gespielt hatten. Auch meinen geliebten Lehrer, die Olivenhaine, das Fischen am Meer, unsere Wohnung mit dem Spielzimmer, mein Spielzeug – all das musste ich zurücklassen.

Diese Kette schrecklicher Ereignisse machte mich hart. Wenn solches in Zeiten geschieht, in denen wir noch jung sind und wir dabei allein gelassen werden, ohne Stütze und Orientierung, wirkt sich dies prägend auf das spätere Leben aus. Die Härte, die zur Schau gestellt wird, überdeckt die Schmerzen und die Tränen.

Du, mein treuer Lesefreund, sei froh, wenn du solch einen schrecklichen Weg in deiner Kindheit nicht gehen musstest. So etwas ist viel zu viel für kleine Kinder. Für mich ist es auch heute noch unangenehm, wenn mich manchmal im Schlaf Szenen von damals in Form von Alpträumen überfallen. Nimm die Schutzhaltung ein, die wir in einem der vorherigen Kapitel vorgestellt haben. Umarme dich und stell dir vor, dass sich in deine Arme das kleine »innere Kind« von damals kuschelt. Die Buchstaben und die Worte dieser Schutzhaltung heißen He-Li-Wi-Wä-S-A. Das »He« bedeutet Herz, »Li« Liebe, »Wä« Wärme, »S« Sprechen und »A« Augen auf. In dieser schützenden Umgebung verweile ein wenig, wobei du die rechte Hand weich auf die Brust legst, dort, wo das Herz ist, und mit der linken Hand über die rechte Schulter streichelst und sie klopfst. Dann setze die Liebesbekundung zu dir selbst fort, indem du die Umarmung der beiden Arme verstärkst, dich hin und her wiegst und dir damit Wärme schenkst. Erzähle jetzt alles, was dich traurig gemacht hat auf dem bisherigen Weg, und stell dir vor, dass ich dir zuhöre, dich verstehe und unterstütze. Mach daraus kein großes Drama, sondern eine liebevolle Bekundung von Selbstliebe und Fürsorge für dich. Lass auf jeden Fall die Augen offen, sodass du das Gefühl hast, von mir und anderen Menschen gesehen zu werden, und dass du als Erwachsener mit offenen Augen Tränen und Gefühle zulassen kannst. Schau nach Möglichkeit durch das Fenster hinaus in die Natur, um z. B. deine Gefühle einem Baum mitzuteilen. Damit fühlst du dich gesehen und verstanden. Weißt du, die Trauer ist wie eine anspruchsvolle Dame. Sie will gesehen, gehört, verstanden und akzeptiert werden. Vertraue darauf, dass dir dies sehr gut tun kann und wird. Ich gratuliere dir zu deinen Versuchen, dich zu konzentrieren, präsent und mit Geduld und Experimentierfreude mit mir unterwegs zu sein.

14 Das Ringen um Trauerfähigkeit

In eine weitere Trauerkrise stolperte ich, als ich meiner Familie mitteilen musste, dass ich in der Abiturprüfung in einem Fach durchgefallen war und sie im Herbst wiederholen musste. Ich fühlte mich schuldig: Meine Familie hatte in die Hauptstadt flüchten müssen, musste hungern – und ich war so faul gewesen. Ich grübelte, fühlte mich hilflos, dumm, klein wie eine Maus, wütete gegen mich selbst und wollte mit einem harten Lernprogramm mit vielen Entbehrungen den Schaden wieder gutmachen. Die Anstrengungen, mein Programm durchzuhalten, machten mir freilich das Trauern erst recht unmöglich.

Ich könnte manche Situationen beschreiben, die junge Menschen im Alter von fünfzehn bis 20 Jahren erleben, in denen eigentlich getrauert werden sollte: in der aufkeimenden Liebe, bei Enttäuschungen, Trennungen, Abschieden, bei den verzweifelten Versuchen, mit kaputten Beziehungen fertig zu werden. Wir haben Liebeskummer, und die anderen können nichts tun oder belächeln das und antworten: »Das wird ja bald vorbei sein.«

Ja, vorbei geht es immer, aber was bleibt zurück? Es bleibt das Gefühl, unfähig zu sein, mit den eigenen Gefühlen und Empfindungen den richtigen Weg zu finden. Gerade Männer neigen dazu, sich vor Beziehungen in Acht zu nehmen, zeigen nicht, was sie fühlen, oder bremsen ihre Gefühle. »Besser, jemanden zu verlassen, als selbst verlassen zu werden«, denken sie. Die Konsequenzen sind oberflächliche Beziehungen.

Ich erinnere mich, dass ich häufig aus verletztem Stolz reagierte wie ein Pfau, der alle Federn verloren hat und sich voller Scham im Wald versteckt oder verkrampft Tag und Nacht die Federn spreizt. Im Rückblick gewinnen meine Reaktionen die Bedeutung von nicht zugelassener oder fehlgeleiteter Trauer: Bauch- und Herzschmerzen, vermehrtes Rauchen, Schlaflosigkeit, Selbstisolierung, Konzentrationsmangel. Mit dieser unerledigten Trauer hinderte ich mich jahrelang am Leben.

Ich erinnere mich, dass ich damals keine Gelegenheit ausließ, um zu singen. Nachträglich merke ich, dass meine Lieblingslieder traurig und romantisch waren. Nach dem Singen hatte ich feuchte Augen, fühlte mich aber ausgesprochen wohl. Dadurch, dass andere Menschen meinen Gesang bewunderten, erhielt ich viel von meiner verlorenen Selbstsicherheit zurück. Meine damalige »Singbesessenheit« war sicherlich eine Art weiser Antwort meiner Seele und ein »guter anderer Ausdruck« für die behinderte Trauer. In meinem Fall war das Singen ein reinigender Versuch, den gestörten Tränenfluss wiederherzustellen. Erledigt waren damit die »Trauerangelegenheiten« selbstverständlich nicht. Das zeigte sich auch daran, dass die meisten meiner Versuche fehlschlugen, durch den Gesang meine Trauer in Ordnung zu bringen. Immerhin wirkte das Singen wie übrigens alle künstlerischen Ausdrucksformen entlastend und übernahm die Funktion eines Ventils.

Ein zweites Mal überfiel mich das Gefühl, die Heimat verloren zu haben, als ich zum Studium nach Deutschland übersiedelte. In dem Augenblick, als der Zug abfuhr und meine Freunde winkend neben ihm herliefen, überkam mich eine solch tiefe und überflutende Trauer, dass ich selbst überrascht war. Ich weinte wie ein kleines Kind, ohne auf die mitreisenden Passagiere zu achten. Ich bin mir heute sicher, dass ich damals auch um die weiter zurückliegende, erste Entwurzelung weinte. Die ersten Jahre »in der Fremde« hatte ich einige Male »Anfälle« von nicht auszuhaltendem Heimweh und fühlte mich depressiv. Mein Beruf hat es mir ermöglicht, in dieser Zeit viel von nicht umgewandelter Trauer aus meiner Vergangenheit zu erkennen und zu erleben. Ich suchte natürlich immer auch nach Möglichkeiten der Befreiung des Ausdrucks, aber es durfte niemandem auffallen, nach dem Motto: *Wasch mich bitte, aber mache mich nicht nass!*

15 Doch wie's da drinnen aussieht, geht niemanden was an

Schwierig mit den Gefühlen war es auch auf der Bühne, obwohl ich sie nach vielen Bemühungen wählte, um mir Ausdruck zu ermöglichen. Jedes Mal, wenn ich auf der Bühne als Prinz Sou-Chong in der Operette »Das Land des Lächelns«

von Franz Léhar gesungen habe, fühlte ich »unbegreiflicherweise« Herzbeklemmung. Der Prinz soll seine Gefühle hinter einem Lächeln verbergen, und was er innerlich fühlt, soll niemand erfahren. Die letzte Strophe seines Auftrittslieds lautet:

> Immer nur lächeln und immer vergnügt,
> immer zufrieden wie's immer sich fügt,
> lächeln trotz Weh und tausend Schmerzen,
> doch wie's da drinnen aussieht, geht niemand was an.

Obwohl der Prinz unglücklich ist, lässt er sich nichts anmerken. Lange verstand ich meine körperlichen Beschwerden nicht, die ich gewöhnlich am Anfang dieses Liedes empfand. Aber dann stellte ich fest, dass ich durch den Text und die Musik in frühere Erlebnisse aus der Kindheit und dem Krieg rutschte, aber auch in Erinnerungen an schief gelaufene Beziehungen, die wegen Missverständnissen geendet hatten. Ich war froh, im mittleren Teil des Liedes rollengemäß meinen Ärger zu äußern, sodass ich am Ende in der Lage war, durch das berühmte Lied »Dein ist mein ganzes Herz, wo du nicht bist, kann ich nicht sein« Befreiung von meiner Herzbeklemmung zu finden. Wenn man den Liedtext genau unter die »Herzenslupe« nimmt, merkt man, dass die nächste Liebeskrise schon vorprogrammiert ist. Denn wenn man das eigene verliebte ganze Herz einer wunderbaren Frau »gedankenlos« schenkt und sogar die eigene Präsenz auf dieser Welt verliert, weil man nirgends sein kann ohne sie, dann kann man sehr depressiv werden. Na ja, so kann man ja ruhig denken, aber hoffentlich nicht fühlen. Aber nehmt diese Aussage nicht so ernst, wo kämen wir sonst hin. Es wäre vorbei mit aller Romantik!

Merkt ihr: Wie man es auch dreht und wendet, die Trauer kann man niemals für immer loswerden. Sollte es uns doch gelingen, dann ist man leider auch sich selbst losgeworden. Und übrigens: Die Liebe ist dann auch weg. Unbekannt ist nämlich den meisten, dass Liebe und Trauer einander ergänzen und zusammengehören. Liebe ohne Trauer ist keine Liebe. Und man trauert nicht um jemanden, wenn man ihn nicht vorher geliebt hat.

Während meiner Bühnenzeit hatte ich mehrmals ähnliche Erlebnisse. Das Pech war, dass ich als junger singender Liebhaber meine Partnerinnen aus verschiedenen Gründen immer verlieren musste, die eine wegen Schwindsucht, die andere wegen der Staatsraison, die nächste opferte sich für mich usw. Es gab auf der Bühne also immer etwas zu trauern, trotz der erforderlichen Distanz des Künstlers zu seiner Rolle. Die Musik mit ihren fließenden Gefühlsströmen machte mir sogar einige Male einen Strich durch die Rechnung. Im letzten Akt der Oper »La Bohème« von Giacomo Puccini zum Beispiel blieb mir, als meine heiß geliebte Mimi starb und ich mich mit einem hohen letzten Ton singend auf sie stürzen sollte, dieser Ton manchmal im Hals stecken. Die Komposition ist so »gefühlsgenial«, dass sich bei mir in diesen letzten Minuten immer ein Kloß im Hals bildete, der den letzten Ton massiv behinderte. Als ich mich einmal wegen dieses zurückgedrängten Tones mit noch größerer Wut und Verzweiflung auf das Bett der toten Mimi warf, passierte das Unglück: Das Bett brach unter uns zusammen. Der Vorhang fiel, um dieses Doppeldrama zu beenden. Als der Vorhang wieder aufging, gab es Lachen und Weinen gleichzeitig. Das Publikum und alle auf der Bühne hatten Tränen in den Augen und lachten »höflich« entspannt dabei.

16 Das Sterben meiner Mutter – Freies Geleit in die Heimat wurde abgewiesen

Meine Mutter lag in Athen im Sterben. Es war die letzte Phase ihrer langen Krebskrankheit. Sie äußerte den Wunsch, ihren Sohn nochmals zu sehen. Damals herrschte in Griechenland die Diktatur der Obristen. Da ich gegen dieses undemokratische Regime opponiert hatte, konnte ich nicht zurück in die Heimat. Die Bitte um freies Geleit wurde abgewiesen.

Meine Mutter starb nach langen Todeskämpfen und in dauerndem Verlangen nach ihrem Sohn, ohne dass ich dabei sein durfte. Die Art ihres Weggehens hinterließ in mir eine große Erregung. Ich hatte große Schwierigkeiten mit dem fehlenden

Abschied: die letzten Worte, die letzte Berührung. Ich litt unter Fantasien und anderen unrealistischen Bildern, dass sie noch lebte, dass sie mir noch einmal begegnen würde. Ein Jahr vorher hatte meine Mutter mich in Deutschland besucht, und es war sehr schön gewesen, ihre Nähe zu spüren. Wegen der politischen Ereignisse hatte ich sie zuvor sechs Jahre lang nicht sehen können. Schon bei diesem Besuch war sie sichtbar krank, die Hälfte ihres normalen Gewichts hatte sie verloren. Wir sprachen über frühere Zeiten und über die aktuelle Situation in Griechenland. Sie war so stolz, ihren Sohn zum ersten Mal als Sänger auf der Bühne zu bewundern, dass sie vor Freude weinte und sagte: »Jetzt kann ich nach Hause fahren und beruhigt sterben.« Wir trauerten schon damals zusammen über ihren bevorstehenden Tod, aber ich sagte ihr ernst: »Mutter, das darfst du nicht sagen. In ein paar Jahren, wenn die Diktatur gestürzt ist, werde ich auf dem Festival in Athen singen und du wirst dabei sein. Dann werden wir gemeinsam feiern und deine unübertroffene Kochkunst aus deiner türkischen Heimat genießen und bewundern.« Diese letzte Begegnung mit meiner Mutter, die Gespräche, die Nähe zu ihr, die Aussprache über viele bisher unausgesprochenen Dinge und die vorweggenommene Trauer über ihren zu erwartenden Tod waren für mich die vielleicht wichtigsten Ereignisse in meinem Leben. Seit dieser Zeit gelingt es mir, Weichheit und Schwäche in mir zuzulassen. Ich wurde lockerer und sensibler für alles, was um mich herum geschah. Das Singen empfand ich nun völlig anders, ich hatte tiefere Gefühle, und der Held in mir und auf der Bühne verlor an Härte und wurde sanfter.

Nach ihrem Tod war es mein sehnlichster Wunsch, die Grabstätte meiner Mutter zu besuchen und mit anderen eine schöne, liebevolle Zeremonie zu gestalten. Er erfüllte sich erst, als die Diktatur in Griechenland gestürzt wurde. Erst an ihrem Grab war es mir möglich, meine Trauergefühle abzurunden.

17 Abschied von den Brettern, die die Welt bedeuten

Zwei Jahre darauf fasste ich den für alle in meiner Umgebung unerwarteten Entschluss, von der Bühne Abschied zu nehmen. Ich konnte nicht mehr ertragen, wie hinter der Bühne mit den Menschen umgegangen wurde. Die diskriminierende Art, die viele leitende Personen des Theaterbetriebs an den Tag legten, fand ich entwürdigend. Das, was die Leute auf der Bühne sehen, ist das genaue Gegenteil von dem, was hinter der Bühne geschieht. Verdeckt wird das Ganze durch die großen Stars, die eine Art »heile Welt« der Musikkunst vortäuschen.

Ich entdeckte, dass dieser Rahmen für meine künstlerische Arbeit nicht mehr passte und dass meine Stimme als Ausdrucksinstrument stark darunter litt. Ich staune, dass auch heute noch manche Dirigenten und Regisseure mit Künstlern arbeiten, die weder etwas vom Singen noch von Menschenführung verstehen. Es ist grotesk, dass viele dieser Leitenden mehr von ihren Autos verstehen als von den Menschen, die durch ihre Kunst die Zuschauer begeistern sollen. Daran krankt meiner Meinung nach das heutige Musiktheater.

Die Zeit war gekommen, Abschied vom Theater und allen meinen dazugehörenden Träumen und Erwartungen zu nehmen. Dieser Abschied vom Theater war der richtige Schritt, um die Sensibilität und Ausdrucksfähigkeit meiner Stimme zu erhalten. Später gelang es mir, diese gerettete Sensibilität, die musikalische Empfindungs- und stimmliche Ausdrucksfähigkeit in therapeutische und pädagogische Ansätze zu integrieren. Damals entstand ein neues Modell mit Namen »Phono-Odische-Therapie«, eine Methode zur Entwicklung der Urstimme, Bewahrung der natürlichen Stimme und deren Bereicherung an Klangfarbe und Expression. Es folgten viele Jahre permanenter Mühen und Veränderungen, Hochschulstudium in Psychologie, psychotherapeutische Ausbildung, Forschung, Promotion und schließlich über 22 Jahre Hochschultätigkeit.

Hier legte ich auch den Grundstein für das ungewöhnliche Projekt »Trans-Sonans«. Dieses hat inzwischen nach einer Zeit der Entwicklung und Erprobung die Größe und Bedeutung eines Lebenswerks erreicht. Hier spielen die Phänomene Schwingung und Klang die Hauptrollen. Die von mir entwickelten theoretischen Grundlagen dieses Modells gehen davon aus, dass die Welt, ich und du und das Ganze in uns und um uns, ein Schwingungsphänomen ist. Wir alle, die sich an der Lebensgestaltung beteiligen, und die schwingende Materie um uns bestehen aus dem gleichen Stoff, d. h. einem Energiepotenzial, das uns aber durch lebensgeschichtliche Einschläge, Verluste oder alltägliche Mühen nicht mehr voll zur Verfügung steht. Doch mit einigem Üben kann man das verloren gegangene Gefühl der Verbundenheit mit den »inneren und äußeren« Ressourcen wiederfinden. Eine solch wiedergefundene Verbundenheit mit mir selbst, mit den Mitmenschen, der uns umgebenden Natur und dem noch unerforschten Universum ist ein wichtiger Faktor, um sich selbst und die Welt zu verstehen. Er gewinnt die Bedeutung eines tragenden und sicheren Rahmens, der als Ausgangsposition für neue ungewöhnliche Erkenntnisse über das menschliche Leben dient. Hier warten innere und äußere Ressourcen auf ihre Entdeckung, mit deren Potenzial unsere Existenz nachhaltig mit Lebendigkeit gefüllt und die seit Generationen immer wieder gestellten Fragen beantwortet werden können: Wer bin ich? Woher komme ich? Wohin gehe ich? Und schließlich: Worin liegt der Lebenssinn?

Da die Schwingungsphänomene einem permanenten Prozess der Wandlung unterworfen sind, gewinnen wir so immer wieder neue gute Antworten auf die gestellten Fragen. Durch diese fassbare Klarheit wird Energie für das lebendige und kreative Gestalten eines engagierten und partizipierenden Handelns für und mit den Mitmenschen im jeweiligen sozio-ökologischen Umfeld freigesetzt. Näheres zu diesem Modell findest du, lieber Lese-Kamerad, am Ende des Buches.

18 Die Geburt meines Sohnes und die Folgen

Als meine Frau und ich uns dann entschlossen, ein Kind zu bekommen, war dies ein schöner Wunsch. Bis dahin hatten wir keinen Gedanken daran verschwendet, einen solchen Versuch zu unternehmen, weil wir beide an verschiedenen Opernbühnen tätig waren. Aber für ein Kind würde es jetzt auch Zeit, da wir sonst beide bald zu alt dafür wären, riet man uns. Um alles »richtig« zu machen, ließen wir uns beide untersuchen, und alles war in Ordnung. Als ein halbes Jahr später eine Schwangerschaft festgestellt wurde, konnte der Traum endlich Wirklichkeit werden. Wir freuten uns sehr, wollten weiterhin »alles richtig« machen und nahmen an allen Routineuntersuchungen, die notwendig waren, teil, einschließlich einer Amnioskopie (Fruchtwasserentnahme). Es war die letzte Untersuchung. Dabei lief zwar nicht alles nach Plan, aber man sagte uns, wir sollten uns keine Sorgen machen.

Es war eine chaotische Geburt, bei der es einige unangenehme Komplikationen gab. Außerdem stellte man auf dem Hinterkopf unseres neugeborenen Jungen eine Hautunregelmäßigkeit fest, die von einer Verletzung her stammen könnte, wie man uns sagte. Wir waren jedoch so glücklich über die Geburt unseres Sohnes, den wir nach seinem Großvater Niko nannten, dass wir uns von den aufgetretenen Anfangsschwierigkeiten nicht entmutigen ließen. Wir hatten keine Ahnung, welche einschneidenden Veränderungen uns bevorstanden. Meine Frau Margarita und Niko durften das Krankenhaus nicht nach ein paar Tagen verlassen. Niko sollte noch einige Zeit im Brutkasten verbringen, und meine Frau wurde in das Nebengebäude verlegt. Mit der Zeit wurde mir klar, dass etwas nicht stimmte. Wenn ich die beiden, Niko und meine Frau, besuchen wollte, lief ich von einem Krankenhausgebäude zum nächsten, und mein Vertrauen in die medizinische Kompetenz verringerte sich täglich. Ich stellte fest, dass die Beschäftigten in den beiden verschiedenen Krankenhausgebäuden nicht wussten, was die anderen taten. Die dort arbeitenden Menschen wechselten im Achtstundentakt und kümmerten sich kaum um uns.

Ich hatte zweimal intervenieren müssen: Einmal, um Niko vor dem Ersticken zu retten, weil der Schnuller mit Hansaplaststreifen auf seinem Mund festgeklebt worden war, und ein zweites Mal meine Frau vor dem sicheren Herztod, da bei einer Blutübertragung die Hälfte des Schlauchs voller Luftbläschen war. Am liebsten hätte ich die beiden gepackt und wäre mit ihnen aus diesem Krankenhaus weggelaufen. Diese mir ungefragt aufgebürdete Krankenhaus-Odyssee mit unbekanntem Ende wollte ich nicht weiterhin ertragen und auch nicht die Verantwortung für dieses offensichtliche Versagen des »Gesundheitssystems« übernehmen.

Einige Wochen nach der Geburt wurde uns geraten, einer »kleinen« Operation an der Kopfhaut des Jungen zuzustimmen. In unsere Geburtsfreude mischte sich auf einmal eine unfassbare Angst und Unruhe. Wenn wir damals geahnt hätten, was auf uns zukam, wären wir, glaube ich, buchstäblich auf der Stelle tot umgefallen. Wir waren täglich im Krankenhaus und sorgten dafür, dass der kleine Kerl uns nicht vermisste. Er war ein schmächtiger Junge mit dunklen Haaren, einem feinen Gesicht und langen schönen Wimpern, reaktionsfreudig und stimmmächtig. Unsere Unruhe legte sich etwas, als wir ihn endlich mit nach Hause nehmen durften.

Eine Nachuntersuchung zwei Monate später ergab keine Auffälligkeit. Wir sollten geduldig mit ihm sein, wurde uns geraten, und alles würde sich einpendeln. Aber uns blieb nicht verborgen, dass mit dem kleinen Niko etwas nicht stimmte: Seine Bewegungen waren nicht in Ordnung, auch die Augen nicht, nachts schlief er wenig; er hatte Schwierigkeiten mit dem Essen, und ich hatte den Verdacht, dass er unter Krampfanfällen litt. Wir entschlossen uns zu einer großen Untersuchung bei einem Spezialisten.

Sie fand an einem Dienstagmorgen statt. Draußen war alles neblig. Der Winter tat seine letzten Atemzüge. Zwei Stunden dauerte die Untersuchung, die Ärztin blieb schweigsam und schüttelte oft ihren Kopf. Als diese unendliche Prozedur beendet war, sagte sie uns ohne Vorwarnung: »Den Kleinen können sie gleich weggeben.« Ich hörte die Worte der Ärztin, die sich wie eine Nadel in meinen Kopf bohrten. »Machen Sie sich keine falschen Hoffnungen«, sagte sie, »es wird nichts mit ihm, und ob er noch lange lebt, ist auch nicht sicher.« Mein Kopf dröhnte von diesem vernichtenden Urteil. Es war, als ob sich die Erde vor uns öffnete und wir in einer unendlichen Dunkelheit versanken. Plötzlich war unsere ganze Freude über dieses kleine, liebe Wesen wie weggewischt. Angst, Wut, Verwirrung und Verzweiflung überrollten uns. Wir drohten in einem Wechselbad der Gefühle zu ertrinken. Es musste eine falsche Diagnose sein! Das konnte nicht wahr sein! Warum gerade Niko? Warum gerade wir? Wer ist schuld daran? Nein, das war ganz und gar unmöglich! Wir würden einen Spezialisten finden, der das in Ordnung bringen würde. Unsere Gedanken überschlugen sich. Wir gingen mit dem kleinen Niko auf dem Arm die Treppe vom vierten Stock hinunter. Als wir an einer großen Balkontür vorbeikamen, hielt ich an, um hinauszuschauen. Ich hatte plötzlich die Vision, mit Niko im Arm über die Nebelbänke hinwegzuschweben, umhüllt von Sonnenschein, hinein ins unbeschwerte Glück, als sei nichts geschehen. Erst die Stimme meiner Frau brachte mich wieder in die Realität zurück.

Für uns Eltern begann die Zeit einer unendlich tiefen, verletzenden Trauer. Diese Realität war verheerend. Der Arzt hatte durch einen medizinischen Kunstfehler dem kleinen Niko bei der Fruchtwasserentnahme mit der Nadel die Schädeldecke durchbohrt und dadurch die Gehirnsubstanz verletzt. Niko wurde schwer geschädigt und erlitt eine schwere mehrfache Behinderung. Er wird die Welt niemals mit seinen eigenen Augen in ihrer Schönheit und Farbenpracht sehen, er wird nie laufen und spielen können, er wird am ganzen Körper gelähmt sein, nie sprechen können, sich geistig niemals weiter entwickeln als ein Baby. Sein ganzes Leben wird er an Krämpfen leiden, die nur durch die dauernde Einnahme von Medikamenten zu lindern sind. Zeit zum Trauern blieb uns nicht. Wir unternahmen alles, was in unserer Möglichkeit stand, um einiges, so hofften wir anfangs, »rückgängig« zu machen. Wir besuchten zahllose Fachleute in verschiedenen europäischen Ländern und unterließen keine medizinische Untersuchung oder Behandlung, die angezeigt war. Vergebens.

An der Situation ließ sich nichts ändern. Niko wird ein schwerstbehinderter Junge bleiben, tetraspastisch, d.h. am ganzen Körper gelähmt, dazu eine geistige Behinderung, die ihm nur die geistige Entwicklung eines Kindes von ein bis zwei Jahren ermöglicht. Er ist blind, da der Aufenthalt im Brutkasten sein Sehvermögen zerstörte. Weitere Untersuchungen sollten bald genauer das Ausmaß der Schädigung offenbaren. Aber von diesem Zeitpunkt an wussten wir, dass an der grundlegenden Diagnose nicht mehr zu rütteln war. Wir standen vor der Entscheidung, Niko wegzugeben oder zu behalten. Schwarze Gedanken ließen uns nicht mehr ruhig schlafen. Da war die Angst, Eltern eines ewig schwerbehinderten Kindes zu sein. Wir wussten nicht, ob wir mit der intensiven Pflege zurechtkommen würden. Wir dachten zunächst, dies sei unmöglich. Auch die Zukunftsaussichten waren nicht rosig. Was wird sein, wenn er größer ist? Schreckliche Fantasien plagten mich, ich sah Bilder vor meinen Augen, die mir Angst machten: Niko wächst zu einem großen Mann heran, den ich nicht mehr tragen kann. Dann wieder sah ich mich als alten kranken Mann, der Niko nicht mehr helfen kann. Es folgten noch schrecklichere Vorstellungen, die mir, wenn ich ehrlich bin, anfangs auch Schuldgefühle bereitet haben. Es tauchte der Wunsch auf, dass er bald sterben würde, um nicht zu lange zu leiden. Ich rang um die Gabe der Trauer, aber ich verhinderte sie durch solche Gedanken und Fantasien. Ich weigerte mich, von der Vorstellung eines gesunden und körperlich unversehrten Sohnes Abschied zu nehmen.

Dann wünschten wir uns sehnlich ein zweites Kind, das bald zur Welt kommen sollte, um mit Niko aufzuwachsen und ihm und uns zu helfen. Wir versuchten einfach alles, um die Unabwendbarkeit dieses Schicksals nicht anschauen zu müssen.

Ich ließ mich in eine besondere Körperbewegungsmethode einweisen, die eine Hilfe für kleine Kinder mit spastischen Symptomen sein sollte. Heute würde ich diese Art Gymnastik eher mit Foltergriffen vergleichen. Wir dressierten ihn mit Übungen bis zur Schmerzschwelle, um dann wieder lieb zu ihm zu sein und ihn zu beruhigen. Der Kleine muss uns für verrückte Peiniger gehalten haben. Eine schizophrene Situation für viele Eltern, die ungefragt in ein solches unumkehrbares Abenteuer geraten.

Inzwischen wurde uns langsam klar, dass ein »Burn-out« auf uns lauerte und unser Leben und unsere Beziehung immerwährend gefährden könnte. Wir mussten lernen, besser für uns zu sorgen, und schauen, worin wir selbst durch Nikos Existenz »behindert« wurden. Endlich brach die Zeit der Trauer über uns herein. Meine Frau und ich hielten gut zusammen und teilten miteinander Schmerz und Verzweiflung. Unsere Tränen schärften den Blick für die Realität, die Wolken der Abwehr zerstreuten sich. Das, was uns half, war die Erkenntnis, dass Niko selbst ein glückliches Kind war. Er konnte so gut und ungewöhnlich lachen und sich trotz allem über das, was war, freuen. So entdeckten wir mit der Zeit noch viel Gesundes und Beachtenswertes an ihm. Erst in der Wüste entdeckt man die Bedeutung des Wassers.

Dieses kleine Kerlchen konnte erstaunlich gut hören, viel besser als wir. Er konnte fühlen und diese Gefühle durch seine Stimme ausdrücken. Der Kleine entdeckte bald, dass er, wenn er lachte, auch Bewegungen machen konnte, die er an sich als Gelähmter willentlich nicht machen würde. Sein Lachen war spontan und laut, und wenn er es hörte, musste er immer weiterlachen, wahrscheinlich über sich selbst. Bemerkenswert war, dass sein Lachen auf die Menschen in seiner Umgebung ansteckend wirkte.

Bis wir unser Herz aus dem schmerzlichen Griff des Nichtloslassen-Wollens befreien konnten, verging dennoch eine lange Zeit. Es war und ist immer noch traurig für uns, dass Niko die Worte »Papa« und »Mama« nie zu uns sagen wird, dass er keine Schule besuchen wird, wir ihm niemals bei den Schulaufgaben helfen werden und vieles mehr, worüber andere Eltern oft stöhnen.

Beim Umgang mit der Trauer half mir besonders, dass ich ein Jahr nach Nikos Geburt meine Forschung über die Trauerrituale in Südgriechenland fortsetzte. Dort konnte ich als »beteiligter Beobachter« erfahren und miterleben, wie man mit Verlusten umgeht. Die uralten Trauerrituale, die ich dort untersuchte, faszinierten mich. Ich entdeckte neues Unbekanntes, das dort selbstverständlich war, aber dessen Vielfalt, Dimensionen und unendliche Gefühlstiefen bisher noch kein Wissenschaftler bemerkt hatte.

Ich hatte auf einmal die Vision eines Modells, in dem ich all das neu Entdeckte und Untersuchte durch geeignete Anpassung integrieren wollte. Der Gefühlsnot vieler Menschen könnte so einfach, verständlich und nachhaltig abgeholfen werden. Ich wurde von den höchst gastfreundlichen Menschen in ihre rituellen Praktiken einbezogen und konnte vielschichtige Forschungserkenntnisse sammeln. Die Unterstützung der Menschen dort half mir auch, meine eigenen Trauergefühle für meinen Sohn zu durchleben, sie zu verstehen und zu ordnen. Ich konnte vom Wunschbild meines Sohnes Niko, den ich mir erträumt hatte, und seiner leib-geistigen Unversehrtheit Abschied nehmen. Ich weinte eingebettet in die menschliche Wärme und aufmerksame Präsenz der Anwesenden viele Tränen, die meine »Herzenswunden« weich berührten und heilend wirkten.

Bei dieser Trauerforschung in Griechenland erlebte ich das Schicksal vieler Menschen mit; ich verstand sie und fühlte mit ihnen. Dort gab es gute Beispiele für den Umgang mit der Trauer: Es war nicht nur Weinen und Klagen. Es gab dort viel Lebendiges und Kreatives. Erstaunt war ich über die Menge der anderen Gefühle, die gleichzeitig mit der Trauer als verschiedene Gesichter aus der reichen »Trauervielfalt« der Gefühlsbestände der Persönlichkeit in Erscheinung traten. Ich entdeckte im schöpferischen Ausdruck der Klagegesänge auch Parallelen zu meinem früheren Beruf als Sänger.

Zu meiner Erleichterung gelang es mir, auch meine Frau für diesen Weg zu gewinnen. Das Trauern half uns nicht nur, Abschied von einem nichtbehinderten Kind zu nehmen, sondern auch, was noch wichtiger war, eine andere Einstellung zum Leben zu gewinnen.

Wir wissen, dass Niko ein zufriedener Junge ist. Er hat keine Probleme mit seinen Behinderungen, außer seinen Anfällen. Er wird getragen, gestreichelt, geküsst, gefüttert, mit Klängen und Gesängen unterhalten. Er wird überallhin mitgenommen, darf abends aufbleiben, wenn wir eingeladen oder auf Urlaub sind. Er darf weinen und lachen, so lange, so viel und so laut er möchte. Er braucht nicht zu lernen. Er darf jeden Tag ins Bad, wo Mama, Papa oder Dieter mit ihm im Wasser spielen. Niko wird geliebt mit einer Liebe, die bedingungslos ist. Er bekommt sie unaufgefordert, ohne Erwartung und Aussicht auf Rückvergütung. Er ist so glücklich, dass wir manchmal denken, dass er vielleicht hier auf Erden schon das Paradies erlebt!

Na, lieber Lesekamerad, wie geht es dir? Dieses Kapitel war schon sehr anstrengend, oder? Achte gut auf deine Gefühle und versuche nicht »mitzuleiden«. Dies wirkt sich eher nachteilig auf Menschen aus, die gerne andere begleiten. Gesünder wäre es, mitzufühlen anstatt mitzuleiden. Ich vertraue darauf, dass du inzwischen immer besser mit der Trauer umgehen kannst.

Außerdem wird dadurch auch unser Blick für jedes noch so winzig kleine Gesunde und Lebendige geschärft. Auf der anderen Seite sind wir jetzt aber auch eher bereit, Trauergefühle zu haben, die in uns aufsteigen, wenn wir erleben, was weniger wird bei Niko und welches Leben mit ihm ungelebt bleiben muss. Gefühle und deren Ausdruck durch die Bereitschaft zu trauern anzunehmen ermöglichen es, mit Gewinn von solchen als selbstverständlich geltenden Erwartungen Abschied zu nehmen. Du brauchst dabei keine Angst zu haben, wir beide sind ja gut vorbereitet. Du hast inzwischen doch schon einige Erfahrungen mit diesem besonderen lebenswichtigen Gefühl Trauer gesammelt.

Im übernächsten Kapitel wirst du noch mehr von Niko und unserer Entwicklung als Eltern und den aktivierten berechtigten Gefühlen erfahren. Ich glaube, dass noch viel rauer Trauerwind auf uns wartet, der uns direkt ins Gesicht und am Herzen vorbeiblasen wird. Doch dabei werden wir wieder viele neue Erkenntnisse und Gefühlsqualitäten gewinnen. Es gibt eben »kein Ende an Entwicklung in uns und um uns« (»There's no end to creation.«). Wir freuen uns auf alles Neue, das auf uns zukommt, das unseren Herzensblick für Gefühlsinhalte noch sensibler und differenzierter machen wird.

19 Der zu frühe Tod meines Vaters

Mein Vater hatte 1987, ca. 5 Jahre nach dem Erscheinen der ersten Auflage dieses Buches, mit 75 einen leichten Gehirnschlag. Er hatte am Ostersonntag bis frühmorgens wie ein Jüngling mit den Dorfbewohnern, bei denen er zu Besuch war, getanzt, ging dann nach Hause und duschte sich mit klarem kaltem Wasser, obwohl er immer noch sehr erhitzt war. Dies war wohl ein wenig zu viel für ihn. Er fiel in einen komatösen Zustand. Bald erhielten wir eine erschütternde Diagnose: Lungenkrebs im letzten Stadium.

Dieses Mal war die Reise in die Heimat zu meinem Vater möglich, im Gegensatz zu der Zeit, als meine Mutter im Sterben lag und ich sie wegen der damals herrschenden politischen Diktatoren mit Zementköpfen und -herzen nicht mehr besuchen konnte. Wir standen an seinem Bett und beruhigten den sterbenden Vater. »Jetzt sind wir alle da, endlich alle zusammen bei dir.« Wir versicherten ihm, dass wir bei ihm bleiben und wachen würden. Wir hielten ihm die Hände und sprachen mit ihm. Sein Todeskampf dauerte mehr als acht Tage. Meist war er leider nicht bei Bewusstsein. Eines Morgens erwachte er aus dem Koma und verlangte eindringlich nach seinem einzigen Enkel Niko. Mein Vater hatte sich nie mit der Realität anfreunden können, dass mein Sohn nie mehr gesund werden würde. Er sagte oft, dass er das nicht ertragen könne und dass dieses Unglück sein Herz jeden Tag aufs Neue brechen lassen. Ich ermutigte meinen Vater, mit Niko in der Fantasie zu sprechen, obwohl er real nicht da war. Mein Vater glaubte Niko neben seinem Krankenbett und sprach zu ihm: »Nikolaki (= kleiner Niko), mein Enkelkind, gut, dass du gekommen bist. Du bist groß und schön geworden, bald wirst du vieles übernehmen. Du bist mein Liebster! O, es tut so weh, dass du so schwer behindert bist. Ich hatte so viel Schönes mit dir vor! Mein Junge, entschuldige!« Dann schluchzte er und fiel wieder ins Koma. Zwei Tage vor seinem Tod bemerkte ich Anzeichen, dass er wieder Kontakt suchte. Er zeigte ein »helles« Lachen, und zu unserem Erstaunen sang er leise eine schöne Melodie aus seiner Jugendzeit. Es war ein altes Heldenlied, »Saranda Palikaria« (= die 40 tapferen Jungs). Ich summte es mit, und wir lachten dann gemeinsam darüber. Die Muskeln in seinem Gesicht und am ganzen Körper waren jedoch weiterhin angespannt. Er hatte Angst, machte sich vielleicht viel zu viele Sorgen wegen uns, seinen drei Kindern. Wir hatten das Gefühl, dass er sich seit dem Tod meiner Mutter viel zu viele Sorgen wegen uns machte. Die Zeiten hatten sich geändert, und nichts war mehr so wie früher. Wir drei Geschwister streichelten ihn und redeten ihm zu: »Vater, wir sind bei dir, hab keine Angst, wir lassen dich nicht alleine. Du brauchst dir nicht mehr so viele Sorgen um uns zu machen. Du kannst stolz sein auf deine Kinder. Du bist ein guter Vater. Ein gerechter und aufrichtiger Mensch. Wir freuen uns, dass es dich gibt. Ihr beide, du und Mama, seid uns gute Eltern gewesen, auch in schweren Zeiten. Streng dich nicht mehr so sehr an. Wenn du ein wenig loslässt, wirst du weniger Schmerzen haben.« Am nächsten Morgen war seine Zeit gekommen. Sein Leben verlöschte wie eine Kerze, die langsam ausbrennt. In seinen Mundwinkeln blieb ein winziges Lächeln zurück, das uns allen dreien vertraut war. So lächelte er immer, wenn er sich wohl fühlte und glücklich war. Wir hielten seine Hände fest und streichelten sein Gesicht und seine schönen weißen Haare. Unser Weinen, unsere Worte und das Echo unserer Stimmen begleiteten ihn ins Unbekannte, dorthin, wo Ruhe und Frieden herrschen.

Wie ich es meinem Vater versprochen hatte, beerdigten wir ihn am nächsten Tag in seiner Heimat Mani im Süden des Peloponnes auf dem kleinen Friedhof von Stavri. In diesem Dorf mit stolzen Zypressen und fruchtigen Olivenbäumen sind auch seine Ahnen, seine Eltern, Großeltern und Verwandten begraben. Das Myroloja-Klageritual unterstützte und ermöglichte es, ungestresst und fühlend, gesehen, gehört und getragen vom Mitgefühl der Anwesenden einen guten Abschied zu nehmen. Die weinenden, dichtenden, singenden und klagenden Frauen und Männer kamen aus allen Dörfern der Region zusammen, sogar aus dem fernen Athen. Sie sangen die ganze Nacht und den folgenden Tag hindurch Trauergesänge und Trauerklagen, worunter auch einige lustige Lieder waren. Die spontan erdichteten Gesänge erzählten von seiner Jugend, von seiner Güte, seiner Gerechtigkeit, von seinem Beruf, in dem er ein wahrer Künstler war, als einer der bekanntesten Schneider von Athen. Seine Cousinen stimmten immer neue Gedichte an und sangen von ihrer Enttäuschung, dass er seine Heimat leider so selten besucht hatte. Der Schmerz des Verlusts wurde gemeinsam ausgedrückt und getragen. Die Beerdigung und das anschließende gemeinsame Mahl brachten Verwandte, Bekannte und andere uns unbekannte Gäste, ja, das ganze Dorf näher zusammen. Man versprach sich gegenseitige Hilfe. Das Trauerritual und die Gesänge halfen uns und allen anderen, eine schöne Erinnerung an Vater Niko mitzunehmen.

Lieber Lesekamerad, schön, dass du dabei geblieben bist. Ich kann dir sagen, dass die lebendige Trauer, die ich für meinen Vater empfinde, außerordentlich groß ist. Ich finde es so schade, dass er so enttäuscht war, weil Niko, sein Enkelkind, so krank geboren wurde. Seine Träume waren damit zerstört worden, hatte er oft gesagt. Weißt du, wenn man selbst traurig ist und auch noch die Trauer der anderen spürt, ohne gemeinsam trauern zu können, ist man hilflos. So konnte ich für meinen Vater auch nicht viel tun. Ich fühlte ja auch eine unermessliche Trauer für meinen neugeborenen Sohn, der wegen eines medizinischen Kunstfehlers seine leibliche Unversehrtheit verlor. Ich war traurig für meine Frau, für meine Familie, die sich wie »amputiert« fühlte, nicht zu vergessen manche enge Verwandte, die sehr mit uns trauerten und sich um uns sorgten. Ungewöhnlich für mich war, dass viele der Verwandten nach dem Klageritual für meinen Vater plötzlich ihre Trauer über unsere Sippe äußerten, die wegen der fehlenden männlichen Nachkommen nach meinem und Nikos Tod ausgelöscht sein wird. Ich war erstaunt über die Stärke unserer Sippe, sah aber auch jetzt, welche dunklen Wolken die Zukunftsperspektiven überschatteten. Ich versuchte, solche Schatten, die die Trauer hindern können, mit Argumenten zu lichten, um eine Sippendepression zu verhindern. Ich mühte mich um Verständnis, dass es trotzdem schön ist, dass es uns als Sippe gegeben hat. Die Sterne oben am Himmel werden sicherlich noch lange Zeit von uns erzählen, weil sie uns alle irgendwann und irgendwo auf dieser Erde gesehen haben. Auch wir haben oft in sternenklaren Nächten zu ihnen hinaufgeschaut.

Hier wurde mir zum ersten Mal klar, welche riesige Menge Trauer sich sammeln und auf ihren berechtigten Ausdruck warten kann durch die Vielschichtigkeit der Ereignisse und ihrer Bedeutung für uns Menschen als Einzelne, als Familie, als Sippe, als Nation.

Da wir damals echte Anfänger in Sachen Trauer waren, wussten wir nicht, welche Überforderung auf uns lauerte, die unsere lebendigen Gefühle verletzen und aufzehren würde. Es war daher dringend notwendig, rechtzeitig selbst gemeinsam mit anderen Menschen geeignete Bedingungen zu schaffen, um eine lebensfördernde, reinigende sowie Ordnung schaffende Umwandlung solcher Gefühlsfluten zu ermöglichen.

Lieber Leserkamerad, kannst du jetzt verstehen, warum es mit der Trauer nicht so einfach ist? Achte deshalb genau darauf: Trauer ist nicht immer gleich Trauer. Sorge gut für dich. Achte auf deine berechtigten Gefühle. Schütze dich liebevoll wie besprochen und experimentiere beim Mitfühlen mit mir. Freue dich über klare und zielgerichtete Gefühle. Denn wenn man weiß, weshalb man traurig ist, sind der Ausdruck und die Umwandlung der Trauer möglich, und du gewinnst Gefühle, anstatt in einer nimmersatten Depression zu versinken.

20 Wer ist hier eigentlich behindert?

Niko, mein Sohn, ich möchte dir etwas sagen. Wir so genannten Gesunden haben Behinderungen, die auf ihre Art schwer wiegender sind als deine, weil sie unsichtbar bleiben. Anhand deiner Laute, deines Lachens und deiner lebhaften, oft genießerischen Mimik verstehen wir, dass es dir ab und zu gut geht.

Du hast es gut! Du wirst getragen, gefüttert, sauber gemacht, jeden Tag gebadet – der Papa hingegen nur ab und zu. Er hat wenig Zeit zum Baden und springt daher nur kurz unter die Dusche. Du brauchst keine Miete zu zahlen und auch keine Steuern. Du brauchst nicht zu heiraten und musst auch nicht dauernd Bücher, Zeitungen und Zeitschriften lesen. Du musst nicht lernen, nicht schreiben, nicht kauen, nicht schlucken. Du wirst gestreichelt und umsorgt von so vielen Menschen. Dein Papa hingegen sitzt stunden- und nächtelang am Computer, überlegt und schreibt, damit das Geschriebene vom Leser auch leicht verstanden wird. Er muss sich um seine Seminare und Vorträge kümmern, auf viele Menschen eingehen, sie verstehen und mitfühlen. Dafür »vagabundiert« er in ganz Europa umher mit Flugzeug, Bahn, Auto und gelegentlich zu Fuß.

Ich bin nicht neidisch auf deine »Verweil-Power«, mein lieber Sohn. Trotzdem würde ich manchmal schon gerne mit dir tauschen, vielleicht für ein langes Wochenende. Schon gut! Ich sehe schon, wie du mich mit deinen ausdrucksstarken Augen schief anschaust und sagst: »Na, Papa, du kannst doch höchstens halb so gut und genießerisch ›mallorcen‹ wie ich!« Gut, mein Sohn, Schwamm drüber, sonst werden die Leser vor lauter Lachen nicht mehr weiterlesen können.

Apropos, ich bin dir, lieber Leser, eine Erklärung schuldig. Wir in Nordrhein-Westfalen, vor allem die, die unter Tage arbeiten, bezeichnen ihre harte Arbeit als »malochen«. Als Niko vor einigen Jahren begann, tagsüber in eine Behindertenwerkstatt für Jugendliche zu gehen, hatten wir mit ihm gescherzt: »Jetzt musst du armes Kerlchen morgens früh aufstehen, schuften und malochen wie die anderen.« Niko antwortete auf diesen Scherz mit seinem, wie wir es nannten, »klirrenden« Lachen. Später entdeckten wir, dass er die zischenden Laute des Wortes »schuften« für einen Witz hielt. Das Wort »malochen« mit seiner Klangqualität muss wohl Ähnliches ausgelöst haben. Prompt hatte ich die Idee, seine jetzige Tätigkeit von »malochen« in »mallorcen« umzutaufen, mit Anklang an die bekannte Ferieninsel. Man könnte sich hier manche Gedanken erlauben, ob Papa wohl ein wenig neidisch ist auf Niko. Auf jeden Fall ist das Wort »mallorcen« zu einem geflügelten Zauberwort geworden, das die Familie immer wieder zum Lachen bringt.

Die Aufnahme Nikos in die Werkstatt war für uns Eltern nicht leicht. Sie wurde auch wieder von ungewöhnlichen Trauermengen begleitet, zum Beispiel als wir den ersten Rollstuhl für Niko kaufen mussten. Aber es war gut, diesen Veränderungen mit dem Ausdruck von Trauer zu begegnen. Und Niko fand in der Werkstatt auch prompt seine Rolle und Aufgabe. Ich glaube, ihr wisst schon welche. Er brachte auch dort die Jugendlichen zum Lachen. Und wie er das machte? Ganz einfach: Die anderen Jugendlichen mit einer einfacheren Behinderung kutschierten Niko mit seinem Rollstuhl durch alle Fachräume, was Niko zum Lachen brachte. Gleich am zweiten Tag gab es schon eine lange Warteliste von Kandidaten, die Niko mit seinem schönen Rollstuhl herumfahren wollten. Aber warum musste Niko bei dieser Kutschfahrt so oft lachen? Niko ist in einem musikalischen Haus aufgewachsen und reagiert von daher sehr sensibel auf Töne, Klänge und Geräusche. Jedes

Geräusch zieht seine Aufmerksamkeit auf sich und lockt eine Reaktion hervor, vor allem ein Lachen. Und in dieser Werkstatt hörte er Geräusche unterschiedlichen Materials, das hier verarbeitet wurde, z.B. Holz, Eisen, Papier. Also dreht Niko jeden Tag seine Werkstattrunden, und alle haben etwas zu lachen. Und die meisten können sich diesem Lachen schwer entziehen. Es wirkt einfach ansteckend. Und dies nennt der Papa eben »mallorcen«. Niko nimmt diese Aufgabe sehr ernst, obwohl er dabei immer wieder schallend lacht.

Niko »verdient« übrigens monatlich X€. Genaueres wollen wir nicht verraten, sonst könnten wieder einige neidisch werden. Also ist er ehrlich gesagt der Einzige in der Familie, der einer geregelten täglichen Arbeit nachgeht. Mama singt ab und zu auf der Operbühne unserer Stadt »Tralala« und Papa reist in der Welt herum, um mit Leuten zu sprechen und komische Rituale zu machen, damit sie ihre Trauerfähigkeit entwickeln und das Abschiednehmen lernen. Also, wer geht hier eigentlich »malochen« und wer »mallorcen«?

21 Schwere Operationen hinterlassen Traumatisierungen bei Niko, Mama und Papa

Innerhalb der letzten zehn Jahre musste Niko oft operiert werden. Es ging um seine Hüften, die in einem schlechten Zustand waren. Niko hatte furchtbare Schmerzen. Für uns Eltern war das unerträglich. Nach der ersten Operation wurde es noch schlimmer, und bei der nächsten musste ein großer Teil des Oberschenkels entfernt werden. Danach konnten wir Niko in einer Art Gipskiste eingeschlossen mit jeweils einem Loch vorne und hinten mit nach Hause nehmen. Diese Zeit ist in unserer Erinnerung als eine der schwersten gespeichert. Das Schlimmste, was Eltern passieren kann, ist, wenn ein Kind offensichtlich schwer leidet und sie nichts machen können. Für alle drei Beteiligten kann man diese Erfahrung als schweres Trauma bezeichnen.

Mit zunehmendem Alter konnte Niko auch immer schlechter schlucken. Deshalb entwickelte sich das Trinken und Essen zu einer Art »Martyrium«. Jeder Löffel Nahrung oder Flüssigkeit löste heftigen Husten oder nicht endendes Erbrechen aus. Das Burn-out-Syndrom machte sich bei uns breit, lange bevor es Trauergefühle wagten, in Erscheinung zu treten. Und wieder vergingen zu viele Jahre, bis eine gute Lösung seitens der Medizin gefunden wurde: ein direkter Zugang zum Magen über einen kleinen Schlauch in der Nähe des Bauchnabels. Heute bekommt Niko sein gut zerkleinertes Essen durch diese Öffnung.

Alte, neue und zukünftige Trauergefühle sind für uns ständig präsent, seit Niko nicht mehr eigenständig seinen Kot in die Windeln entleeren kann. Mama muss mit den Händen seinen Darm entleeren. Für beide ist dies eine andauernde Belastung. Trotz allem gibt es auch immer wieder lichte Momente, in denen man ein wenig gemeinsam lachen kann. Ab und zu darf Niko tropfenweise Flüssigkeit über den Mund aufnehmen und im Sommer auch ein Eis schlecken. Endlich mal wieder etwas Erfreuliches. Für Niko können diese Wassertropfen und diese Eiscreme zu beinahe ekstatischen Geschmacksmomenten führen. Für uns Eltern sind solche Erlebnisse einmalig schöne Momente. Niko stöhnt dann vor Freude bei diesem »Als-ob-Schlucken« und ist der größte Nimmersatt der Welt.

Im Winter schwebt Niko oft in Lebensgefahr, auch wenn er »nur« eine kleine Erkältung bekommt. In der letzten Zeit sind wir oft traurig, weil die fortschreitende Verkrümmung von Nikos Körper nach vorne, insbesondere in den Regionen von Brust und Rücken, das Atmen immer schwieriger macht. Die Lungen sind oft voller Schleim, und der Schlauch der Saugmaschine rettet ihn dann vor dem Ersticken. Ohne dieses Gerät kann Niko nicht mehr existieren. Aber ab und zu muss er einfach lachen, da dieses Gerät ein komisches Geräusch von sich gibt, wenn der Schlauch verstopft ist. Niko nutzt eigentlich jede Gelegenheit, um zu lachen. Manche Zeugen solcher Szenen schütteln den Kopf, wenn sie etwas so Gegensätzliches erleben: nach Luft ringen und lachen.

Also, lieber Lesekamerad, du siehst, welch ungewöhnliche Erfahrungen man mit einem mehrfach schwerstbehinderten Menschen, seinen Eltern und seiner Umgebung machen kann!

22 Niko kann stolz auf Mama und Papa sein

Selbstverständlich gibt es für Niko auch schöne Momente durch das Wirken seiner Eltern. Er scheint über besondere Antennen zu verfügen, mit denen er fähig ist, an unserem Leben teilzunehmen.

Besonders glücklich zeigte er sich, als Mama mit einer besonderen Auszeichnung durch den Bundespräsidenten der Bundesrepublik Deutschland geehrt wurde. Mama bekam diese Auszeichnung wahrscheinlich als erste australische Frau in Nordrhein-Westfalen als Anerkennung für ihren freiwilligen »Sing-Einsatz« für benachteiligte Menschen. Uns fiel auf, dass Niko am Tag der Ordensverleihung ungewöhnlich aufgeregt war, als ob er dieses Verdienstkreuz selbst bekommen würde. Als später alle wieder zu Hause waren, durfte Niko den Orden und die Urkunde natürlich persönlich mit seinen Händen berühren. Seine Freude darüber brachte er durch ein starkes und unwiderstehliches Brummen zum Ausdruck. Niko spürt genau, wenn seine Mama stolz ist und sich wohl fühlt. Am besten wäre es also, wenn seine Mama das Bundesverdienstkreuz täglich tragen würde. Doch im Begleitschreiben steht, dass man diesen Orden nicht überall tragen darf. Ob es in der Küche wohl erlaubt ist? Hoffentlich schickt uns der Bundespräsident bald eine Nachricht, dass die Auszeichnung durchaus küchentauglich ist.

Auch als seine Mama als erste Australierin im Essener Theater zur Kammersängerin ernannt wurde, zeigte Niko ein ähnliches Verhalten. Er verbrachte eine lange Zeit geduldig im Rollstuhl sitzend in Mamas Garderobe hinter der Bühne, wo er der Ehrung mit Ruhe zuhören konnte. Ich habe den Verdacht, dass Niko nun meint, dass seine Mama von jetzt an nur noch in der kleinen Kammer zu Hause (Kammersängerin) und nur für ihn singen wird.

In manchen Entwicklungsphasen von Papa war Niko auch einige Male ganz nah dabei und zeigte durch seine besondere Körperhaltung, wie glücklich er war, z.B. bei Fernsehauftritten, oder als Papa eines seiner Bücher vorstellte. Man hat dann das Gefühl, dass selbst die spastische Lähmung ihn nicht daran hindern kann, seine Freude zu zeigen. Seine unbeschreiblich feierliche Miene und seine großen schönen braunen blinden Augen zeugen von seiner inneren Lebendigkeit. Man kann an seiner Mimik Neugierde, Bewunderung, Freude und auch eine Schlitzohrigkeit ablesen, der ich bis dahin noch nie begegnet bin.

Als ich an die Universität von Kreta berufen wurde, freute er sich auch außerordentlich. Vielleicht, weil die meisten Urahnen von Papas Sippe aus Kreta stammten und viele der Einwohner dort den gleichen Nachnamen tragen?

Besonders beeindruckend war für Niko die feierliche Stimmung zur Eröffnung von Papas Akademie für Menschliche Begleitung in Essen und einige Jahre später zur Eröffnung des Instituts in Zürich, das Papas Namen trägt. Man kann also ruhig sagen, dass es für das Trio keinen Grund gibt, nicht stolz auf sich zu sein.

23 Niko und seine alles überragende »Brumm-Sing-Methode«

Niko hat wahrscheinlich das Singen lieben gelernt, als er noch im Bauch seiner Mama war, die auch im sechsten Monat noch häufig auf der Bühne stand. Bestimmt hätte er auch eine sehr gute Stimme haben können, jedoch hat die spastische Lähmung die Welt um einen berühmten Sänger ärmer gemacht. Aber Niko ließ sich von all den Wünschen nicht beeindrucken und entwickelte seine so genannte »Brumm-Sing-Methode«. Sein größter Fan ist Dieter, der anfangs bei uns als Zivildienstleistender arbeitete und später fest angestellt wurde. Dieter spricht und singt viel mit Niko, besonders Arien und vielerlei Lieder. Niko genießt es, wenn Dieter mit ihm spazieren geht, und brummt dann vor Genuss.

Am ehesten erlebt man Nikos »Brumm-Sing-Methode«, wenn man ihn im Meerwasser schwimmen lässt. Mama und Papa halten ihn, dann kommt ein großer runder Schlauch dazu

und Niko präsentiert seinen berühmten lang andauernden »Brumm-Song«. Wir staunen jedes Mal über die entstehende Resonanz im Wasser. Je wärmer es draußen ist, umso kälter empfindet man das Wasser und umso »brummiger« klingt Nikos Song. Im Sommerurlaub auf der griechischen Insel Ikaria gibt es viele Gelegenheiten zum Hören solcher »Brumm-Songs«.

Wenn wir Eltern einmal eingeladen sind, ist Niko immer dabei, auch wenn es manchmal sehr spät wird. Niko lässt sich dadurch nicht stören und schläft in seinem Rolli, auch wenn es rundherum laut zugeht. Je später die Nacht, umso romantischer wird es, und dann müssen Mama und Papa die Liedwünsche der Anwesenden erfüllen. Wenn zufällig eine Gitarre da ist, kann es losgehen. Alle staunen, wenn nach den ersten Tönen Niko aus tiefstem Schlaf erwacht und innerhalb weniger Minuten fit wie ein Turnschuh ist. Dann stimmt er mit seiner tiefen Reibeisenstimme brummend in unser Singen ein. Plötzlich singen alle mit, da dieses Brummen sehr verführerisch ist, und der ganze ägäische Archipel schwingt mit. Irgendwann bricht er in schallendes Lachen aus. Niko muss sich in solchen Momenten wie ein Singgockel im Hühnerstall unter unzähligen gackernden Hühnern fühlen.

Niko spürt meist genau, was er tut und was er will. Er erkennt mitten in der Nacht seine zwei fröhlich singenden Eltern, die in ihm den Funken für seine nachfolgende »Brumm-Ekstase« zünden. Für ihn sind diese singenden Eltern die besten auf der Welt, und er würde sie mit keinen anderen tauschen wollen. Deshalb haben Mama und Papa auch besondere Namen erhalten, die an einen berühmten Sänger erinnern: Mama heißt Mamarotti und Papa Paparotti.

Und, hast du auch ein bisschen singen geübt, lieber Lesekamerad? Hast du bemerkt, wie viel Liebe, Humor und Fröhlichkeit in der Trauer steckt? Weißt du: Das Singen hat es in sich. Hier gibt es noch viele Geheimnisse zu entdecken. Aber bitte probiere anfangs nur am Strand, wenn du ungeübt bist, nicht unbedingt in der Wohnung, sonst könntest du viele Leute traurig machen und ihnen schlaflose Nächte bereiten. Setze deine Experimentieraufgabe fort. Lerne auf das Auf und Ab deiner Gefühle zu achten.

Niko hat sich zu einem außergewöhnlichen Menschen entwickelt. Viele fühlen sich von ihm angezogen, sie sind fasziniert von ihm oder leiden mit. Ein Kapitän hat sogar im Hafen wegen Niko sein riesiges Schiff gestoppt, um eine kleine Plastik-Hantel, die Niko ins Wasser fallen ließ, aufzusammeln.

Unglaublich ist auch diese kleine Geschichte: Niko hat es geschafft, alle Passagiere und das Personal des Fluges der Olympic Airlines von Düsseldorf nach Athen zum Lachen zu bringen. Wie, das bleibt im Moment ein Geheimnis.

24 In Sachen Fühlen und Trauern wird Niko zu Papas Lehrer

Eine der größten Lektionen, die wir von Niko gelernt haben, war das Kennenlernen der so genannten »bedingungslosen Liebe«. Wir lernten, Niko ohne Wenn und Aber zu lieben, einfach weil er der ist, der er ist. Das öffnete uns einen Weg in ein für die meisten gänzlich unbekanntes Land. Liebe gibt es meistens im Tausch für etwas anderes. Jemanden so zu lassen, wie er ist oder auch nicht ist, und nicht unter dem Zwang zu stehen, etwas darzustellen, ist eine besondere Kunst. Durch den Gefühlsausdruck für das, was fehlt und wir uns wünschen, für das, was hätte sein sollen oder nicht mehr sein wird, kann man eine neue Lebenseinstellung und einen veränderten Blick auf die Lebenszusammenhänge, viel Verständnis, Verbundenheit und Getragensein sowie Lebenssinn gewinnen. Täglich lehrt uns Niko, dass unsere Trauer in Abwandlungen immer wiederkehren wird. Wir haben keine Angst mehr vor ihr, sondern freuen uns, dass wir fühlen dürfen. In der Auseinandersetzung mit Niko lernen wir vieles für unser eigenes Leben. So ist Niko mein bester Lehrer in Sachen Trauer geworden.

Alles ist in permanenter Wandlung, so wie wir selbst auch. Lassen wir sie zu, dann können wir alles, was sich verändert, verstehen und durch Umwandlungsprozesse Neues und anderes in uns und um uns entstehen lassen.

Ich lernte durch Niko, Laute, Klänge, Töne und Geräusche anders wahrzunehmen. Ich hörte darin Sinn, das Wie des Tones und seine innere Qualität. Ich lernte, Nikos unartikulierte Laute zu verstehen, die Botschaft, die darin versteckt ist. Wir haben gelernt, sein Stöhnen zu deuten: Hat er Schmerzen und wo hat er sie? Ist er hungrig oder durstig? Wir haben gelernt, seine wichtigsten Bewegungen in Worte zu übersetzen. Wir haben ein anderes Hören und Sehen gelernt. Ich lernte durch Niko, dass im Geräusch eines zerreißenden Zeitungspapiers ein kleines Wunder oder ein toller Witz versteckt sein kann.

Wir haben von ihm gelernt, Gefühle zu verstehen. Wenn man es nämlich wagt, den Trauerschmerz zuzulassen, wird man feststellen, dass er nach einiger Zeit wieder langsam abklingt. Lässt man ihn hingegen nicht zu, muss man ihn endlos ertragen. Wir haben jetzt nicht mehr so viel Angst vor dem Tod, vor der Zukunft und der notwendigen, berechtigten und zielgerichteten Trauer. Wir freuen uns über unsere Sinne und fühlen uns reich, weil wir uns bewegen können. Wir entdecken immer mehr Sinn im Leben und Lieben, achten mehr die Natur, und unsere Existenzängste haben abgenommen.

25 Das Ordnen der Gebeine in der Familiengruft schafft auch in den Herzen Ordnung

Im vorigen Herbst habe ich mit meinen zwei Schwestern etwas unternommen, was ich einige Jahre zuvor nie hätte tun können: Wir haben uns mit dem Tod und den dazugehörenden Trauergefühlen versöhnt. Wir fuhren nach Mani in das Heimatdorf meines Vaters, um dort zu dritt die Familiengruft der Sippe zu reinigen und die Gebeine unserer Ahnen nach dem Motto zu ordnen: *Wenn man das Alte ordnet, bringt man auch Ordnung in das Aktuelle, und so wird das Zukünftige übersichtlicher.*

Also, raus mit den alten Kisten und Säcken voller Gebeine! Alles wurde auf dem Dach der anderthalb Meter hohen Gruft ausgeleert. Wir sortierten die Gebeine, säuberten die Kisten und füllten sie dann wieder. Zuerst kam mein Opa dran. Wir sahen uns an und erinnerten uns, wie groß und stark er gewesen war. Dann war Oma an der Reihe. Auch sie war groß, hatte ein breites Gesicht, einen großen Kopf und lange Beine. Wir erzählten von Oma und Opa und ihrer »fetzigen« und temperamentvollen Liebe. Dann kam mein Onkel an die Reihe. Wir wussten, dass er bei einer Strafaktion als Geisel von deutschen Soldaten erschossen worden war. Also suchten und fanden wir Gebeine mit Spuren und Löchern von Gewehrkugeln. Dann suchten wir nach den Gebeinen meines Vaters Niko. Die verformten Oberschenkel deuteten auf einen Schneider hin, der über 50 Jahre sitzend genäht hatte. Dann war Oma Maria an der Reihe. Sie litt jahrelang an Rheuma und Arthritis. Ihre Knochen sahen daher ganz anders aus, waren leicht zu erkennen und fanden schnell ihren richtigen Platz. Schließlich legten wir auch die Gebeine der früh verstorbenen Tochter meiner Großeltern, ihr Name war Lemonia, in ihre Kiste.

So ging es weiter, bis alle Gebeine wieder in ihrer Kiste waren. Wir haben gut aufgepasst, dass wir die Knochen in die richtige Kiste legten, also keinen Fehler machten, da noch restliche, nicht ausgedrückte Energie in den Gebeinen verblieben ist. Es gab aber auch lustige, groteske Momente, weil meine

Schwestern anfangs keinen Finger rühren wollten. Sie sprachen vom fehlenden Licht durch den nahenden Sonnenuntergang und hatten Angst, die Nacht mit den Gebeinen zu verbringen. Aber dann ging es doch.

Am schönsten war, dass wir die Gebeine mit wohlriechendem Olivenöl von Omas und Opas Feldern benetzten. Die Alten im Dorf sagen, dass dies den Seelen der Toten gut tut. Zum Schluss streuten wir noch Basilikum auf die Gebeine in der Kiste, dessen Geruch unsere Sinne aktivierte. Es war auf jeden Fall angemessen, unsere Ahnen auf diese Weise zu ehren und zu würdigen.

Es war ein schönes Gefühl, die alte Sippe mit eigenen Händen geordnet zu haben. Fürs Aufräumen ist es niemals zu spät. Wenn die Alten zugeschaut hätten, hätten sie sich vor Lachen nicht halten können. Sie wären auch sehr stolz auf ihre Enkel und Urenkel, besonders auf ihre Achtung und Zärtlichkeit, mit denen sie die Gebeine geordnet und gewürdigt haben. Und uns hat diese ungewöhnliche Arbeit wider Erwarten sehr gut getan, und sie wirkt bis heute nachhaltig weiter.

Es war ein unvergesslicher, schöner, sinnlicher, versöhnlicher und lebendiger, eben sinnvoller Tag. Die ganze Sippe wird uns unvergesslich bleiben. In unserer Gefühlswelt herrscht seitdem auch Ordnung. Wir fühlen uns getragen und wieder verbunden mit denen, die vor uns waren, und so auch mit uns selbst. Wir haben uns wieder eingebettet in unsere Familie und damit eine sichere Basis und gute Wurzeln für einen neuen Start ins Leben erhalten.

26 Auf geht's zum Zirkus Universum

Lass uns jetzt, lieber Leserkamerad, unsere Trauerexpedition abrunden. Erinnere dich noch einmal an den Anfang dieser Geschichte, als wir entdeckten, dass du, ich, Niko und Nikos Mama Margarita einmalig und einzigartig auf dieser Welt sind. Uns vier hat es früher nie gegeben, und auch in Zukunft wird es keinen geben, der so ist wie wir. Bedenke, dass diese Erde auch ein unwiederholbarer Himmelskörper ist, sodass wir sicher sein können, einmalig im Universum zu sein. Wie schön ist es, dass wir Einmalige uns kennen gelernt haben und dass wir die Ehre haben, auf diesem wunderbaren einmaligen Planeten unsere Lebenszeit zu verbringen. Daher müssten wir eigentlich vor lauter Freude den ganzen Tag singen und die ganze Nacht hindurch tanzen. Weil wir so einmalig sind, könnte man uns ruhig in einem Zirkuszelt ausstellen zu einem guten Eintrittspreis für diejenigen, die so einmaligen Wesen bewundern wollen. Jeder Mensch müsste eigentlich täglich in seiner Einmaligkeit gewürdigt werden. In meinem neuen lustigen Entenbuch gibt es sogar ein passendes Bild dazu: Auf unserem Planeten Erde steht ein riesiges farbiges Zirkuszelt, vor dessen Eingang der kleine Diabolino steht, eine ungewöhnliche Maus, die die Gäste ins Zelt hinein einlädt. Das Bild heißt »Zirkus Universum«. Dorthin gehört jeder Mensch, der seine Einmaligkeit und Einzigartigkeit von den Gästen des Universums bezeugt und bestätigt haben möchte.

Niko, mein Sohn, wird sich bestimmt sehr freuen, auf dem Podest dieses »Zirkus Universum« zu stehen. Nicht nur die Menschen, sondern auch die Sterne am Himmel werden sich an ihn erinnern, wie er in klaren Nächten mit seinem silbrig klingenden Lachen alle Anwesenden mitgerissen hat. Die Sterne werden sich daran erinnern, da sie jeden Abend ihren Platz oben am Himmel einnehmen. Sie werden auch in vielen Jahren noch von Nikos Lachen und von dir, unserem lieben Leserkameraden, erzählen. Sie werden davon erzählen, wie Niko mit seinen Eltern zusammengelebt hat, welche wunderbare Mutter er hatte und wie oft er Menschen zum Weinen und zum Lachen gebracht hat.

Lieber Leserkamerad, wir haben das Ende unserer gemeinsamen, sehr persönlichen Gefühlsexpedition erreicht. Ich freue mich, dass du mich so neugierig und aufmerksam begleitet hast. Ich vertraue darauf, dass du vieles von dieser Reise mitnehmen kannst. Aber nicht vergessen: Der »Zirkus Universum« hält die Tore offen für jeden von uns. Zieh schnell etwas Feierliches an und dann ab ins Zelt. Die anderen, die deine Einmaligkeit bewundern wollen, warten schon auf *dich*!

Teil III
Trauer gibt es seit eh und je

1 Konnten die Menschen früher besser trauern?

Angesichts der Schwierigkeiten, die wir heute mit dem Erleben und Ausdrücken von Trauer haben, ist die Frage berechtigt, ob es früher Zeiten gegeben hat, in denen die Menschen »richtig« trauern konnten. Es könnte hilfreich sein, unser Augenmerk dabei auf die Epoche der griechischen Antike zu richten. Aus dieser Zeit sind uns die ersten Erzählungen über Trauerzeremonien und -brauchtum bekannt. Der erste und wichtigste Teil meiner Forschung über Trauerbräuche fand in Griechenland statt, und ich habe in ihnen viele Spuren aus der griechischen Antike gefunden.

Von der Frühgeschichte bis heute hat das Trauern unter den Menschen unterschiedliche Entwicklungen durchgemacht. Es gibt Epochen, in denen die Menschen im Trauern unterstützt wurden, andere, in denen sie an der Trauer gehindert wurden. Es gab sogar Jahrhunderte, in denen die Trauerrituale übermäßig stark und intensiv praktiziert wurden, weil die Gesellschaft sie förderte. Noch heute finden wir Traditionen und Bräuche, die sich über die Jahrtausende bis in unsere Zeit herübergerettet haben und in denen ein Verlust leidenschaftlich beklagt werden darf. Solche Nischen der Tradition, die altes, brauchbares und sinnvolles Brauchtum bewahrt haben, findet man allerdings nur noch selten. Einer dieser Nischen habe ich in Mani in Südgriechenland fünfzehn Jahre Forschung gewidmet.

Als ich während meiner Untersuchungen Menschen bei ihrem Verhalten während des Trauerns beobachtete und sie auch begleitete, wurde ich des Öfteren an etwas erinnert, was ich in den Schriften der Antike gelesen hatte. Die schriftlichen Quellen aus Dichtung, Philosophie und Ausgrabungsfunden geben uns ein genaueres Bild vom Umgang der Menschen mit Trauer im antiken Griechenland. Ausführliche Beispiele finden wir bei Homer in seinen Werken »Odyssee« und »Ilias« und in dem mit poetischer Begeisterung geschriebenen Werk »Aeneis« des Vergil, das als Nationalepos des antiken römischen Reiches gilt.

Die in diesen Dichtungen vorkommenden Totenklagen sind ein unerlässlicher Bestandteil sowohl von Todes- und Trauerritualen wie auch der griechischen Tragödie. Die Zuschauer konnten sich damals durch bloßes »Zuschauen« mit den eigenen Trauergefühlen anfreunden.

Totenklagen sind Bestandteile uralter Bräuche, eine Urform menschlichen Ausdrucks. Man kann ihnen noch heute bei Naturvölkern begegnen. Aus historischen Quellen wissen wir von Totenklagen bei den Ägyptern, den Chinesen, den Juden, bei den Menschen des Gilgamesch um Engidu und sogar bei prähistorischen Menschen (weil die Fingerverstümmelungen an ausgegrabenen Knochenresten, ca. 35 000 bis 10 000 v. Chr., ein Indiz für ein Trauerverhalten darstellen).

Die griechischen Totenklagen bildeten die Grundlage aller Trauerbräuche der Antike. Sie nehmen im Gesamtbild des Bestattungsbrauchtums im Altertum, später im Hellenismus, bei den Byzantinern bis in die jüngste Zeit hinein eine wichtige Stellung ein. Im Altertum hießen die Todes- und Trauerklagen »Thrénos«, »Góos«, »Kommés«, »Enkómion«, »Epitáphios«. Heute werden sie »Myroloja« genannt, vom griechischen Wort »myromai« = weinen, klagen, und »logos« = Wort, also »Klageworte«. Die heutigen »Klageweiber«, die »Myrolojistres«, wie man sie in Griechenland nennt, können auf berühmte Vorgängerinnen der Antike verweisen.

In der Antike gab es von jeher Trauerbräuche mit offenem, intensivem Trauern. Wichtig ist zu wissen, dass sich die Menschen der Antike in den Trauerschmerz hineinbegaben und diesen auch vor und mit anderen zum Ausdruck brachten. Das half ihnen, die Angst vor dem Tod und der Unterwelt zu verringern, den Verlust als real zu erleben und den Abschied zu wagen. Die Schmerzen wurden gelindert, Klagen und Weinen hörten von allein auf, nachdem die Trauer fließen konnte und Räume für andere Gefühle frei machte. Von diesen alten Trauerbräuchen ist so gut wie nichts bis in unsere Zeit herübergerettet worden. Das macht nach meiner Auffassung eben das Problem unserer Zeit aus. (Nähere Informationen über die Trauerrituale in der Antike findet man im Anhang.)

2 Wann und wie haben wir das Trauern verlernt?

1. Es fing sehr früh an

Wie wir bis jetzt erfahren haben, ist Trauern seit langem im gesellschaftlichen Umgang unerwünscht. Diese Tatsache mag damit zusammenhängen, dass uns der Tod unnatürlich erscheint. Bekämpfen wir ihn nicht mit aller Macht, mit sämtlichen gesellschaftlichen und medizinischen Mitteln, oft auf Kosten der Menschenwürde und mit raffinierten Strategien des Vergessens? Der Tod als Lebenstatsache ist ein Tabu. Die Gründe, warum er tabuisiert wird, sind vielfältig und nur im Zusammenhang verständlich.

Der Tod war immer ein großer Skandal. Er erschien stets zum unpassenden Zeitpunkt, ein plumper, ungebetener Gast im Salon des Lebemannes oder der Lebedame, ein dickhäutiger Elefant im eng eingerichteten Porzellanladen unseres Lebens. Dies war wohl in primitiven Kulturen der vergangenen Jahrtausende bis hinein in die hoch technisierte Industriewelt von heute ohne Unterschied das Gleiche. Seine ungeheuren und vernichtenden Folgen waren allen bekannt und von allen gefürchtet. Wir wissen von harten Auseinandersetzungen, Heldenkämpfen, Verehrungen, Opfergaben, Beschimpfungen, Verhandlungen, demütigen Haltungen und sogar von froher Erwartung. Letztendlich aber bleibt die Unentrinnbarkeit des Menschen vor dem Tod. Er ist der Schlussstrich oder Übergang in eine andere Daseinsform.

Trotz aller Vorsorge von Religion und Philosophie müssen wir uns heute eingestehen, dass die Beziehungen unserer modernen Gesellschaft zum Tod leider sehr gestört sind. Der Tod ist nicht »in«, er gehört nicht zu uns und muss aus unserem Leben verschwinden. Wir merken dabei nicht, dass wir ständig auf der Flucht sind. Als »Persona non grata« wird er verdeckt, verdrängt. Er passt nicht zum Wohlstandsdenken und zum Traum vom nie endenden Glück, der zum Alptraum gerät. Die Vergötterung der Wissenschaft, die Allmacht der Technologie und die Hoffnung auf eine bis zur Unendlichkeit ausdehnbaren Lebenserwartung sind unsere neuen Götzen gegen das Sterben. Unser höchstes Ziel scheint es zu sein, den Tod abzuschaffen, ohne dass wir uns das offen eingestehen wollen. Dies sind mit Sicherheit untrügliche Zeichen unserer Entfremdung vom Leben.

Die Missachtung der Zusammengehörigkeit von Leben und Sterben, von Geburt und Tod als natürlicher Einheit hat fatale Auswirkungen auf unser gegenwärtiges und zukünftiges Leben: Lebensangst, Entfremdung vom Leben, von der Natur, Unsicherheit, Zukunftsangst, Gefühllosigkeit, die sich in leib-seelisch-geistigen Krankheiten ausdrücken. Natürliche Trauerreaktionen werden verhindert. Die Fähigkeit und der Wunsch, offen zu trauern, nehmen ständig ab, obwohl wir von der Notwendigkeit, Unvermeidlichkeit und die Gesundheit fördernden Wirkung solcher Erfahrungen wissen.

2. Warum es mit der Trauer abwärts ging

Mit der Zeit sollte uns bewusst werden, dass Trauer ein sehr komplexes soziales menschliches Phänomen ist. Wenn wir es verstehen wollen, müssen wir die Trauer in ihren Beziehungen zu vielen Dimensionen von Mensch, Gesellschaft und Kultur sehen. Einige der Faktoren, die in den letzten Jahrhunderten unseren Umgang mit Trauer verschlechtert haben, möchte ich ausführlich darstellen. Sie können uns vielleicht helfen, uns ein Bild über die herrschenden Missstände im Trauerverhalten zu machen.

a) Im Lauf der Evolution ist es durch die Zunahme der menschlichen Gehirnmasse in der biologischen Entwicklung wahrscheinlich zu einer Verlagerung im physischen, psychischen und geistigen Gleichgewicht gekommen. Der Mensch begann, sich selbst, die anderen und seine Umgebung vermehrt mit den Mitteln seines Verstandes regulieren zu wollen. Plato, der große griechische Philosoph, war Verstandesmensch. So wundert es nicht, von ihm zu hören, dass er die Trauerbräuche der damaligen Zeit stark kritisierte und dringend Zurückhaltung bei den Gefühlsäußerungen um die Toten forderte. Seinem Beispiel folgte ca. 500 Jahre später der römische Dichter Lukian, der eine noch kraftvollere Ausdrucksweise besaß und zudem mit Ironie an das Thema heranging. In seiner Schrift »De Juktu«, die wir zu Recht als die erste Monographie über Trauer in der abendländischen Epoche bezeichnen können, zeigt sich Lukian als typischer Rationalist, der nicht sensibel genug ist, um echte von falscher Trauer zu unterscheiden. Er sucht eine Logik in der Trauer, ist nicht fähig, »mit dem Herzen zu schauen«. Deshalb spricht er von Verlogenheit, von Unechtheit, bezeichnet er Trauer als überflüssig.

b) Die industrielle Entwicklung des Abendlandes hat zum großen Teil auf Kosten von Gefühl und Intuition stattgefunden. Die Herrschaft der Rationalität dauert inzwischen drei Jahrhunderte an. Die Ratio behält die Macht durch besondere Denkstile, Verbote, Versprechen und ist verbunden mit dem Zurückdrängen der Gefühle. Die Unterstützung, die die Ratio als kalte Logik von den Wissenschaften erhält, ist so gewaltig, so stark, dass sie zum Wert an sich zu werden droht. Der Ausdruck starker Gefühle ist etwas für Bühne und Film; werden sie im Alltag gezeigt, bringen sie Unsicherheit in das soziale Umfeld. Die herrschende Einstellung ist von der Angst geprägt, dass die Heftigkeit der Trauergefühle auch andere Gefühle an die Oberfläche spülen könnte. Außerdem sind zugegebenermaßen trauernde, weinende und unglückliche Menschen keine gute Werbung für eine sich gerecht, gesund und erfolgreich gebende Gesellschaft.

Trauergefühle haben oft etwas Aufwiegelndes: Wie leicht kann Klage auch nach Anklage klingen und in Anklage übergehen? Die Leute werden zu »emotional«. Man akzeptiert diese Menschen dann schwerer als Gesprächspartner, Mitarbeiter, Kollegen, Mitkämpfer, gläubiges Mitglied der Gemeinde. Eine Person, die Schwäche, Labilität, Unkontrolliertheit zeigt, gilt als vertrauensunwürdig. Daher wird diese Person gemieden oder ihr aus »Mitgefühl« ein Besuch beim Psychiater ans Herz gelegt.

Ähnliche Beobachtungen haben in den letzten Jahren auch namhafte Volkskundler gemacht. Wir brauchen uns nicht darüber zu wundern, dass es kein Gemeinschaftsgefühl mehr gibt. Oberflächliche menschliche Beziehungen, klischeehaft und unpersönlich, die Solidarität und Hilfsbereitschaft unmöglich machen, sind die Folgen der unterdrückten, normierten und tabuisierten Emotionalität. Wir haben es leider bis heute noch nicht gemerkt, trotz der permanenten Zerstörung unserer »menschlichen« und natürlichen Umgebung, dass das Gebäude unserer Gesellschaft als Gemeinschaft erst zum Gleichgewicht finden kann, wenn die »zweite Säule« des inneren Gleichgewichtes, der Gefühlsreichtum, als lebendige Stütze anerkannt wird. ***In unserer Situation würde das bedeuten: Wiederaneignung des Weinens und Klagens, Wiederkehr der Trauer, Weiterentwicklung unserer Trauerfähigkeit, Alphabetisierung unserer Gefühlswelt.*** Die Trauer wird uns zum Abschiednehmen von Verlorenem und Leben Verhinderndem befähigen. Ihre »Feuertränen« werden unseren Protest gegen unmenschliche und Leben zerstörende Verhältnisse sichtbar machen.

Der Gedanke, dass die Unterdrückung der Trauer uns eine Möglichkeit eröffnen könnte, uns ihrer zu entledigen, ist ein gefährlicher Trugschluss. Unterdrückte Gefühle spalten sich vom Bewusstsein ab, verstecken sich im unbewussten Untergrund der Seele und werden zu »Partisanen«, die subversiv weiterwirken.

Sie richten sich gegen die herrschende Ordnung des Bewusstseins, letztlich gegen uns selbst. Unterdrückte Trauer kehrt sich in Rebellion, wie es der krebskranke Fritz Zorn in seiner Autobiographie »Mars« beschrieben hat. Oder sie drängt als subversiver Konflikt des Herzens nach außen, der dann als Herzinfarkt sichtbar wird. Wir sollten unterscheiden zwischen dem Weinen des kindlich Jammernden, der die anderen zum Wegtrösten provoziert, und dem Weinenden, der mit »klingenden und schreienden« Tönen und mit Klarheit in Bezug auf seine Gefühle und seine Situation seine gerechtfertigte Betroffenheit ausdrückt.

c) Ein weiterer wichtiger Faktor, der meiner Erfahrung nach bei zahllosen trauernden Menschen eine Rolle spielt, hat mit der Einstellung der Kirche zu dieser Frage zu tun. Ich will den Glauben nicht kritisieren, im Gegenteil, mir ist daran gelegen, die Gläubigen zu unterstützen. Der Gläubige soll wissen, dass Gott sich freut, wenn er sieht, wie jemand zur Äußerung seiner gerechtfertigten Trauer und der ganzen Bandbreite der berechtigten Gefühle gelangt. Der Schöpfer hat den Menschen von Anfang an als etwas Ganzes und Lebensfähiges geschaffen. Wenn der Mensch nach seiner natürlichen Weise fühlend und lebendig vor Gott steht, darf er gewiss sein, dem Willen seines Schöpfers zu entsprechen.

Ich habe aber erlebt, dass die christlichen Kirchen in den Fragen von Verlust und Trauer manches übersehen, was nicht vernachlässigt werden dürfte. Mir scheint, ihre Vertreter neigen zum Nichtwahrnehmen von Gefühlsregungen, bei der eigenen Person ebenso wie bei den Gläubigen. Typische Begleiterscheinungen dabei sind Verunsicherung und Orientierungslosigkeit, die sich bis zu schweren, belastenden Zweifeln am eigenen Glauben steigern können. Die christliche Religion führt mit dem Versprechen eines Weiterlebens nach dem Tod eine Art »Zweiphasen-« oder »Übergangssterblichkeit« ein. Daher findet man die Hoffnung auf das Weiterleben bei den meisten Gläubigen. Wenn sie dann in eine Verlustkrise geraten, muss es zu einem Konflikt kommen: Die Trauer wird aufgeschoben, weil sie nicht sonderlich berechtigt erscheint, da der Tote ja im Jenseits weiterlebt. Ein Hinterbliebener bleibt jedoch diesseits, also bei den Lebenden. Diese haben natürlicherweise Verlustschmerzen, Ängste und Fragen, etwa »Wie soll es weitergehen?«. Sie können dies aber nicht so einfach zugeben, sondern versuchen, weder den Schmerz noch die Angst zu spüren. Gefühllosigkeit ist eine Eigenschaft, deren sich nur unbelebte Materie und die Toten rühmen dürfen. Der Glaube an das Jenseits verbietet also sozusagen die Trauer. Die Betroffenen tragen den Verlustschmerz tapfer, aus Angst, »ungläubig« zu erscheinen, und begegnen dem Bedürfnis, sich auszuweinen, mit Schweigen und Verschweigen.

Der Verlust eines geliebten Menschen im Diesseits ist schrecklich und tut sehr weh. Wir erleben Isolation, Verlassenheit, Schmerzen, Resignation, verlieren Lebenswillen und Lebenssinn. Die Verzweiflung ist berechtigt. Aus welchem Grund auch immer Leben jäh unterbrochen wird oder ein Ende nimmt, immer gibt es zwei Gründe zum Weinen und Klagen: Einmal weint man um das Leben, das ab jetzt mit dem geliebten Menschen nicht mehr gelebt werden kann, zum anderen um das Leben, das möglich gewesen wäre, aber aus erklärlichen oder unerklärlichen Gründen nicht gelebt wurde. Jeder Mensch braucht deshalb die Chance, zu seinem Schmerz zu finden. Dazu benötigt er Menschen, die ihn dabei begleiten und unterstützen. Erst mit ihrer Hilfe kann er nach einiger Zeit zum Leben zurückfinden. Trotz der bitteren Realität wird die Trauer den Betroffenen verwandeln und am Ende dazu führen, ein sinnvolles Leben wieder zu versuchen. Er kann dann die Schöpfung neu mit allen seinen Sinnen spüren und Schöpfungsfreude erfahren. Das Drüben, das Jenseits ist etwas, mit dem er nichts zu tun hat.

Ich halte es für eine Hybris gegenüber dem Schöpfer, die Verankerung im Diesseits der wunderbaren Schöpfung zugunsten eines möglichen Jenseits zu opfern: ein verheerender Gedanke, der mich sofort beschäftigt, wenn ich an die Zerstörung denke, die der Mensch der Natur und sich selbst zufügt. Sollte das den raffinierten, unbewussten, langsamen Selbstmord der Spezies Mensch bedeuten, der aus Angst vor dem Leben sein emotionales Dasein aufs Spiel setzt?

3. Terror im Namen Gottes

In den vergangenen zwei Jahrzehnten hat sich gezeigt, wie diese unreflektierte, jahrelange religiöse Verwirrtheit der großen Weltreligionen ihre blutigen zerstörerischen Früchte trägt. Immer mehr suizidal gefährdete junge Menschen aus Krisengebieten sprengen sich aus mangelnden Perspektiven im Diesseits als lebendige Bomben in die Luft, um nach ihrer Vorstellung im Jenseits mit Ehre, Reichtum und Sinnenfreuden überhäuft zu werden. Unvergessen ist uns der Auftritt einer jungen palästinensischen Frau im Fernsehen, die als Selbstmordattentäterin unterwegs war, aber entdeckt wurde. Voller Wut rief sie in die Kamera: »Ich will mich opfern für meine Heimat. Ich will mich rächen. Ihr wisst gar nicht, wie schön der Tod ist. Warum habt ihr mich gestoppt?«

Es ist unerträglich, zu sehen, wie Religionen unbemerkt das Göttliche diskriminieren. Statt Lebendigkeit wird der Tod gepriesen. Diese Art der Vermittlung religiöser Inhalte kann nur noch als »Gehirnwäsche der Emotionen« bezeichnet werden. Fast täglich hören wir von neuen Selbstmordattentaten im Irak, in Israel/Palästina, Afghanistan, Bali und auch in europäischen Großstädten. Dies ist die Ernte der gesäten Depression. Es wird Zeit, präventiv und aufbauend gegen die Einschränkung des Ausdrucks von Emotionen, die Orientierungslosigkeit und die Sinnlosigkeit des alltäglichen kulturellen und politischen Lebens tätig zu werden.

Wenn Jenseitserwartungen mit aktuellen Krisen der Trauer zusammentreffen, besteht die Gefahr, dass die Sehnsucht nach Gott und dem Jenseits zu einer Sehnsucht nach dem Tod wird. Das Leben wird verneint und zu einer Station des Übergangs reduziert. Es hört auf, lebenswert zu sein. Todessehnsucht als Art des Umgangs mit Trauer aus Gründen des Glaubens oder aus Daseinsangst bedeutet für denjenigen, der solches versucht, den endgültigen Verzicht auf Lebendigkeit. Die Gefühlsenergie wird einer zukünftigen Ewigkeit geopfert.

Der Gegenentwurf dazu ist die Möglichkeit, sich für das Leben *hier* zu entscheiden und mit Unterstützung der Mitmenschen den Weg durch die Trauer um Verlorenes, Verpasstes und Nichterreichtes zu gehen und dabei gesehen, gehört, verstanden und bestätigt werden. Dies schafft eine ganz neue Basis der Mitmenschlichkeit.

4. Weitere Faktoren der Hinderung

a) Die Industrialisierung brachte die Verstädterung mit sich. Im Stadtleben verlieren Nischen und soziale Netzwerke wie Großfamilie, Dorfgemeinde, Nachbarschaft, Stamm und Clan an Qualität. Früher war es möglich, in der Gemeinschaft die Trauer zuzulassen, heute sind die meisten Menschen jedoch mehr oder weniger auf sich selbst gestellt. Zurückgezogen in seiner Wohnung oder ohne menschlichen Beistand sollte man die Auseinandersetzung mit dem Verlust nicht angehen. Meine Erfahrung zeigt, dass solche Versuche zu oft von unangenehmen Erlebnissen begleitet werden.

b) In Gesellschaften, in denen Starksein, Leistung und Konkurrenz zu den erstrebenwerten Zielen zählen, in denen Schwäche und die Akzeptanz der menschlichen Begrenztheit vermieden werden, in denen Hilfsbereitschaft und Solidarität oft nur Lippenbekenntnisse bleiben, hat Trauer einen schlechten Stand. Sie muss zum Feind erklärt werden, wenn Menschen auf jung, schön, gesund, erfolgreich, glücklich und langlebig programmiert sind. Die alltägliche Beobachtung, dass trotz aller Anstrengung weder ewige Jugend, andauernde Schönheit noch zuverlässiger Erfolg erreichbar sind, lässt Trauer so unpassend und so unerträglich werden, dass man versucht, sie einfach von der Oberfläche wegzuschminken. In solch hohlen Gefühlszuständen leben sehr viele Menschen.

c) Es fehlen die geeigneten sozialen Räume, in denen natürliche Trauer entstehen und gezeigt werden kann. Auf der Intensivstation, in Beerdigungsinstituten und hinter den gläsernen Vitrinen der Friedhofsgebäude fühlt sich der Trauernde blamiert. Aus Scham kann er keinen Abschied von geliebten Menschen nehmen. Es herrschen dort andere Prioritäten und Erwartungen. Man hört dann Sätze wie diese: »Ich bewundere Frau X, wie tapfer sie auf dem Friedhof war, Haltung bewahrte und keine unangenehme ›Tränenschwäche‹ zeigte.«

d) Auch die Flut von bürokratischen Aufgaben, die bei solchen Verlustsituationen auf die Hinterbliebenen zukommen, ist ein weiterer Grund für die Verhinderung von Trauer. Die Witwe sagt dann in der Gruppe: »Ich hatte damals keine Zeit, meine Trauer zuzulassen. Anders hätte ich es nicht schaffen können.« Wenn die Trauer nicht im aktuellen Augenblick zugelassen wird, kommt es vor, dass es später schwierig wird, sie wieder an die Oberfläche treten zu lassen, um sie nachzuholen.

e) Es fehlen außerdem, wie ich an anderer Stelle schon gesagt habe, geeignete Rituale, die den Trauerverlauf auffangen, sichern und im Ausdruck unterstützen. Auf alte und neue Rituale möchte ich daher in den nächsten Kapiteln ausführlicher zu sprechen kommen. Ich bin der Auffassung, dass Rituale den Trauerprozess günstig beeinflussen, ihn intensivieren und ihn abrunden.

3 Können wir von der Tradition lernen?

1. Die Notwendigkeit von Trauerritualen

Bisher haben wir erfahren, dass trauernde Menschen zweifach Schwierigkeiten haben, Trauer zum Ausdruck zu bringen: Zum einen hindern sie persönliche Unsicherheiten, d.h. sie haben Angst, weil sie nicht wissen, wie sie reagieren sollen, zum anderen stehen sie allein, weil Institutionen und gesellschaftliche Normen den Trauerverlauf erschweren, statt Hilfen zu geben.

In den Großstädten unserer industrialisierten Gesellschaft kennen wir zwar Beerdigungsrituale, aber unter Trauerritualen können wir uns nur wenig vorstellen. Im ersten Augenblick mag das Wort »Ritual« bei einigen Lesern vielleicht unangenehme Gefühle und Gedanken auslösen. Die Rituale, die wir gewöhnlich kennen, die wir beobachtet haben oder über uns ergehen lassen mussten, machen eine Ablehnung verständlich. Die Rituale im heutigen Leben sind trocken, sinnentleert, manipulierend, Gefühle hindernd, übermäßig einschränkend, stark verpflichtend und starr. Für die Trauerproblematik sind sie allesamt völlig ungeeignet.

Die Chancen einer Veränderung der Situation in naher Zukunft sind gering. Besonders dringend sind zunächst einmal Information und die Ermutigung, sich der Trauer zu öffnen, und die Bereitstellung eines geschützten Rahmens, in dem sich Trauernde solidarisch erleben können.

2. Der Reichtum und die Vielschichtigkeit des traditionellen Myroloja-Rituals

Bei meinen Untersuchungen in Südgriechenland habe ich erlebt, wie Menschen durch Rituale in die Lage versetzt werden, Trauer solidarisch in sicherer Begleitung zu erleben und zu bewältigen. Es handelt sich dabei um das alte und bewährte Ritual der »Myroloja«, von dem ich ausführlich im nächsten Kapitel berichten werde.

Dieses gute, alte Ritual hat früher für Entlastung gesorgt, sodass die Menschen weniger Angst vor Tod und Trauer empfanden durch die Unterstützung und Solidarität, die Anteilnahme und das Verständnis, das sie erfuhren. Geeignete Trauerrituale verfügen über eine ganze Anzahl von Vorteilen:

a) Ausdruck des Trauerschmerzes durch spontane, lebendige musikalisch-dichterische Improvisation;

b) Schutz vor dem Sich-Verlieren in der Trauer und Schutz vor Autoaggression, Fremdaggression und Präsenzerhaltung im Hier und Jetzt durch eingreifende Anwesende (eine Art Supervision);

c) klare Rollenverteilung;

d) Gliederung des Trauerablaufs, zeitliche Begrenzung mancher Phasen;

e) Klärung der Beziehung zum Toten durch die frei improvisierte Erzählkunst der Dichtung, Entstehung von Bindungen;

f) Verstärkung des Zusammenhalts in der Gemeinschaft. Die Anwesenden aus dem Dorf sorgen zum Beispiel nach der Bestattung dafür, dass in den nächsten Monaten die Tiere und Felder der Witwe versorgt werden, falls diese Kinder hat und arm ist.

g) An dieser Stelle möchte ich eine Besonderheit erwähnen, welche die Myroloja auszeichnet. Sie ist freizügig in der Form, denn ihr Ritual erlaubt jedem das Ausmaß an Gefühlsbeteiligung, das ihm selbst passend erscheint. Nie würde sie jemanden dazu zwingen. So bleibt die Entscheidung, wie stark jeder mitgehen möchte, beim Einzelnen.

3. Auf der Suche nach neuen Ritualformen

Jahrelang habe ich mir Gedanken darüber gemacht, wie Trauern möglich sein könnte, wenn sie strukturiert und nicht Angst einflößend ablaufen soll. Die Formen, die ich vor Augen hatte, sollten die Tradition einbeziehen, aber doch zeitgemäß sein. Neues sollte aus den Erlebnissen und Ideen trauernder Menschen geboren werden. Solche Formen könnten sich ständig erneuern und weiterentwickeln. Das Ritual müsste wie eine künstlerische Komposition sein, alle unsere Sinne sollten angesprochen werden und es sollte die Möglichkeit der Beteiligung und Mitwirkung enthalten. Diese und weitere Merkmale des »künstlerischen Ausdrucks« (nicht »künstlich«) sollte das Ritual mit einbeziehen.

So begann ich, aufbauend auf den Ergebnissen und Erkenntnissen meiner Forschung, den Erfahrungen meiner Bühnenlaufbahn als Opernsänger und Regisseur, meiner Lehrtätigkeit an Universitäten, meiner therapeutischen und lehrtherapeutischen Arbeit, mein integrativ-kreatives Lebens- und Trauerumwandlungsmodell (LTUM©) zu entwickeln.

Meine eigenen Erfahrungen mit den Trauerritualen meines Modells und die Äußerungen von Teilnehmern als Reaktion darauf sind durchweg positiv. Als befreiend werden der schützende Raum, der ungehinderte Gefühlsausdruck, die Formung der Trauer und die Abgrenzung zum maßlosen Trauern erlebt. Von besonderer Bedeutung ist dabei, dass sie einen Weg eröffnen, der vom Einzelnen auf seine je eigene Weise gegangen wird: von jenen, die sehr tief und untröstlich trauern, aber auch von denen, die nicht zu trauern vermögen oder sich gleichgültig und unbeteiligt fühlen. Das *Trauerritual* in meinem Lebens- und Trauerumwandlungsmodell ist für die Menschen, die wegen eines Verlustes so sehr verzweifelt sind, dass sie nicht mehr leben wollen, geradezu ein *lebensrettender Ort*. Im Ritual erleben sie die Befreiung von Selbstmordgedanken und Todeswünschen und die Wandlung dieser Energie in Gestaltungsideen für die aktuelle und kommende Lebenszeit. Durch die verschiedenen Stadien der Inszenierung des Rituals wird verhindert, dass man etwas übersieht, überspringt, vergisst oder unerledigt lässt.

Zudem bietet das Bühnenkonzept die Möglichkeit, sich endlich in einer Rolle, die man selbst gestaltet, als stimmig zu erleben, neue Rollen auszuprobieren und so die eigenen schöpferischen Potenziale zu entdecken und zu fördern.

Teil IV
Ist ein gesunder Umgang mit Trauer möglich?

1 Wo findet man kreative Modelle?

1. Auf der Suche nach echten Quellen menschlichen Trauerns

In einer der abgelegenen Ecken Griechenlands, im mittleren Finger der Halbinsel Peloponnes mit dem Namen Inner-Mani fand ich einen Schatz von unermesslicher emotionaler Qualität: *die Myroloja.*

Die Taygetos-Halbinsel im Süden des Peloponnes beginnt im Norden der Region in der Ebene von Megalopolis und endet an der südlichsten Landspitze Europas, am Kap Tainaron. Aus der Mythologie wissen wir, dass sich dort am Kap die Öffnung zur Unterwelt befand. Der Taygetos ist eine Bergkette, deren mittlerer Teil »Theogennitos« (= Gottgeborener) als der schönste Berg Griechenlands gilt. Seine Spitze erreicht 2404 Meter. Er liegt zwischen zwei fruchtbaren Ebenen: der Lakonischen Ebene mit den Städten Sparta und Gythion und der Messinischen Ebene mit der Provinzhauptstadt Kalamata. Diese von Mythen umwobene Halbinsel reicht tief ins Mittelmeer hinein und wird durch den Messinischen und Lakonischen Golf abgegrenzt. Der stolze Berg Taygetos, den die Manioten mit Ehrfurcht bewundern, ist das »Rückgrat« der Landschaft von Mani und teilt sie in Ost-Mani, West-Mani und Nordwest-Mani. Der längste Teil von Mani misst ca. 75 Kilometer, der breiteste ca. 30 Kilometer. Die Bevölkerungszahl ist seit einigen Jahren stark rückläufig; sie dürfte bei 16 000 Einwohnern liegen. Die meisten Bewohner sind Frauen, und über die Hälfte ist älter als fünfzig Jahre. Die Jugend zieht auf Arbeitssuche in die Großstädte.

Echte Mani-Kultur bzw. die Menschen, die sie, zum Beispiel durch die Trauerrituale, verkörpern, findet man eher in Mittel-Mani. Einige Dörfer und Kleinstädte bestehen seit der mykenischen Zeit, wie Reste von Baudenkmälern und Texte von Autoren der Antike bekunden. Durch Funde hat man bestätigt, dass Mani seit 4000 v.Chr. bewohnt ist.

Das Klima ist im Sommer besonders trocken und warm, im Winter mild; Frühling und Herbst sind sehr kurz und angenehm. In der hellenistischen und römischen Zeit konnten die meisten Städte in Mani ihre Unabhängigkeit bewahren. Während der byzantinischen Zeit und einige Jahrzehnte danach drangen fremde Stämme bis zu den äußersten Grenzen vor; sie wurden später assimiliert. Vom 12. Jahrhundert an wurde Mani zur Festung und widersetzte sich mit Erfolg allen Eindringlingen. Später, als die Türken Griechenland für ein halbes Jahrtausend besetzten, blieb Mani frei und wurde zum Zentrum des Widerstands. In Mesa-Mani entstand ein Teil des Widerstands gegen die lang andauernde Sklaverei der türkischen Herrschaft. Für lange Zeit blieb Mani frei und selbstständig: Der zähe Widerstandskampf der Manioten, der unfruchtbare Boden und das fehlende Wasser waren wichtige Gründe, die es keiner fremden Armee erlaubten, sich in Mani für längere Zeit aufzuhalten.

Um 1800 gab es so viele Verfolgte, die in Mani Schutz suchten, dass die Bevölkerungszahl gefährlich anstieg. Es gab über hundert Einwohner pro Quadratkilometer, im übrigen Griechenland waren es in dieser Zeit nicht mehr als vierzig pro Quadratkilometer. Der Kampf um die Selbstständigkeit, der jahrtausendelang andauerte, machte es den Manioten auch später schwer, sich den Gesetzen unterzuordnen, als Griechenland befreit war. Sie widersetzten sich ihnen bis weit ins 20. Jahrhundert hinein.

Die Vertreter des Staates stießen hier immer auf großen Widerstand gegen die Erhebung von Steuern und die Gerichtsbarkeit. Gegen einen Polizisten zu kämpfen oder ihn in einer Auseinandersetzung zu töten, galt in Mani bis vor fünfzig Jahren noch als bewundernswerte, heldenhafte Tat. Als Zeugnisse solcher Einstellungen gelten viele alte Myroloja, die uns heute als historische Quellen dienen. Auch in vielen anderen Bereichen entwickelte die autonome Mani-Gesellschaft eigene Gesetze, die von den Ältesten bewahrt und durchgesetzt wurden. Diese stimmten mit den staatlichen Gesetzen oft in vielen Punkten nicht überein. König Otto, der seinen Machtbereich auch in die Mani-Region hinein auszudehnen versuchte, begegnete so viel

Widerstand, dass er eine Spezialtruppe mit bayerischen Offizieren einsetzen musste, um sich die Manioten gefügig zu machen und ihre anarchistischen Tendenzen zu unterdrücken.

Der Streit um Lebensraum und der Mangel an fruchtbarem Land ließen den Einwohnern jahrhundertelang keine Ruhe. Starke Familien (Nikliani) kämpften gegen schwache Familien (Ahamnomeri), um Boden zu verteidigen oder zu erobern. Es entstanden Familienfeindschaften, die sich durch Fehden und »Vendetta« (Blutrache) zu regelrechten Familienkriegen entwickelten. Daraus entstanden auch die Myroloja des Gdikiomos. Die dichte Besiedlung, der unfruchtbare Boden, die ungeschriebenen Gesetze, die von Familie zu Familie jeweils große Unterschiede aufwiesen, die strengen Sitten und Moralvorstellungen sowie die besondere Persönlichkeitsstruktur der Manioten können uns die Härte im Verhalten der Mani-Einwohner und die Kleinkriege verstehen lassen.

Da das Land sehr karg ist, waren die Manioten seit jeher gezwungen, als Gastarbeiter in benachbarte Provinzen oder ins Ausland zu gehen (in Piräus gibt es heute noch ein Mani-Viertel). Man sagt: »Mani sieht seine Kinder erst wieder, wenn sie tot sind.« Für die meisten Manioten war und ist es eine schreckliche Vorstellung, unbeweint, ohne Myroloja, heimatlos irgendwo begraben zu werden.

2. Meine Begegnung mit dem Myroloja-Ritual

Den Trauerritualen von Mani begegnete ich erstmals in meiner Kindheit und später als Erwachsener. Meine ersten Erfahrungen waren nicht gerade positiv. Da ich in der Großstadt Athen aufgewachsen war, machte ich natürlich meiner Sozialisation alle Ehre, indem mich die Trauerpraktiken, die ich in Mani erlebte, kalt ließen und mit Abneigung und Angst erfüllten. Erst nach langer Abwesenheit begann mich die Sache zu interessieren. Anfangs war es Neugier, dann Interesse an traditionellen Bräuchen, schließlich sammelte ich Myroloja-Dichtung und Fotomaterial über die verschiedenen Phasen des Rituals. Angeregt durch meine psychologische Ausbildung und therapeutische Tätigkeit, begann ich, Material und Daten systematisch zusammenzutragen, um sie für eine wissenschaftliche Untersuchung zu verwenden.

Die Neugier, die ich anfangs für das Ritual der Myroloja empfand, machte bald einer Faszination Platz, um den Trauerprozess im Ritual mit anderen Augen und Ohren wahrzunehmen. Ich konnte feststellen, wie Menschen, die selbst in schwersten Trauerkrisen steckten, im Rahmen des Rituals ihren Schmerz verarbeiten konnten. Mir wurde langsam klar, dass Myroloja eine Quelle mit reichen, jahrtausendealten Erfahrungen im Umgang mit dem Verlust war. Mich trieb der Gedanke an, dass die Suche nach dieser Quelle von wichtiger Bedeutung sein könnte.

Ich fasste den Entschluss, mich ernsthafter mit der Myroloja zu befassen. Da mein damaliger Wissens- und Kenntnisstand so winzig klein war, fällt es mir nicht schwer, ihn in drei Punkten zusammenzufassen:

a) Persönlich merkte ich, welche Schwierigkeiten ich hatte, Trauer zuzulassen, sie zu äußern oder bei anderen über längere Zeit zu ertragen.

b) In meinem sozialen Umfeld hatte ich den Eindruck, dass die Menschen die Trauer nach Möglichkeit vermieden und sie sehr negativ bewerteten.

c) Ich machte die Erfahrung, dass die Menschen in Mani, woher mein Vater stammte, mit Hilfe des Trauerrituals der Myroloja die Trauer offenbar nachhaltig bewältigten.

Konsequenterweise dachte ich mir: Wenn dieses Ritual wirksam ist, dann müsste es möglich sein, daraus Konzepte zu entwickeln, die uns Menschen der industrialisierten Gesellschaft befähigen, schwere Verluste zu bewältigen. Zunächst aber müsste ich feststellen, in welcher Weise dieses Ritual überhaupt wirkt. Es war ja nicht auszuschließen, dass es letztlich doch nicht mehr als ein Brauch war, an den man sich eben gewöhnt hatte.

Ich wollte die Wirksamkeit des Rituals mit wissenschaftlichen und statistischen Methoden untersuchen, um brauchbare Ergebnisse zu erzielen, die von der Fachwelt anerkannt würden. Eine Untersuchung dieser Art, sagte mir ein Kollege, würde ein ganzes psychologisches Institut einer Universität beschäftigen. Es wäre eine Aufgabe, die mit langjähriger Forschung, mit enormem Zeitaufwand, mit nicht zu unterschätzenden finanziellen Aufwendungen, mit psychischen und körperlichen Belastungen verbunden sei, und es sei nicht leicht, jemanden dafür zu gewinnen. Man nehme das besser allein auf sich. Ich war zu diesem Alleingang entschlossen, nachdem ich an verschiedenen Stellen nicht nur auf taube Ohren, sondern auch auf Unkenntnis und Unverständnis stieß, selbst bei renommierten Institutionen. Meine ersten ernsthaften Erkundungen begannen im Juli 1974. Kann das Trauerritual der Myroloja mit seinem unerschöpflichen Reichtum als Modell für den heutigen Menschen für eine angemessene Auseinandersetzung mit der Trauer gelten? Die Untersuchung dieser Frage war das Ziel meiner ethnologisch-psychologischen Forschung im Süden Griechenlands, die ich für meine Doktorarbeit durchführte.

Wie ich bereits im letzten Kapitel erwähnt habe, sind Rituale durch Tradition und Brauchtum festgelegte Formen, die das Handeln strukturieren, sowohl für eine Gruppe wie auch für den Einzelnen. Sie regeln und ordnen die Begegnung mit dem eigenen Selbst, mit anderen, mit dem Numinosen in seinen vielseitigen und komplexen, oft unsichtbaren, nicht jederzeit fühlbaren Zusammenhängen, in diesem Fall dem Tod, dem Sterben und der daraus entstehenden Trauer. Das Wichtigste dabei ist der Umstand, dass das Ritual mit seiner ihm eigenen Dynamik in diesen unterschiedlichen Begegnungen ausgezeichnet vermitteln kann.

2 Die griechischen Klagegesänge der Myroloja stellen sich vor

1. Die Herkunft der Myroloja von Mani

Myroloja sind Klagegesänge, und man bezeichnet damit eine spezielle Form neugriechischer Volksdichtung und Volksliedkunst. In ihrer Originalform stellen die Myroloja eine formalisierte rituelle Klage dar, die den Verlauf und die Struktur des

Trauerprozesses ordnen, d.h. das Verhalten und den Umgang der Teilnehmer untereinander ebenso wie die Beziehung zum Verstorbenen. In dieser rituellen Klage bleibt freier Raum für spontan entstehende Dichtung und für improvisierten Gesang.

Die Bezeichnung »Myroloja« (Μυρολογια) in ihrer heutigen Bedeutung tritt etwa im 14. Jahrhundert in Erscheinung. Über den Ursprung des Begriffs gibt es unter den Gelehrten einen Streit. Die einen behaupten, dass das Wort vom Substantiv »Moira« (Μοιρα = Schicksal) stammt, die anderen leiten es vom Verb »myromai« (μυρομαι = weinen, beklagen) ab. Es gibt sogar noch weitere Wörter, die den Anspruch erheben könnten, das Stammwort für Myroloja zu sein. Aber lassen wir die Gelehrten ihren Streit in Ruhe weiterführen und nehmen wir das Wort, das von seiner Bedeutung her am besten passt: »myromai«.

Myroloja sind Gedichte, lange Grabeshymnen mit einem feststehenden Versmaß. Sie werden aus dem Stegreif gedichtet und gesungen; Melodie und Text werden jeweils während des Trauerrituals neu erfunden. Das Einzige, was vorgegeben ist, ist die achtsilbige Versstruktur.

Wir finden diese Art Trauergesang im Gebiet von Mesa-Mani im südlichsten Teil von Sparta. Der Name Mani stammt vom antiken Wort »Manos« und bedeutet: nackt und ohne Vegetation. In Mani gibt es viele Steine und nur ab und zu ein paar Olivenbäume. Aber dennoch ist Mani einer der faszinierendsten Orte in Europa.

Die Myroloja in anderen Teilen Griechenlands und auf den griechischen Inseln sind fünfzehnsilbig. Man könnte sie als weich und zart bezeichnen, während die achtsilbigen Myroloja von Mesa-Mani herber und heroischer klingen. Ihr Inhalt ist lyrisch, dramatisch und episch zugleich.

Die Vorläufer der Myroloja waren Thrénos, Góos und Kommós. Sie sind uns aus der Antike bekannt. Thrénos war eine Art nichtliterarische, manchmal sogar unartikulierte Totenklage, die von vielen Kritikern der damaligen Zeit als barbarisch bezeichnet wurde. Zusammen mit den anderen erwähnten Formen begegnen uns alle drei in den Tragödien der bekannten griechischen Dichter.

Myroloja ist auch die umfassende Bezeichnung für andere Gesänge, die keinen strengen rituellen Charakter haben: Gdikiomos (= Blutrache), gnomische (= bestehend aus Sinnsprüchen und Aphorismen) und Epitrapezia (eine Art Tafelgesänge, die auf den Feldern bei der Olivenernte und nachts in der Fabrik beim Pressen der Oliven gesungen wurden).

Diese Aufzählung wäre aber unbefriedigend, wenn nicht noch zwei seltene Arten erwähnt würden, die beim Hören Verwunderung auslösen: Myroloja, die bei der Heirat gesungen werden, wenn die Braut das väterliche Haus verlässt. Diese tragen den Namen »Myroloja tis Pandrias«.

Die »Satirika«-Myroloja hingegen sind eine lustige, humoristische Gattung, die meistens am Rand der Trauerklage gesungen werden oder einige Zeit danach. Wenn sie gut sind, bleiben sie lange in der »Hitparade«. Diese Klagelieder nehmen den Verstorbenen von seiner komischen Seite her aufs Korn, bringen seine Macken und Ticks und sein verstecktes Tun ans Licht. So mischen sich während der Trauerzeremonie Lachen und Weinen. Jeder erhält die Gelegenheit, dem Toten doch noch im letzten Moment, zum Abschied »eins auszuwischen«, wenn er will. Damit wird Unerledigtes in stichelnder Weise noch im letzten Moment zur Sprache gebracht.

2. Die »Klageweiber« und »Klagemänner«

Das Typische an allen spontanen Improvisationen der Myroloja ist die individuelle Aussage des Klagenden über den Toten und sein Leben, über seine soziale und ökologische Umgebung unter Einbeziehung historischer Geschehnisse und aktueller politischer, sozialer und ökonomischer Probleme. Die Qualität und der Inhalt der jeweiligen Myroloji sind sehr von der Persönlichkeit des Klagenden abhängig, aber auch von der Situation, dem Ansehen des Verstorbenen, der Bindung und dem Verwandtschaftsgrad. Die Myrolojistra (Klagende) verhält sich wie die Protagonistin in den Tragödien der Antike. Sie ist fähig – so musste ich oft mit Erstaunen feststellen –, konzentriert und in Halbtrance ihre Gefühle, ihre Erfahrungen, ihre Beziehung zum Verstorbenen, die momentane Verfassung der Anwesenden, ihre Dichtung, ihre Trauer, ihre Stimme, Melodie und Rhythmus in einem kreativen Prozess in ein zusammenhän-

gendes Ganzes zu bringen: eine unglaubliche Leistung von Frauen und manchen Männern, die oft Analphabeten sind. Doktortitel und hohe Intelligenzquotienten können solche Fähigkeiten nicht ersetzen. Diese Frauen sind sensible, differenzierungsfähige, wahrnehmungsgeübte und mit einer flexiblen Emotionalität ausgestattete Persönlichkeiten, die in ihrer reichhaltigen schöpferischen Energie das Bild des vollkommen Weiblichen zeigen.

Damit möchte ich dem negativen Bild von den Klageweibern entgegentreten, das man sich in Mitteleuropa gemacht hat. Ich habe den Verdacht, dass man irgendwann um die Jahrhundertwende beim Tod eines Königs oder Kaisers einige Frauen gegen Bezahlung aus dem südlichen slawischen Raum holte, um den »Showteil« des Begräbnisses exotischer zu gestalten. Diese Frauen haben dort geklagt, geschrien und in einer für die Anwesenden unverständlichen Sprache etwas gesagt, was von den Journalisten der damaligen Medien verzerrt dargestellt worden ist.

Aus meiner Kenntnis und Erfahrung kann ich sagen, dass die Realität auf dem griechischen Festland, auf den Inseln und auch in Mani eine andere ist. Die Frauen, die fähig sind, Klagegesänge zu dichten und zu singen, sind besonders talentierte und sensible Frauen, die ihre Trauergefühle in selten schönen Gedichten und Gesängen zum Ausdruck bringen. Die Geschichte von Mani kann nur anhand solcher Klagegesänge bis ins Detail rekonstruiert werden. Frauen, die solch seltene Fähigkeiten besitzen, sind für das soziale Umfeld von trauernden Menschen wichtig, wertvoll und unersetzbar. Wenn diese Frauen ihre Dichtung »komponieren«, dann »bleibt kein Auge trocken«. Alle Anwesenden können, wenn sie wollen, damit zu ihrer Trauer finden. Die Gefahr, nicht trauern zu können oder von der Trauer überflutet zu werden, ist gebannt. Melodie und Rhythmus des Trauergesangs sorgen für einen kontinuierlichen Fluss der Trauer. Wenn eine der anwesenden Frauen sich in tiefer Trauer zu verlieren droht, helfen die anderen durch Gestik, Stimme und Berührung, manchmal auch durch die Beendigung der Dichtung oder durch Unterbrechung. Solche Pausen können der Erholung dienen, um anschließend wieder in die Trance kreativen Trauerns einzusteigen.

Die »Klageweiber« sind also eine Art Gesundheitsschützer. Durch ihr Verhalten ersparen sie den Anwesenden antidepressive Pillen und lange Klinikaufenthalte. Es ist tragisch, wie viel »Trauerchemie« in unserem Land produziert wird, um die depressiven Zustände einer nicht rechtzeitig angegangenen Trauer zu behandeln.

3. Die Struktur der Klagedichtung

An sich gibt es keine einheitliche Struktur der Trauerklagen, da das Ganze immer von der Person der Klagenden abhängig ist. Grundsätzlich aber können wir eine Dreiteilung feststellen: Prolog, Auslegung des aktuellen Falles und Epilog. Die Einleitung beginnt mit einem lyrischen Prolog in der Art einer monologischen Anrede. Diese setzt sich entweder aus der namentlichen Anrede des Verstorbenen, dem Wort »höre« oder aus Tageszeit- und Wochentagsangaben wie »heute«, »an einem Samstag« oder »Sonntag war's« zusammen. Oft knüpft die Myrolojistra ihren Klagegesang an prägnante Sätze und Verse der Vorsängerin an. Damit wird die Übernahme der Klage signalisiert, oft auch begleitet von einer Handbewegung oder dem Ergreifen ihrer Hand. Dann folgt ein mittlerer Teil, der die Umstände des Todes schildert, die Anrufung des Toten durch die Klagenden, Zwiegespräche, Dialoge und Auseinandersetzung mit dem Verstorbenen. Dabei entstehen ehrende und klagende Gesänge, die durch die Anwesenden chorisch begleitet werden. In anderen Phasen hört man auch die Wünsche und Klagen des Toten, die durch die Stimme der Myrolojistres zum Ausdruck gebracht werden. Es gibt auch Phasen der Entspannung durch tagträumerische Fantasien und Erzählungen, die sehr allegorisch sind und Naturbeschreibungen beinhalten. Am Ende der Klage wird der Tote gerühmt, er wird gelobt, aber auch kritisiert. Zuletzt schließt sich ein Willkommen und eine Danksagung an: Es werden alle Namen der Anwesenden in einer poetischen Anrufung genannt, begleitet von Worten der Sympathie und Anteilnahme.

Die Dichtungen der Myroloja sind laut, leise, schnell, langsam, hart, weich, monoton oder melodiös – je nach Situation. Die Melodie bewegt sich innerhalb einer Oktave. Dauer, Intensität und Qualität einer Myroloja sind abhängig von der Situation, der Person der Klagenden und der Gruppe.

Die Klage wird durch rhythmische Bewegungen der Hände, des Kopfes und des ganzen Körpers begleitet. Wenn das Gefühl und die Betroffenheit verstärkt in den Vordergrund treten, ändert sich die Lautstärke; Rhythmus und Melodie versetzen in einen trance- oder ekstaseähnlichen Zustand. Die Knie werden im Sitzen zurückgezogen und angespannt, der Kopf wird entblößt und die Haare bedecken dann das ganze Gesicht. Wenn der Trauerschmerz stark ist, schlagen sich die Trauernden auf die Brust und ziehen sich an den Haaren, was viele Menschen heute, unter anderen auch Wissenschaftler erschreckt und daher zu einer ablehnenden Haltung diesem Ritual gegenüber führt. Durch Gespäche mit Beteiligten habe ich aber erfahren, dass diese aus Erfahrung wissen, wie schnell man bei Verlustnachrichten zu erstarren und damit krank zu werden droht – wir würden hier von Schock sprechen, der lebensbedrohliche Folgen annehmen kann. Damit erreichen die Klagenden jedoch, dass sie bei Sinnen bleiben, die Betäubung lösen und sich die Möglichkeit des Ausdrucks eröffnen. Sie steigern sich oft in laute, unartikulierte, herzzerreißende Klagerufe und schwenken mit den Händen das Kopftuch hin und her.

Die übrigen Klagenden sitzen um den Toten und beteiligen sich an der Klage durch Mitsingen, durch Wehklagerufe am Ende eines jeweiligen Reimes, auch wenn sie nicht selbst improvisieren. Diese klingen wie weiches Stöhnen.

Bisher sprach ich von Frauen, die sich an der Klage beteiligen oder selbst neue Gesänge erschaffen. Solche Aufgaben wurden früher auch von Männern bewältigt. Heute ist das zu einer Seltenheit geworden. Die Männer sitzen im Nebenraum oder draußen im Hof und rauchen unentwegt. Da die meisten von ihnen das Ausland, zumindest aber die Hauptstadt kennen gelernt haben, haben sie auch das Verhalten und die Rolle der Männer in den Großstädten angenommen. Oft äußern die Männer auch ihre Abneigung gegen die Myroloja, sodass die Frauen sich gehindert fühlen, ihre Aufgabe auszuführen. Ich habe persönlich zwei ältere Männer erlebt und zu meiner Überraschung auch einen jungen Mann von 17 Jahren, die die Myroloja-Kunst gut beherrschten.

Die Frauen, die sehr gut Myroloja dichten und singen können, haben in der Dorfgemeinschaft den Status eines Künstlers. Sie werden sehr geschätzt und verehrt. Wenn sich eine singende und klagende Dichterin an der Trauerklage aktiv beteiligt – das geschieht etwa beim Tod berühmter Persönlichkeiten –, dann kann man sicher sein, dass die entstehenden Klagegesänge lange Zeit weiter tradiert werden.

4. Die Myroloja stehen auf der »roten Liste« – sie sterben aus

Schon vor Jahrhunderten bemerkten berühmte Forscher, die Mani bereisten, dass die Myroloja den größten und reichsten Teil der griechischen Volksdichtung repräsentieren. Dies ist an sich sehr verwunderlich, denn die Lakedämonier und alle Bewohner des südlichen Teils der Halbinsel des Taygetos-Gebirges hatten schon früh ein schlechtes Verhältnis zu den Musen, den Göttinnen der verschiedenen Kunstgattungen. Sie wurden deshalb von den Athenern auch als »Barbaren« bezeichnet. Die Existenz dieser seltenen, reichen und heil machenden Kunstgattung ist eine angenehme Überraschung für jeden, der in Mani nach Kunst sucht. In Mani gibt es nämlich bis heute keinen Tanz, keine Instrumentalmusik, Malerei, Dichtung, kein Theater und kein Volkslied. Die Totenklage ist schon seit Jahrhunderten so stark verbreitet, dass sie die gesamte Volksdichtung beherrschte. Heute wird das Wort Myrolojii sogar nur noch in der Bedeutung von »Volkslied« verwendet.

Zu meinem Bedauern musste ich feststellen, dass die Myroloja als Kunstgattung ausstirbt. Es ist ärgerlich, dass Medizin, Psychologie und Soziologie bis heute die psychohygienische Bedeutung der Myroloja nicht wahrgenommen haben. Die Vertreter wissenschaftlicher Disziplinen in Griechenland müssen sich den Vorwurf gefallen lassen, bis heute keine entsprechenden Untersuchungen angestellt zu haben. Ein jahrtausendealtes Ritual stirbt aus. Seit uralten Zeiten hat es sich in Krisen ausgezeichnet bewährt und die schwierige, alltägliche Auseinandersetzung mit Tod, Sterben und Trauern ermöglicht. Heute befinden sich große gesellschaftliche Gruppen in permanenten

Verlustkrisen, daher brauchen wir dringend Solidarität stiftende und gemeinschaftsbildende Formen, die gleichzeitig Krisen bewältigen helfen und gesundheitsfördernd sind. Besondere Bewunderung verdienen einige fleißige Ethnologen und andere Volkskundler, die mit Energie und erheblichen Kosten viele Mani-Klagelieder für die Nachwelt aufgeschrieben und erhalten haben. Ich möchte nur einige erwähnen, um meine Dankbarkeit auszudrücken: Kassis, Kalidonis, Mandouvalos, Fteris und Vajakakos.

Bei meinen Forschungsaufenthalten in Mani sprach ich mit einem orthodoxen Dorfpfarrer über das Phänomen des langsamen Aussterbens der rituellen Klage. Dabei sagte er mir, er könne sich nicht vorstellen, wie diese Menschen dem Tod ohne Myroloja begegnen könnten. Es würde ihm Sorgen bereiten, weil der nahende Verlust für die Menschen nur »ungesund« sein könne. Ich stimme dem zu und bin traurig darüber, dass hier etwas im Kleinen geschieht, was auf der ganzen Welt zu beobachten ist: Die Menschen von Mani sind durch ihre Umsiedlung in die Großstädte reicher an Arbeit, aber ärmer an Brauchtum geworden. Das ist manchmal verheerender, als an Arbeitsmangel zu leiden. Die Alten in den Dörfern werden immer älter, und in zwei Jahrzehnten wird es keine Myroloja mehr geben. Sie werden mit ihrem Gehen von dieser Welt eine Ausdrucksform mitnehmen, die einen unermesslichen Wert besitzt und nicht mehr reproduziert werden kann. Das Fehlen der jungen Menschen, an die diese Tradition weitergegeben werden könnte, bringt das Verschwinden dieser Gattung mit sich.

Leider muss ich nun, fast zwei Jahrzehnte nach meiner Untersuchung, feststellen, dass dieses langsame Sterben stattgefunden hat, sehr zum Nachteil der betroffenen Angehörigen und der Dorf- und Stadtgemeinschaften. Die Alten merken, dass die neu hinzugezogenen Nachbarn ihnen argwöhnisch gegenüberstehen, sodass sie sich schämen, bei einem Todesfall ihr Trauerritual durchzuführen. Mittlerweile fehlen auch ihnen der Raum und der Rahmen dafür. Ohne es zu wissen, behindern die Religionsvertreter noch zusätzlich die letzten Reste dieses Kulturgeschenks.

Ich habe festgestellt, dass die Menschen ihre Trauer wie in den Jahrhunderten zuvor spüren, doch keinen Ausdruck mehr dafür finden. Es ist daher kein Wunder, dass nach Aussagen der Betroffenen viele an Herzbeschwerden, Kreislaufstörungen und Bluthochdruck leiden und die Depression als Volkskrankheit Nummer eins sich nun auch in Gebieten ausbreitet, die seit Jahrtausenden immun dagegen waren.

Ich möchte hier die Gelegenheit nutzen, einen Aufruf an die politischen und religiösen Institutionen und die Menschen dort zu richten, die verlöschenden Lebenszeichen wahrzunehmen und endlich etwas zu unternehmen. Ich bin bereit, mit der Europäischen Union, die solche Leben schützenden Bräuche bewahren will, mit von mir ausgebildeten Menschen und interessierten Wissenschaftlern etwas zum Erhalt oder zur Wiederbelebung beizutragen. Ich würde mich über jede Lebensregung freuen, die du als Leser zur Rettung von bewährtem und zur Entwicklung von neuem Kulturgut zeigst (siehe Perspektiven am Ende des Buches).

3 Was hat man davon, Teilnehmer eines Myroloja-Rituals zu sein?

1. Untersuchungen zur Wirksamkeit des Myroloja-Rituals

Das Hauptziel meiner ersten Untersuchung im Jahr 1974 war, die Teilnehmer einer Trauerzeremonie, des Myroloja- Rituals, zu beobachten und zu befragen. Ich wollte Wege finden, um zu erfahren, ob den Teilnehmern die Beteiligung an der Myroloja »etwas bringt«, d. h., ob sie sich anschließend körperlich und seelisch verändert fühlten. Zu diesem Zweck musste ich feststellen, wie es ihnen vor, während und nach dem Ritual ging und welche Veränderungen ihr körperliches und seelisches Befinden durch die Teilnahme am Ritual erfahren hatte. Wenn diese Veränderungen positiv zu bewerten waren, könnte man vorsichtig von einer Effektivität der Myroloja-Trauerpraktiken sprechen.

Ich will hier auf die Beschreibung der Methoden und Techniken der Untersuchung verzichten und nur solche Informationen zusammentragen, die den Sinn der Untersuchung verständlich machen. Die wissenschaftlichen Grundlagen kann man in meiner Dissertation »Trauerverarbeitung im Trauerritual. Psychologische Felduntersuchung zur psychohygienischen Wirksamkeit der Totenklage (Myroloja) in Mani, Griechenland« nachlesen, die ich im Jahr 1982 an der Universität Essen eingereicht habe.

2. Was haben die Menschen in Mani davon?

Insgesamt habe ich an ca. 45 Trauerzeremonien teilgenommen, vom Juli 1976 bis Oktober 1981, anfangs als »teilnehmender Beobachter«, später als »beteiligter Beobachter«. Der Status des Beteiligten erlaubte mir, zu den Teilnehmern einen besseren Kontakt zu erhalten und so mehr über ihre Befindlichkeit zu erfahren. Damit wurde mir auch die einmalige Gelegenheit geboten, mir mein eigenes unerledigtes »Trauerinventar« vor Augen zu führen.

Durch diese Nähe konnte ich viel Bedeutsames erfahren, was anderen Forschern verborgen geblieben war. Durch meine Position als Mittrauernder und Mitempfindender erhielt ich »echte« Aussagen, die den Wert und die Bedeutung der Untersuchung erhöhten. Die Forschungsarbeit beschränkte sich auf das Gebiet des westlichen Mani mit einer Bevölkerung von ca. 2200 Personen, die auf mehrere Dörfer verteilt waren. Im Ganzen befragte ich über 700 Personen, Frauen und Männer verschiedenen Alters und Berufs mit Wohnsitz in Mani, einige auch mit anderem Wohnsitz. Unterschiede gab es zum Beispiel hinsichtlich der Schulkenntnisse, der Einstellung zur Myroloja, der Erfahrung mit solchen Ritualen und der aktiven und passiven Teilnahme an den Trauerzeremonien.

Während dieser Forschungsjahre haben mich starke Erlebnisse geprägt. Oft fühlte ich mich von der Trauer fast »erschlagen«, dann merkte ich, dass ich mit meinem Mitgefühl vielen eine gute Stütze sein konnte. Andere fühlten sich in ihrer Trauer bestärkt, als ich mit ihnen trauerte und klagte. Sie konnten dann all ihren Trauerschmerz ungehindert zum Ausdruck bringen. Überrascht war ich von dem Gefühl, von den Anwesenden in meiner eigenen Trauer unterstützt zu werden, dass sie mich bestärkten, ohne mich einfach »hinwegzutrösten«.

Die Begegnung mit so vielen Menschen, die in Trauer waren, und mit den unterschiedlichen Formen, wie sie diese bewältigten, hat mich für das Verständnis und die Differenzierung solcher Gefühle und Ausdrucksweisen sensibilisiert. Ich möchte die Erfahrungen, die ich in Mani gemacht habe, nicht mehr missen. Mir wurde dort klar, dass ich andere Menschen brauche, um meine eigene Krise zu verstehen und zu bewältigen. Erstaunlicherweise erfuhr ich erst jetzt, dass wir uns nicht über unseren Trauerschmerz hinwegzutrösten brauchen, sondern dass wir Bestätigung und Verständnis finden können. Ich habe von den Geschehnissen dort gelernt, dass wir die Gemeinschaft, die Solidarität und das Mitgefühl der anderen brauchen, sonst wird unser Leben zu einem besinnungslosen Funktionieren und zu einem isolierten Dasein, das krank macht.

Die Ergebnisse meiner Untersuchung haben mich sehr froh gestimmt, weil es sich gezeigt hat, dass die meisten Trauernden durch die bloße Teilnahme, d. h. ohne sich aktiv zu beteiligen, schon Verbesserungen in ihrer körperlichen und seelischen Befindlichkeit spürten. Diese Verbesserung dauerte auch einige Stunden nach dem Ritual noch an. Natürlich erfuhren diejenigen, die sich aktiv am offenen Ausdruck der Trauer beteiligt hatten, auch eine tiefere und anhaltende Verbesserung ihres Befindens.

Die weiblichen Teilnehmer, die Älteren und die Einheimischen waren begünstigt, weil sie mehr Erfahrung und auch eine andere Einstellung zur Myroloja mitbrachten. Die Schulbildung erwies sich dagegen eher als hindernder Faktor: Menschen mit höherer Schulbildung haben nachweislich größere Schwierigkeiten in der Auseinandersetzung mit der Trauer.

Eine besondere Beachtung verdient das Ergebnis, dass diejenigen Teilnehmer, die zwar nicht aktiv am Ritual beteiligt waren, aber durch besondere Konzentration Kontakt mit den jeweils Trauernden herstellen konnten, sich in sie hineinversetzten und so durch die anderen ihre eigene Trauer mit ausdrücken ließen, eine fast so gute Verbesserung ihres Befindens erfuhren wie die aktiv am Ritual Beteiligten. Diese Art von

Trauer habe ich stellvertretendes, mitfühlendes Identifikations-Trauern genannt. Dabei sind die Beteiligten über eine unsichtbare emotionale Brücke miteinander verbunden, die wir emotionale Resonanz nennen.

Wir können annehmen, dass im Ritual der Myroloja eine Trauerverarbeitung stattfindet, deren günstige Folgen sowohl körperlich wie seelisch feststellbar sind. In weiteren Untersuchungen erhoffte ich mir, neue Konzepte für effektivere Wege der Begegnung mit der Trauer zu finden. Bevor es so weit war, lag noch ein weiter Weg vor mir, der zwar mühevoll, aber auch reich an faszinierenden Momenten war.

3. Was machen die Athener mit ihrer Trauer?

Um die Erkenntnisse und Ergebnisse der Untersuchungen in Mani zu stützen und in ihrer Bedeutung zu bestätigen, war es notwendig, eine ähnliche Untersuchung in einer Umgebung in Angriff zu nehmen, in der die Trauernden kein Ritual in Anspruch nehmen können. Der Schmelztiegel Athen, der Menschen aus allen Provinzen Griechenlands beherbergt, war meiner Ansicht nach ein idealer Platz für solch eine Untersuchung.

In der Zeit zwischen Juli 1979 und September 1981 habe ich 75 Athenerinnen und Athener bei verschiedenen Trauerereignissen und zeremoniellen Anlässen beobachtet und befragt. Es waren wie in Mani Personen aller Altersstufen, Verheiratete und Ledige, Menschen mit Wohnsitz in Athen und Piräus. Ihre Schulkenntnisse waren sehr unterschiedlich wie auch ihre Einstellung zur Trauer und zum Kirchenritual. Die Ergebnisse dieser Untersuchung waren, wie erwartet, nicht positiv. Es zeigte sich durchweg eine bemerkenswert entgegengesetzte, das heißt negative Entwicklung der körperlichen und seelischen Befindlichkeit bei den Teilnehmern solcher Trauerfeiern oder Beerdigungen. Das Befinden der Trauernden verschlechterte sich noch während des Trauerprozesses, und die meisten fühlten sich nach dem Ende der Trauerzeremonie schlechter als zu Beginn. Viele hatten starke körperliche Beschwerden wie Kopfschmerzen, Erbrechen, Angstzustände, Unkonzentriertheit, waren wie abwesend, einige zeigten auch Schwierigkeiten mit sprachlichem Verstehen und in der Kommunikation mit ihrer Umgebung. Viele Frauen fühlten sich wie »aufgepumpte Ballons«, verglichen sich mit einer »Bombe, die kurz vor dem Explodieren steht«. Einige vertrauten mir an, sich vorher noch Beruhigungstabletten »gesichert« zu haben, um unangenehmen emotionalen Ausbrüchen vorzubeugen.

Auch wenn manche ihren Schmerz herauslassen und ihm mit einem Schrei Luft verschaffen wollten, fühlten sie sich doch nicht ausreichend entlastet. Ihnen fehlten der Rhythmus und die kreative Melodie der Myroloja, wodurch die Trauer geordnet und in ein langsames Fließen gebracht wird, sodass die Teilnehmenden die Trauer ohne Angst erleben können. Fast alle waren froh, das Ganze möglichst rasch hinter sich gebracht zu haben. Sie wollten sich nicht mehr daran erinnern und wünschten sich, es möglichst morgen schon vergessen zu haben.

Die Beziehung von Stadtbewohnern zu Tod, Sterben und Trauer ist bekanntlich schlecht. Das wird durch die Untersuchung bestätigt. Die Menschen dort haben keine Rituale, keine guten »Leitbilder«, die ihnen einen geeigneten Weg durch die Trauer zeigen könnten. Das Trauern ist verlernt worden.

In Mani hat die Tradition des Myroloja-Rituals den Menschen geholfen, dem Tod und der Trauer besser zu begegnen. Was mit den Teilnehmern in der langen Folgezeit geschah, wusste ich allerdings nicht. Diese Frage, ob die Wirkung des Rituals über längere Zeiträume anhielt, regte mich zu einer Langzeituntersuchung an, in der unterschiedliche kulturelle Umgebungen mit einbezogen werden sollten.

4. Langzeituntersuchungen in Mani, Athen und Essen

Aus Beobachtungen und Aussagen von Menschen, die ich begleitet habe, war mir das unerträgliche Gefühl, allein gelassen zu sein, bekannt. Für die meisten Witwen enden der Beistand und das Mitgefühl am Friedhof. Alle Trauernden sahen sich der gesellschaftlichen Erwartung ausgesetzt, sich ihrer Trauer innerhalb eines kurzen Zeitraums zu »entledigen«. Um die Wirkung der Myroloja über einen größeren Zeitraum hin zu überprüfen, musste ich die Menschen auch über einen längeren Zeitraum begleiten. Ich wollte herausfinden, wie es in der Großstadt lebenden trauernden Menschen geht, die keine unterstützenden Trauerpraktiken kennen wie die Leute in Mani. Dazu wollte ich auch Menschen verschiedener Kulturkreise und Nationalitäten untersuchen. Ich wollte Dorf- und Stadtbevölkerung zu ihrem jeweiligen Umgang mit der Trauer befragen. Ich erhoffte mir dadurch Erkenntnisse, die mir bei der Entwicklung eines Konzepts zur Verarbeitung von Trauer in Gruppen helfen könnten.

Mit großer Erwartung und Begeisterung begann ich 1980 mit diesem Projekt. Meine Angst vor den Belastungen, die ich für drei Jahre auf mich nahm, war verständlich. Eine Langzeituntersuchung dieser Art hatte es bis dahin nicht gegeben. In der Zeit von Februar 1980 bis Sommer 1983 beobachtete und begleitete ich 30 Personen, die allein stehend waren oder in Familien lebten (Ehepartner, Kinder, Großeltern, Geschwister). Sie alle lebten in Mesa-Mani, hatten einen Verlust zu beklagen und konnten ihre Trauer durch die Teilnahme an der Myroloja verarbeiten.

Diese Personen bildeten die Hauptgruppe der Untersuchung. Ich wollte sie drei Jahre lang auf ihre leib-seelische Befindlichkeit prüfen, ihren Umgang mit anderen Menschen und mit der Natur beobachten und Fragen stellen, die mit Lebenswillen und Lebenssinn zu tun hatten. Diese Aufgabe wollte ich durch längere Aufenthalte in Mani, durch persönliche Kontakte, Gespräche, Telefonbefragungen, Briefe und Fragebögen lösen. Ich wollte herausfinden, ob die Personen dieser Gruppe Schwierigkeiten mit ihrer seelischen und körperlichen Gesundheit in der Zeit von drei Jahren nach dem Verlust hatten, ob sie verstärkt Medikamente einnehmen mussten, wie oft sie den Arzt aufsuchten, aus welchem Grund und wie lange, ob sie verstärkt rauchten, Alkohol oder Drogen nahmen, ob sie an Schlaf- oder Gewichtsstörungen litten, depressiv waren, von Kummer, Zorn und Selbstvorwürfen geplagt wurden. Sie wurden auch gefragt, ob sie an permanenter Angst litten, ob sie sich hilflos, isoliert, hoffnungslos und voller Schuld fühlten, ob sie Schwierigkeiten hatten, anderen Menschen zu begegnen – alles Fragen und Beobachtungen, die den ganzen Lebenszusammenhang dieser Personen umfassten.

Unter denselben Voraussetzungen und Zielen untersuchte ich parallel im gleichen Zeitraum noch zwei weitere Gruppen von jeweils 30 Personen in Athen und in Essen in der Bundesrepublik Deutschland. Es bestand noch eine weitere vierte Gruppe, die ich »gemischt neutral« nannte, weil sie aus jeweils 3 mal 6 Personen bestand, die aus den gleichen Orten stammten wie die Teilnehmer der anderen Gruppen, mit dem einzigen Unterschied, dass sie keinen Verlust zu beklagen hatten. Mit dieser Gruppe von 18 Personen hatte ich in den drei Jahren allerdings weniger Kontakt als mit den anderen drei.

Diese drei Jahre waren anstrengend, kompliziert, aber auch aufregend: Von Monat zu Monat wuchs mein Interesse, mit der Zeit häuften sich die Informationen und Befunde. Die Ergebnisse will ich hier ohne viele statistische Details vortragen.

a) Die Menschen aus Mani zeigten die geringsten körperlichen, seelischen und geistigen Symptome und Störungen, hatten weniger Arzt- und Klinikbesuche aufzuweisen, konsumierten bedeutend weniger Medikamente, Alkohol, Tabak und Drogen als die Gruppen in Athen und Essen. Die Trauernden der Mani-Gruppe litten auch sehr viel weniger an Isolation, Einsamkeit und Hilflosigkeit während der Zeit der Untersuchung. Sie hielten den Kontakt zu ihren Mitmenschen und ließen sich gerne helfen. Bald entwickelten sie gute Bewältigungsstrategien zur Lösung ihrer Probleme und waren dabei auch kreativ und ideenreich. Die Manioten erholten sich schon zu Beginn des zweiten Jahres vom Verlustschock. Gegen Ende des zweiten Jahres trat bei den meisten eine Normalisierung und Neuorientierung ein; ihr Lebenswille nahm zu, ebenso der Sinn, den sie in ihrem Leben sahen.

b) Die Überraschung bei den beiden anderen Gruppen war, dass beide im Vergleich zur Mani-Gruppe gleich schlecht abschnitten, also ohne erwähnenswerte Unterschiede. Kein Wunder, denn beide Gruppen lebten ja in einer Kultur, die allen Industriegesellschaften eigen ist: Die Großstadtstruktur, die Isolation der Menschen in den Hochhäusern, das Fehlen von Gemeinsamkeit, Solidarität und Mitempfinden trugen noch dazu bei, dass vermehrte Arztbesuche und Klinikaufenthalte nötig wurden. Die Einnahme von Medikamenten nahm erheblich zu, sodass man in manchen Fällen von Medikamentenabhängigkeit sprechen musste. Bei körperlichen und seelischen Beschwerden wurde bei vielen Personen der »Stadtgruppen« eine Tendenz zur »Chronifizierung« der Beschwerden und zum »Hanging on« beobachtet. Das soziale Verhalten normalisierte sich bei den meisten nur sehr schleppend. Auch nach dem dritten Jahr gab es wenige Zeichen der Normalisierung. Die meisten befanden sich in einem sonderbaren Zustand, den ich mit »Verdrängungstrip« bezeichnen möchte. Sie gewöhnten sich mit der Zeit so sehr daran, ihre Energien für das Unterdrücken berechtigter Trauergefühle zu verschwenden, dass sie gar nicht mehr anders konnten, als in dauernder Angst und Spannung zu leben, bis es bedrohlich wurde. Es entwickelte sich dann ein neurotisches Verhalten als »Errungenschaft und Belohnung« für das Vermeiden der Trauer. Die Versuche der Personen in den »Stadtgruppen«, ihre Trauer zu bewältigen, waren phantasielos, konsumorientiert und unwirksam. Sie bemühten sich krampfhaft, die Trauer überhaupt zu vermeiden, zu verdrängen, und wenn sie doch in Erscheinung trat, wurde sie mit allen Mitteln bekämpft, um sie wieder loszuwerden. Kein Einziger von ihnen hat versucht, seiner Trauer Raum zu geben und sich mit ihr auseinander zu setzen.

Ich hatte den Verdacht, dass viele dieser Menschen in Gefahr waren, ernsthaft krank zu werden. In zwei Fällen erhielt ich die Nachricht, dass Frauen ein Jahr nach Beendigung der Untersuchung Brust- bzw. Unterleibskrebs bekamen, also im vierten Jahr nach dem Verlust. Beide gehörten zu der Gruppe in Athen bzw. in Essen.

5. Können Myroloja vor seelischen Krankheiten schützen?

Die Wissenschaft hat herausgefunden, dass unerledigte Trauer ein wichtiger Faktor dafür ist, ob eine Krankheit positiv und mit Aussicht auf Heilung verläuft oder nicht. Manche Forscher gehen sogar so weit zu sagen, dass stecken gebliebene Trauer durchaus auch als Ursache einer leichten, schweren oder chronischen Krankheit angesehen werden kann. Viele psychiatrische, psychologische und psychosomatische Störungen stehen mit falsch abgelaufener Trauer in Zusammenhang.

Ein Ergebnis unserer Untersuchungen ist, dass die Leute aus der Region von Mani, die ihre Trauer durch die Teilnahme am Ritual angemessen angegangen sind, weniger über psychische Krankheiten klagen.

Ich habe das anhand einer weiteren Untersuchung geprüft, die zum Vergleich dienen soll. Als Region bot sich ein 45 Quadratkilometer großes Gebiet östlich des Taygetos-Massivs an. Die Region Mesa-Mani, die ich untersuchte, hatte eine ähnliche Größe, und auch die Zahl der Einwohner war in beiden Gebieten mit ca. 2300 gleich groß. Der einzige Unterschied bestand darin, dass die Menschen der neuen Region bei ihrem Umgang mit Trauer kein Myroloja-Ritual zur Verfügung hatten.

Als ich die Daten aus Informationen der lokalen Gesundheitsämter und der jeweiligen Kommunen gesichtet hatte, war ich selbst überrascht. Die untersuchte Bevölkerung der Mesa-Mani-Region litt deutlich weniger (ca. 30 bis 40 %) an psychischen Störungen als die Menschen der benachbarten Region ohne Myroloja-Brauch. Freilich sollten wir bedenken, dass seelische Krankheiten in einem größeren Zusammenhang gesehen werden müssen. Der Anteil der unverarbeiteten Trauer und der andere Umgang der Menschen mit ihr kann nicht genau »gemessen« werden, deshalb können und wollen wir dieses Ergebnis nicht absolut setzen. Aber die in der Untersuchung gewonnene Erkenntnis sollte uns ermutigen, der Trauerverarbeitung in Bräuchen und Ritualen die Aufmerksamkeit zu schenken, die sie verdient.

4 Auswertung, Würdigung und Zusammenfassung der Ergebnisse

1. Die vielschichtige Wirkung der Myroloja

Die Ergebnisse der Untersuchungen lassen uns erkennen, dass die Trauerform der Myroloja und das Ritual, in das sie eingebunden ist, eine besondere und starke Wirkung auf die Teilnehmer ausüben. Wir haben erfahren, dass diese Wirkung auf vielen Ebenen ihres Lebensbereichs lang anhaltend ist. Myroloja und die mit ihr verknüpften Rituale erweisen sich damit als angemessene Antwort auf Verlust. Weitere Ergebnisse dieser Trauerforschung können wir in der anhaltenden leib-seelischen Stabilität und in der allmählichen Abnahme verschiedener Beschwerden feststellen. Es zeigten sich auch positive Veränderungen im Verhalten der Teilnehmer sowie eine andere Einstellung gegenüber dem Leben im Alltag.

Ich denke, wir sollten uns diese Trauerform unbedingt näher anschauen, um ihren Reichtum zu entdecken. Sie könnte auch für uns heute hilfreich sein, um unsere Probleme bei misslungenen Versuchen der Begegnung mit Trauer zu bewältigen.

Wir wollen das Ritual als Ganzes betrachten, aber auch einzelne Teile wie Dichtung, Musik, Verhalten der Menschen, Form und Phasen des Rituals genauer in Augenschein nehmen.

Es müsste möglich sein, in diesem Ritual Faktoren zu entdecken, die für die an der Zivilisation leidenden Menschen heilsam sein könnten. Wir wollen eine Übertragung auf heutige Verhältnisse versuchen, ohne allzu viel vom ursprünglichen Sinn des Rituals zu verlieren.

2. Die Solidarität stiftende Handlung des Rituals

Trauerrituale sind eine Form von Krisenhilfe, die unsere Vorfahren entwickelt haben. So ist die Myroloja eine jahrtausendealte Tradition, die sich als kreative Form eines Trauerrituals bewährt hat. Folgende Faktoren möchte ich besonders herausstellen:

a) Die sozialen Handlungen, welche die Tradition herausgebildet hat, haben einen bindenden Charakter, eine Bindung stiftende Funktion. Im Myroloja-Ritual findet man Unterstützung in der Gemeinschaft und Solidarität im schmerzlichen Verlust.
b) Die festgelegte Folge der ablaufenden Handlungen dient den Teilnehmern als Orientierung und strukturiert Raum und Zeit. Myroloja bieten einen Rahmen, in dem Trauer »ihren Platz finden« kann, und Sicherheit, um sich auf die eigene Trauer oder die Trauer anderer einlassen zu können.
c) Die Myroloja *erlaubt* Trauer in all ihren Erscheinungsformen.
d) Es ist ausdrücklich erlaubt, den Schmerz so lange auszudrücken, wie man es für nötig hält. Man braucht nicht zu erklären, warum und wieso man die Schmerzen so stark empfindet.
e) Myroloja befreien von Bindungen, von lebenshinderlichen Anklammerungen und »Verwachsungen« mit dem Verstorbenen. Die Beziehung wird geklärt.
f) Die gegenseitige Anteilnahme im Schmerz gibt jedem Teilnehmenden das Gefühl, verstanden und akzeptiert zu werden, und verstärkt dadurch die Verbundenheit mit anderen Menschen. Einer zusätzlichen Vereinsamung in der Trauer wird entgegengewirkt.
g) Das Besondere und Ungewöhnliche des Trauerausdrucks in der Myroloja liegt darin, in der Form der Dichtung und des Gesangs Einklang mit anderen zu finden. Die Gemeinsamkeit im Singen in der rhythmischen Achtsilbigkeit erlaubt das unbeschreibliche Gefühl des Ineinanderschmelzens im Schmerz und das synchrone Miteinander-Verbundensein im Ausdruck: ein Gefühl ähnlich der elterlichen Vertrautheit, der Verlässlichkeit ohne Angst, zurückgewiesen zu werden.
h) Der ungehinderte Gefühlsausdruck und das freie Fließen der Trauer führen die Teilnehmer oft in trance- und ekstaseähnliche Zustände. Dies ist besonders wichtig im Verlauf des Rituals, weil es eine heilende Wirkung entfaltet.

i) In Haltung und Bewegung sind viele Möglichkeiten gegeben, sich auszudrücken. Man kann mit Händen, Füßen und mit dem Oberkörper Situationen beschreiben und Emotionen ausdrücken, mit den Fäusten auf die eigene Brust schlagen, sich die Haare raufen usw.

j) Bei manchen allzu heftigen Bewegungen greifen die anderen Teilnehmer ein und ermuntern den Trauernden, sie durch stimmliche und poetische Formen zu ersetzen. Deshalb kommt es sehr selten oder nur ansatzweise zu so genannten »autoaggressiven Expressionen«, meistens nur dann, wenn Schuldgefühle und Verzweiflung in der Erzählung zur Sprache gebracht werden.

k) Von besonderer Bedeutung ist auch die Art des Umgangs mit der Atmung. Die »routinierten Teilnehmer« sind ganz auf das Ausatmen konzentriert und in der Lage, jeweils zweimal achtsilbige Verse zu singen, um dann durch ein plötzliches Loslassen des Zwerchfells zur Einatmung zu gelangen, ohne sich dabei durch bewusstes Atemholen im Bauch anzustrengen. Nur so können auch einstündige Klagen durchgehalten werden.

l) Oft halten die Klagenden mit beiden Händen ein Tuch um den Nacken und vollführen sägende Bewegungen. In emotionalen Höhepunkten ziehen sie dann an diesem Tuch mit gedehnten Armen vor der Brust.

m) Die Trauernden können dabei frei ihren Schmerz, ihre Wut, ihren Protest, ihre Schuldgefühle, ihre Verzweiflung dem Toten und den Anwesenden gegenüber ausdrücken. Sie können aber auch ihre Liebe, ihre Sehnsucht und ihre Sympathie zeigen. Es kommt oft zu einem Dialog, zu einem Zwiegespräch mit dem Toten, aber auch mit den Lebenden.

n) Vieles, was unausgesprochen und unerledigt gewesen ist, erhält die einmalige Chance, noch ausgesprochen zu werden. Myroloja sind oft der letzte Ort zur Klärung ungeklärter Empfindungen und Erfahrungen.

o) Früher bot das Myroloja-Ritual auch eine Gelegenheit, bei der verzweifelte Verwandte die übrigen Trauernden auf eine »Vendetta«, eine Blutrache, einschworen. Wer die Besonderheit der Situation in Mani kennt, wird an solchen Auf-

Dieses Bild trägt den Namen: „Netz der inneren und äußeren Verbundenheit“. Dieses Netz entsteht, wenn alle Teilnehmer sich vorstellen und mitteilen, welche Trauer sie mitgebracht haben. Es verbindet alle im Kreis miteinander wie in einer Seilschaft, aber auch die je Einzelnen. Es zeigt so die individuellen wie die gemeinschaftlichen Kontakte. Es trägt uns durch das ganze Seminar, sodass niemand in der Gefahr ist, emotional abzustürzen, und hat eine sehr starke Wirkung auf die Teilnehmer.

Dieses Bild trägt den Namen: „Das Trauerwesen aus der Verbannung zurückholen“. Wir gehen davon aus, dass wir als Kinder durch unglückliche Umstände zu früh unsere Gefühle eingeschränkt haben. Bei manchen von uns ist die Möglichkeit des Gefühlsausdrucks sogar ganz verloren gegangen. Bei diesem Zurückholen aus der Verbannung erleben wir, dass wir das Verpasste zurückholen und unsere Fühlfähigkeit entwickeln können, um unsere „Gefühlsbestände“ zu bereichern und so mehr „ganz“ zu werden.

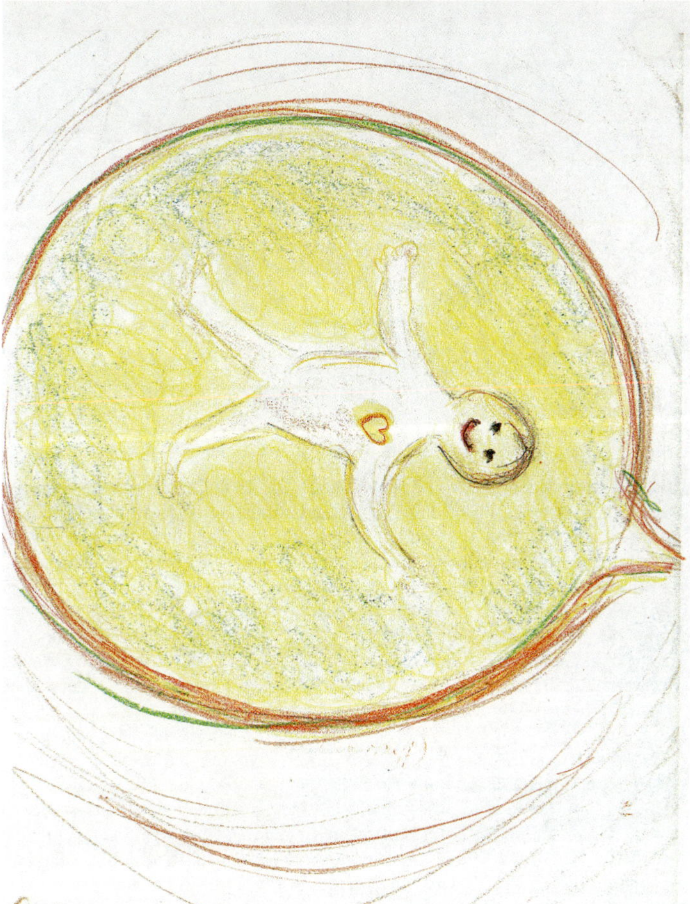

Dieses Bild trägt den Namen: „Momentaufnahme auf dem Weg zu einer neuen selbst gewählten Lebensspur". Bei der meditativen Übung, nach der dieses Bild entstand, lassen wir unsere jetzige alte Lebensspur ruhen und nutzen unsere Fantasie und unsere Vorstellungskraft dazu, eine neue Lebensspur zu gestalten. Die Teilnehmerin hier beginnt ganz früh mit ihrer Lebensspur. Das Bild zeigt sie an einem lichten, kuscheligen und Wärme ausstrahlenden Platz, von wo aus sie den Start ins Leben mit Freude, Genuss und allen Sinnen erleben kann.

Dieses Bild und der Text von Traudel zeigen die Vielfältigkeit der gehinderten Trauer, die so traumatisch ist, dass immer wieder Bilder aus der Erinnerung auftauchen. Die neuen Erfahrungen im Umgang mit Trauer, die sie im Seminar macht, sind so wichtig und bedeutsam, dass sie ein Gegengewicht zu diesen schmerzhaften Bildern schaffen. Endlich gibt es ein Gleichgewicht und die Erkenntnis, dass sie einen „Powerkern", eine immense Lebenskraft in sich trägt, die nicht weiterhin durch die gehinderte Trauer erstickt wird. Durch die Entwicklung der Trauerfähigkeit wird der Panzer weich, können Tränen fließen, entstehen Öffnungen, durch die die Lebenskraft nach außen gelangen und wirksam werden kann.

„Das Bild zeigt in der Mitte einen leuchtenden Kern, der vom dunklen Rot über Orange in leuchtendes Gelb übergeht. Dieser Kern stellt meine Kraft und meine Lebensfreude dar. Drumherum liegt ein dicker Ring von schwarzer Trauer, die meine Energie festhält, sie am Verströmen, am Strahlen hindert. Nur an einigen Stellen ist der Ring durchbrochen, und gelbe Strahlen durchdringen das allgegenwärtige Grau. In den Feldern, die sich zwischen den Strahlen ausbreiten, sind Erlebnisse dargestellt, die mein Leben überschattet haben. Als ich drei Jahre alt war, wurde meine Heimatstadt durch einen Bombenangriff großflächig zerstört. Nach einem viertelstündigen Bombardement stand die Stadt in Flammen. 80% der Häuser waren zertrümmert oder verbrannt. Etwa tausend Menschen starben. In dem Keller, in den meine Mutter sich mit meinen Geschwistern und mir geflüchtet hatte, starben 18 Personen von 35. Darunter 8 Kinder, meine Schwestern eingeschlossen. Zu der Tragik dieses Erlebens kam für mich als zusätzliche Last das Gebot, nicht traurig sein zu dürfen. Die Erwachsenen, die ihre eigene Trauer ständig wegschieben wollten, konnten meine Tränen nicht ertragen. Ich selbst habe nur gelernt, mein Weinen abzulehnen. Die nicht ausgedrückte Trauer hatte jahrelange Depressionen zur Folge. Ich kann mich kaum erinnern, als Kind richtig fröhlich gewesen zu sein. Die Felder auf dem Bild stellen also die immer wiederkehrenden Erinnerungen und Gedanken dar, die mich ständig einholten, wie sehr ich auch versuchte, mich abzulenken. Das Verdrängen der Trauer hat fast all meine Kraft aufgezehrt, die ich fürs Leben gebraucht hätte. Ich war jahrelang wie gelähmt.

Als ich anfing, meine Trauer zuzulassen, kam die Lebendigkeit und die Fröhlichkeit wieder in mein Leben zurück, dafür stehen symbolhaft die drei bunten Tränen. Tränen, die geweint werden, bringen wieder die Farbe ins Leben."

Dieses Bild trägt den Namen: „Das Schiff der Toten fährt in die untergehende Sonne hinein". Im Seminar setzen wir uns mit unserer Trauer um die Menschen auseinander, die wir verloren haben. Am Ende machen wir eine Art Bergtour über die Berge von aufgestapelter alter, aktueller und zukünftiger Trauer und gelangen zu einem Hafen, in dem ein Schiff für unsere Toten bereit liegt. Angelehnt ist dieses Bild an die Vorstellung vieler Völker und mancher Generationen vor uns von einem Fährmann, dem man seine Verstorbenen anvertrauen kann, damit er sie in einem Schiff über das Wasser dorthin bringt, wo sie Ruhe finden können. Die Menschen am Kai, d. h. wir, die zurückbleiben, stehen zusammen und fühlen uns in der Gemeinschaft getragen. Wir gewinnen dabei viele Gefühle und ein klares Bild davon, dass wir unsere Toten, unsere Wunschbilder und unsere verstorbenen Tiere verabschiedet haben und uns nun dem eigenen Leben wieder zuwenden können.

Momentaufnahme aus einem Lebens- und Trauer-Umwandlungsseminar

Auf diesem Bild sehen wir den kreativen Kreis der Gemeinschaft und die Gruppe im höchsten Moment ihrer kreativen Phase. Sie arbeitet wie in einer solidarischen Dorfgemeinschaft, in der jeder dem anderen vertrauen und so seine Gefühle zeigen kann. In der Mitte sehen wir die Erinnerungsobjekte und Fotos der Verstorbenen, und auf dem Netz liegt eine Ansammlung von Bildern mit all den ausgedrückten Gefühlsqualitäten. In einem besonderen Ritual erleben die verstorbenen Menschen, vor deren Augen diese Umwandlung der Trauer in Bilder, Worte, Sätze, Gedichte und Farben stattgefunden hat, eine besondere Würdigung. Das ist einer der besonders bewegenden Momente im Seminar.

Momentaufnahme aus einem Lebens- und Trauer-Umwandlungsseminar

Auf diesem Bild sehen wir die Gruppe, wie sie die Asche, also die Reste der Umwandlung im so genannten Feuerritual der Erde, die die Spezialistin für Umwandlungen ist, anvertraut. Anknüpfend an das Urfeuer des großen Big Bangs, in dem unser gesamtes Universum und damit auch wir unseren Ursprung nahmen, übergeben wir unsere Trauer um unsere Verstorbenen, unsere Wunschbilder, aber auch unsere Macken und Unzulänglichkeiten auf Zettel geschrieben dem Feuer zur Umwandlung. Dabei entstehen Licht, Wärme, Hitze, Rauch und Asche, die wir draußen in alle vier Himmelrichtungen der Erde anvertrauen, um uns von der Schwere der Trauer zu entlasten und sie so wieder an den Kreislauf des Werdens, Vergehens und Neuwerdens rückzubinden.

Momentaufnahme aus einem Lebens- und Trauer-Umwandlungsseminar

Gleich nach diesem Ritual treffen wir uns wieder im Raum zum so genannten Reinigungsritual. Auf diesem Bild stehen wir uns von Angesicht zu Angesicht gegenüber. Gegenseitig reinigen wir unseren Leib, vor allem das Herz symbolisch von allen Resten noch vorhandener, nicht umgewandelter Trauer und von depressiven Stimmungen. Dies ist ein schöner Moment, in dem viel gelacht und gefühlt wird.

Momentaufnahme aus einem Lebens- und Trauer-Umwandlungsseminar

Auf diesem Bild sehen wir die Gruppe beim Tanz hinaus ins Leben, der nach der Abrundung des Seminars stattfindet. Er zeigt symbolisch, wie wir jetzt noch einmal miteinander unser Lebendigsein genießen und dann mit viel Kraft jubelnd hinaus in die Welt tanzen, um die anderen Menschen mit unserer neu gewonnen Lebendigkeit anzustecken. So richten wir uns symbolisch und rituell wieder aus auf die Welt, aus der wir kommen, zu der wir gehören und in der wir unser Leben weiter gestalten werden.

Ausschnitte aus Seminaren, die auf der griechischen Insel Ikaria im ägäischen Meer stattfinden

Dieses Bild zeigt die Gruppe beim Jahreszeitentanz, bevor sie dann in eine wundervolle Höhle einsteigt. Dabei stimmen wir Teilnehmer uns darauf ein, dass dieser Gang in die Höhle wie eine Art Herbst ist, in den wir uns für einige Zeit zurückziehen. Das Herauskommen aus der Höhle dagegen ist wie der Frühling, der uns das Licht, die Farben und die Umgebung neu erleben lässt.

Ausschnitte aus Seminaren, die auf der griechischen Insel Ikaria im ägäischen Meer stattfinden

Dieses Bild zeigt die Gruppe in einer eindrucksvollen Schlucht bei einem Fest für die Sinne, bei dem uns die Gestalt des Gottes Dionysos als Leitbild dient. Hier haben sich alle festlich und farbenfroh gekleidet, geschminkt, mit Kränzen geschmückt. Es wird getanzt, getrommelt, gesungen und gemeinsam gegessen, um befreit vom Alltag die ekstatische Freude an der Natur rundherum, der eigenen und gemeinsamen Lebendigkeit, Ausdrucksfähigkeit und Schönheit zu erleben.

Ausschnitte aus Seminaren, die auf der griechischen Insel Ikaria im ägäischen Meer stattfinden

In der Weiterbildung und im Aufbauseminar Trans-Sonans nutzen wir die Mythen der antiken Gottheiten, um Klarheit für unser Leben zu gewinnen. So sieht man uns hier auf diesem Bild in einer Schlucht auf den Grundmauern eines antiken Artemistempels sitzen, einem Ort, an dem starke magnetische Kräfte wirken. Hierher zur Göttin Artemis, die vertraut war mit Trauer und Entbehrung, kamen in antiker Zeit viele nach Heilung und Entlastung suchende Pilger. Wir meditieren hier, um in Kontakt mit der Natur um uns und der besonderen Schwingung dort neue Kraft für unseren Alltag zu finden.

Ausschnitte aus Seminaren, die auf der griechischen Insel Ikaria im ägäischen Meer stattfinden

Auf diesem Bild sehen wir die Seminarteilnehmer in einer Bucht direkt am Meer, in der wir mit dem Universal- und dem Wassergong, aber auch mit Klangschalen in Kleingruppen und als gesamte Gruppe experimentieren. Die Felsen tragen uns und die Schwingung bringt uns zu neuer Lebendigkeit.

Ausschnitte aus Seminaren, die auf der griechischen Insel Ikaria im ägäischen Meer stattfinden

Dieses Bild zeigt uns im wunderschönen großen Raum des Hotels, das nahe am Wasser auf die Felsen gebaut wurde. Wir sehen hier die Gongs und auch die anderen Instrumente aufgebaut für das große Ritual: der „Gang nach Dodona“. Wir erleben durch die Vielfalt der Klänge der verschiedenen Gongs eine Differenzierung der Wahrnehmung, des Empfindens und der Gefühle. Dabei inszenieren wir in einer Meditation die Reise nach Dodona im Norden Griechenlands, wohin bereits in antiker Zeit die Menschen reisten, um die klärende Kraft der Schwingungen zu erleben. Im antiken Dodona gab es schon vor etwa 4000 Jahren ein Orakel, das die Schwingung großer Gongs nutzte, um Menschen in ihrer Lebensorientierung zu unterstützen.

Riesen-Grabamphora

Diese Riesen-Grabamphora befindet sich heute im Archäologischen Museum in Athen. Sie stammt aus der geometrischen Epoche (Mitte des 8. Jahrhunderts v. Chr.) und zeigt eine Anzahl von Frauen, die einen Toten betrauern, sitzend, stehend und kniend. Sie raufen sich dabei die Haare, um ihren Trauerschmerz zu bekunden.

Ausschnitt aus der Grabamphora

forderungen zur Fehde nichts Ungewöhnliches oder Unverständliches entdecken.

Wichtig ist, dass alles, was mit Gefühlen zu tun hat, ausnahmslos zum Ausdruck kommen darf, selbst zerstörerische Energien. Ist dies nämlich nicht der Fall, äußern sie sich in hinterlistigen Plänen, Täuschungen, Wahnvorstellungen und falschem Spiel, ohne dass diejenigen, denen sie gelten, eine Ahnung davon erhalten. In Mani jedoch wussten die »Vendetta-Kandidaten«, was ihnen bevorstehen sollte, sodass sie sich rechtzeitig schützen oder Friedensangebote durch die Ältesten des Dorfes unterbreiten konnten.

3. Die Aktivierung von schöpferischer Kraft durch die Dichtkunst

Wie schon erwähnt, handelt es sich bei der Myroloja um spontane Poesie, die nicht nur in Trauersituationen, sondern auch bei Hochzeiten, bei der Arbeit, bei Festen und Feiern vorkommt. Diese Kunstform wird der Volksdichtung zugerechnet. Wert und Qualität einer jeweiligen Myroloja hängen vom Talent des Dichtenden, von der Bedeutung der zu betrauernden Person und von der jeweiligen Situation ab. Die Worte entsprechen der aktuellen Gefühlslage des Dichtenden; sie können böse, hart, weich, klagend, wütend, vorwurfs-, aber auch liebevoll sein. Außer Gefühlsbeschreibungen beinhalten die Dichtungen auch Geschichten, Berichte, Schilderungen: episch, naiv, poetisch, realistisch, ungeschickt und einfach. Obwohl die meisten Schöpferinnen der Myroloja keine Schulbildung (oder höchstens Volksschulniveau) haben, sind die spontanen Dichtungen auch politische, ökonomische, soziologische, psychologische und philosophische Betrachtungen.

Der Teil der Poesie, der den Zusammenhang mit der Natur herstellt, schildert diese in bunten Farben und sehr genau. Er zeigt etwas von der besonderen Beobachtungsgabe und der Wahrnehmungsfähigkeit der Dichtenden. Die Beschreibung der Situation im jeweiligen Moment des Trauerverlaufs lässt eine besondere Fähigkeit zur Konzentration erkennen: Trotz intensiver emotionaler Regung aller Anwesenden werden die ankommenden Besucher mit Namen, Vornamen, Sippenzugehörigkeit, Beruf, Dorf und Region, aber auch alle dazugehörigen, schon verstorbenen Verwandten erwähnt und begrüßt. Es ist bewundernswert, dass das Erinnerungsvermögen der Myroloja-Dichterinnen trotz ihrer Gefühlsausbrüche nicht beeinträchtigt wird. Diese Poesie ist in der Beschreibung des Zeitgeschehens so genau, dass manche Myroloja gerade deswegen in guter Erinnerung bleiben und als wichtige Geschichtsquelle der Mani gelten.

Die Momente des Dialogs, die Zwiegespräche mit dem Toten werden mit Hilfe der Dichtkunst zu einer dramatischen Handlung verdichtet, die an die Struktur der antiken Tragödien erinnert. Die Myroloja ist deshalb eine ursprüngliche, elementare, manchmal primitive Kunstgattung, die ein noch nicht voll entdecktes ästhetisches Potenzial enthält.

4. Musikalische Elemente

Wer einen besonderen Rhythmus oder eine außerordentlich seltsame Melodie erwartet, wird enttäuscht sein. Es gibt so viele Myroloja-Melodien wie singende und dichtende Myrolojistres. Die Melodie entspricht ganz der Persönlichkeit der Singenden, ihrer Gefühlssituation und der Phase, in welcher der Trauerprozess sich befindet. Entsprechend ändert sich auch die Melodie, sie steigt nach oben oder fällt nach unten. Sie bewegt sich meistens innerhalb einer Oktave. Der Rhythmus erfährt Veränderungen, sobald sich die Gefühle verändern. Die Melodien spielen nach- und gegeneinander, als ob sie Fragen stellten und auch beantworteten. Die Lautstärke ändert sich mit den Gefühlen und mit den Phasen der Ruhe. Meistens äußert sich der Rhythmus in Viertel- oder Achtelnoten, in aufregenden Momenten auch in Sechzehntelnoten. Das Tempo wechselt zwischen leicht rhythmisch und frei: Staccato, Glissando, Affetuoso, Appassionato, Amabile, Animato, Lamentabile, Espressivo, Dolente und oft auch Scherzando sind Bezeichnungen, die wir aus der Oper des Verismo kennen. Auch in den Myroloja kann man diesen Tempi begegnen.

Gesungen wird im Sitzen und im Stehen, lyrisch, episch, klagend, meditativ, leidend und ruhig. Sprachlich herrscht der Mani-Dialekt vor, der leicht verständlich ist. Die Übereinstimmung von Gefühl, Poesie, Musik (Melodie, Rhythmus, Klangfarbe) ist beeindruckend: Die Myroloja steht in Einklang mit der Person und der Umgebung. So können die Lobpreisungen, die Anklagen, die Schmeicheleien und das Tränenvergießen im Ritual ihre heilende Wirkung entfalten.

Erwähnenswert ist noch, dass die Klagenden oft von Träumen berichten, dass sie während der lyrischen Erzählung selbst in einen Tagtraum einsteigen. Im Traum gehen sie in die Vergangenheit, haben Erlebnisse mit dem Toten, beenden, was unerfüllt geblieben ist. Manchmal wird auch ein Ausflug in die Zukunft gewagt. Sobald aber der Pfarrer auftaucht, wird der Tagtraum mit sehr nüchternen und strengen Sätzen unterbrochen. Man sagt dann: »Wir können dich vor dem Pfarrer nicht mehr verstecken. Wenn er da ist und seine Liturgie anstimmt, dann ist es aus. Du musst weg und kannst dann nicht mehr zurück. Niemals mehr.« Solche Momente wirken für die Trauer oft »aufpeitschend«, allen wird die Realität des Todes noch einmal bewusst. Daraus entsteht eine intensive Klage, eine neue Melodie, eine neue Dichtung, die den Verlust und die Unwiederbringlichkeit des Schicksals unterstreicht.

Myroloja als klingender, unüberhörbarer Ausdruck ist Expression innerer Spannung und Verzweiflung, ein eindringlicher Appell an die Trauernden, ein letzter Dialog mit dem Verstorbenen, ein definitives »Lebewohl«.

5. Die Trauerphasen im Myroloja-Ritual

Viele Trauerforscher sind der Auffassung, dass der Trauerprozess bei allen Menschen nach gewissen Regelmäßigkeiten abläuft. Das trifft auch für die Myroloja zu, die ebenfalls trotz des sehr komplexen Phänomens ihrer Formen Regelmäßigkeiten im Ablauf sichtbar macht. Eine behutsame Einfühlung könnte folgende Phasen oder besser Zyklen, die sich bis zur Erschöpfung wiederholen, benennen:

a) die Phase der Mobilisierung

b) die Phase der Inspiration
c) die Phase der kreativen Selbstregulierung
d) die Phase der Stabilisierung
e) die Phase der Reorganisation und der Neuorientierung.

Diese fünf Phasen lassen sich mit bekannten Stadien vergleichen, die andere Forscher in den vergangenen Jahrzehnten herausgefunden haben.

6. Trauer braucht reichlich Zeit

Zu keiner anderen Zeit war es für die Menschen zwingender als heute, sich ihrer Trauer aufgrund von gesellschaftlichen Erwartungen auf dem schnellsten Weg zu entledigen. Wir alle kennen solche Sprüche: »Wir verstehen nicht, dass du heute, nach einem Jahr, immer noch trauerst« oder »Jetzt ist es an der Zeit, mit der Trauer aufzuhören. So kann es nicht mehr weitergehen« oder »Sie müssen ihn vergessen. Gehen Sie tanzen, denken Sie nicht mehr an ihn, nehmen Sie sich zusammen.« Wer diese Anforderungen nicht schafft, den hält man für schwach.

Das Trauerritual scheint eine andere Erfahrung zu bieten: Es stellt dem Trauernden reichlich Zeit zur Verfügung. Man hat die Möglichkeit, seiner Trauer am Tag des Verlusts und an den nachfolgenden Tagen bis zur Beerdigung so viel Raum zu geben, wie man möchte. Dann folgt ein offizieller dritter Gedenktag (Triimera), dann das Neuntagegedenken (Eniamera), und immer wieder findet ein Trauerritual statt, um nach dem Verlust eine erste Bilanz zu ziehen. Die Angehörigen versuchen meistens, das Unerträgliche ihrer Situation zur Sprache zu bringen, das, was sie untröstlich macht und was sie nicht aufgeben wollen. Der Wunsch »Komm zurück!« oder der Vorwurf »Warum hast du mich allein gelassen?« werden oft laut, wenn neue Myroloja angestimmt werden.

Der nun folgende Zeitraum bis zum vierzigsten Gedenktag (Sarandaimera) ist von besonderer Bedeutung. Die griechische Tradition sagt, dass der Tote bis zum vierzigsten Tag nach dem Tod als unsichtbarer Begleiter, als wandelnde Seele in der Nähe der Hinterbliebenen bleibt. Diese Zeit steht nach dem Brauch der Myroloja auch dem Verstorbenen zur Verfügung, um Verschiedenes noch erledigen zu können und sich Zeit für den Abschied zu nehmen. Die Angehörigen und Freunde haben dann keine Angst, wenn sie ihm während dieses Zeitraums als Gestalt, Vision, Halluzination oder im Traum begegnen. Das ist etwas ganz Gewöhnliches, und man erwartet sehnsüchtig solche Ereignisse, um sich vom Toten zu verabschieden oder mit ihm im Gespräch noch Unerledigtes zur Sprache zu bringen.

Dieser vierzigste Gedächtnistag aber ist dann für alle sehr hart, weil die letzten Hoffnungen aufgegeben werden müssen. Die Trauer tritt wie ein Sturm in Erscheinung. Der Abschied vom Verstorbenen wird unwiderruflich, der Brauch lässt keine andere Möglichkeit mehr zu. Wenn der Tote nach dem vierzigsten Tag als Tagtraum oder anders in Erscheinung tritt, gilt das als ein sehr böses Omen. Die Überlieferung berichtet, dass solche Erscheinungen immer mit viel Unglück verbunden waren. Jemand aus der Familie könnte dem Toten folgen oder der Tote könnte jemanden holen, vielleicht sein liebstes Kind. Womöglich erscheint er als Gespenst, um die Lebenden zu quälen oder um Haus und Hof zu zerstören.

Dieser vierzigste Tag ist ein klares, unmissverständliches Datum, das eingehalten werden muss und das von den meisten, mit wenigen Ausnahmen, beachtet wird. Bemerkenswert ist die Grenze, die das Ritual zeigt: Der Tote ist für die Zurückbleibenden nun endgültig nicht mehr erreichbar. Diese Grenze ist der Grund für das Auslösen von echter, intensiver und frei fließender Trauer bei den Teilnehmern des Rituals. Damit machen sie einen weiteren Schritt in der Anerkennung der Realität des Abschieds. *Das Myroloja-Ritual sorgt also für klare Verhältnisse zwischen Tod und Leben.*

Die nächsten Gedenktage sind das Sechsmonatsamt (Eksamino), der Jahresgedenktag (Dodekamino), der Zweitjahrgedenktag (Dichrona) und zuletzt der Tag der Exhumierung nach dem dritten Jahr, wenn die Gebeine in einer letzten Trauerzeremonie ausgegraben werden. Bei dieser Zeremonie werden die Gebeine mit Rosenwasser vom Staub gereinigt und mit Olivenöl bestrichen, mit Weihrauch parfümiert, in einen eigens dafür vorbereiteten kleinen Holzkasten gelegt und in der Familiengruft beigesetzt. Die letzten Myroloja bieten noch einmal die Gelegenheit, Reste von zurückgebliebener oder neu entwickelter Trauer auszudrücken und den Abschied zu Ende zu bringen. Drei Jahre sind also die vorgeschriebene Zeit, die das Ritual jedem Trauernden einräumt.

Meistens genügt dieser Zeitraum, da die Angehörigen auch andere Möglichkeiten zu trauern in Anspruch nehmen, zum Beispiel, wenn sie zu anderen Gedenktagen in der Verwandtschaft eingeladen werden. Dort haben sie wiederum die Chance, ihre Trauer fließen zu lassen, wenn sie am Requiem für den Verstorbenen teilnehmen und aus diesem Anlass auch Nachrichten an den eigenen Toten senden können.

7. Rückblick auf das Kapitel

Zusammenfassend können wir folgende Wirkungen des Prozesses, der beim Trauerritual der Myroloja stattfindet, feststellen:

a) Positive Veränderungen der körperlichen und seelischen Befindlichkeit der Ritualteilnehmer, sowohl über kürzere (ein Tag) als auch über längere Zeiträume (über drei Jahre).
b) Veränderungen im individuellen und sozialen Verhalten.
c) Wiederaneignung der Fähigkeit zur Sinngebung im Leben und Wiedergewinnung von Lebensfreude und -energie.
d) Erlernen eines angemessenen Umgangs mit der Trauer durch geeignete Formen der Auseinandersetzung.

Das Myroloja-Ritual leistet gute Hilfe für diejenigen, die es in Anspruch nehmen. Trotz seiner zweitausend Jahre alten Geschichte hat dieser Brauch nichts von seinen speziellen Eigenschaften und Wirkungen verloren. Die Jahrtausende haben, wie es scheint, seine Wirkung konserviert. Seine Existenz verdankt dieses Ritual heute nicht einem sinnentleerten Brauchtum, das man ausführt, weil es immer so war, sondern weil es wegen seiner speziellen Aufgabe und Wirkung unersetzlich ist. Gerade heute ist es so notwendig wie noch nie. Natürlich können wir nicht erwarten, dass die Mitteleuropäerinnen sich in Klageweiber verwandeln und ähnlich wie die Myrolojistres von Mesa-Mani dichtend ihre Trauer hinaussingen. Wir können auch nicht erwarten, dass sie sich die Haare raufen und sich sogar das Gesicht zerkratzen, um nicht in der Erstarrung der Gefühle stecken zu bleiben. Wir hoffen aber, dass wir, wenn wir uns den Ritualverlauf und die Poesie anschauen, den Rhythmus der Klagelieder analysieren und das Verhalten der Teilnehmer betrachten, einige Faktoren finden, die für die Menschen von heute in unseren Großstädten umsetzbar sind.

Schöpferische Möglichkeiten, die eigene Trauer auszudrücken, gibt es überall, in uns selbst und um uns herum. Wir brauchen nur einen geeigneten Raum und die »Erlaubnis« der anderen, um unseren Gefühlen freien Lauf zu lassen. Das Myroloja-Ritual erweist sich als echte und unverfängliche Quelle, um entsprechende Erfahrungen im Experiment zu machen, von denen im nächsten Kapitel die Rede sein soll. Wir können uns auf den Reichtum dieser Tradition stützen und ihn als wichtiges und erprobtes Vergleichsmodell in Anspruch nehmen. Wenn ein solches Ritual Jahrtausende überlebt hat, muss es gut sein bzw. gut tun. Wenn wir uns bemühen, es richtig anzuschauen, könnte es uns auch heute noch den Weg durch die Trauer zeigen. Das neue Konzept, das im kommenden Teil dieses Buches entwickelt wird, stützt sich auf diese traditionelle Form und ist geeignet, den bisherigen erfolglosen Umgang mit der Trauer nachhaltig zu verbessern.

Teil V
Grundelemente zur Erstellung eines Modells für die Menschen von heute

1 Die bewährten alten Traditionen als die Wurzeln des Modells

Wenn wir so die Summe der Erkenntnisse aus den Untersuchungen, der Analyse der Prozessverläufe, der Ausdrucksformen, der Handlung, der Dichtung, der musikalischen Elemente, der symbolischen Handlungen, der Bedeutung der Gemeinschaft und schließlich des ganzen Myroloja-Rituals betrachten, können wir uns einfach freuen. So fühlte ich damals, als ich die Untersuchungsergebnisse erblickte. In diesem Moment wusste ich plötzlich, dass ich einen wunderbaren, einmaligen Herzensschatz mit unermesslichem »salutogenen«, d.h. gesundheitsfördernden Potenzial entdeckt hatte. Ich hatte das Glück, ihn in einer entlegenen Ecke Europas, von vielen unbeachtet und wenig geschätzt, irgendwo zwischen Bergen und Meer zu finden. Dort lag er seit Jahrhunderten verborgen, obwohl manche, die es gesehen und gehört hatten und den Wert dieses Rituals hätten entdecken können, seine besondere Bedeutung nicht verstanden.

In jenem Moment wurde mir klar, dass ich mich dafür einsetzen würde, ein neues Modell für die Menschen von heute zu erstellen. Die Grundlagen und Wirkungsweisen hatte ich bei diesen meinen Untersuchungen in Südgriechenland gesehen, erlebt und war davon sehr beeindruckt. Ich war sicher, dass die gleichen Faktoren in einem auf die Bewohner Mitteleuropas zugeschnittenen neuen Modell ihre Wirkung nicht verlieren, sondern entfalten würden. Anthropologisch gesehen sind sich alle Menschen in ihren tiefsten Ebenen des Fühlens und der Kreativität ähnlich. Ich musste nur neue Formen finden, die den Transfer der Wirkungsweisen des Myroloja-Rituals in andere Regionen und Kulturen leisten könnten, ohne viel von ihrem präventiv-protektiv-kreativen gesundheitsfördernden Potenzial einzubüßen. Es war ein wunderbares Gefühl zu wissen, dass die lebensfördernde Wirkung solcher Bräuche für alle Menschen, die das gerne ausprobieren wollten, zugänglich gemacht werden könnte.

Die Jahre danach brachten durch weitere Untersuchungen neue Erkenntnisse. So entstand das *Lebens- und Trauer-Umwandlungs-Modell*, das sich auch in Zukunft, solange es eben Menschen gibt, weiterentwickeln wird. Seine Wurzeln sind sehr stark, weil es die Erfahrungen von vielen unzähligen Menschen aus vielen verschiedenen Jahrhunderten in sich trägt.

2 Besondere Wirkfaktoren der Myroloja

Die bisherigen Betrachtungen und die Analyse der Myroloja als ein kreatives Produkt, das in ein komplexes Ritual eingebunden ist, lassen uns einige Faktoren erkennen, mit denen wir uns hier eingehender beschäftigen wollen.

1. Tröstung durch Solidarität

Wir haben gesehen, dass die Myroloja trösten, ohne dass dies ihre ausdrückliche Absicht wäre. Dieser Trost im Mitfühlen, Mitweinen, im schöpferischen Tun und im gemeinsamen Gesang führt nicht von der Trauer weg, sondern im Gegenteil unbeirrt an sie heran. Die Erfahrung von Solidarität, Zwischenleiblichkeit, Gesehen-, Gehört-, Verstanden- und Bestätigtwerden lassen das verfügbare umwandelbare Potenzial frei werden.

2. Expressivität und Anerkennung der Realität

Die suggestive Kraft des Trauerrituals lässt es als Mittler zwischen die Lebenden und die Toten treten. Schöpferische Energien und Heilungskräfte werden frei, wenn wir uns mitten im Verlust befinden und keinen Ausweg mehr sehen. Bei fast allen Menschen, die bereit und willig sind, tritt nach ungeduldigem Warten in einem schöpferischen Sprung starkes kreativ-expressives Potenzial zu Tage. Daher braucht man keine Angst zu haben, im Ritual verloren zu gehen.

Im Myroloja-Ritual wird unmissverständlich deutlich, dass man sich keinen Illusionen und keinen falschen Hoffnungen hingeben sollte: Am 40. Tag nach dem Tod muss man den Verstorbenen aufgeben und darf mit ihm auch in der Fantasie nicht mehr im Jetzt zusammenleben. Der »schützende Rahmen« des Rituals und die zur Verfügung stehenden kreativen Medien – hier der Dichtung – gewährleisten die Realität, das heißt, die Trauer und der Schmerz werden in ihrer ganzen Breite und Originalität durch Expressivität jetzt hier vor Zeugen ausgedrückt. Dadurch erfolgt eine Klärung und Ordnung des Gefühlschaos, das seit dem Verlustereignis aufgebrochen ist. So gehen die Erinnerungen an den Verstorbenen nicht verloren, sondern bekommen ein anderes Gewicht, eine andere Bedeutung.

Viele Forscher, die sich mit den Komplikationen im Zuge der Trauer beschäftigt haben, empfehlen uns, Trauernde zu ermutigen, ihre Gefühle unbedingt auszudrücken, um gesundheitlichen Störungen vorzubeugen. Das Problem daran ist die fehlende schützende und stützende Struktur, die zum Beispiel dieses Ritual bietet, die fehlenden symbolischen Handlungen, die für gute Speicherungen sorgen und damit den Gewinn von Erinnerungen fördern, und schließlich die fehlende tragende Solidargemeinschaft. Das heißt: Weinen und Trauern ist nicht gleich Weinen und Trauern. Es kommt dabei in besonderem Maß auf das Umfeld an.

Die Myroloja zeigen uns deutlich, wie man die am schwersten

zu ertragenden Lebensereignisse wie Verlust, Trennung, Abschied und Loslassen durch kreatives Tun, durch schöpferische Produkte, z.B. die dabei spontan entstehenden Dichtungen und Gesänge, eingebettet in eine Solidargemeinschaft leichter und sinnvoller durchstehen kann. Die Umwandlung der bis dahin verhinderten Trauer und insbesondere der kreative Ausdruck setzen einen starken energetischen Prozess in Gang, der zu einem guten Gefühl für den eigenen Körper, einer Art Sensibilisierung für die eigene Leiblichkeit, zu psychischer Flexibilität, zu Expressivität und zu einer Neuorientierung führt. Dadurch kann die eigene Identität gestärkt und von neuem bewusst wahrgenommen werden. Solche besonderen »Kunstformen« bewirken also eine neu gestaltete Übereinstimmung mit der Wirklichkeit.

3. Verlebendigende Kreativität

Ein weiteres Merkmal der heilsamen Wirkung der Kreativität während der Entstehung der Myroloja-Dichtungen ist die Erfahrung, psychisch flexibel zu reagieren: Die Trauernden, die sich offen dem schmerzlichen Prozess des Trauerns aussetzen, erfahren Reinigung und Entlastung von schweren und unumgänglichen Trauergefühlen. Die Myroloja-Improvisationen bewirken durch die Formung künstlerischer und schöpferischer Produkte eine wichtige Neuverteilung und Regulation von auf sich selbst bezogenen Energien. Sie dienen als Schutz vor einer Gefühlsverarmung, Gefühlsüberflutung, Gefühlszementierung und Gefühlssegmentierung oder einer anderen möglichen leibseelisch-geistigen Katastrophe.

Diejenigen, die sich daran beteiligen, können sich ihren Gefühlen hingeben, diese ausdrücken und werden so *emotional verlebendigt, sind präsent, bei Sinnen* (sichtbar auch an den *offenen Augen*) und in der Lage, alles, was in ihnen und um sie herum geschieht, *bewusst wahrzunehmen.* So schaffen sie es auch, sich nach dem Ritual wieder problemlos den alltäglichen Aufgaben zuzuwenden. Bei den Myroloja bewahrheitet sich die Ansicht, eine Krise als Chance anzusehen. Es scheint, dass das Zusammentreffen verschiedener Faktoren wie Ausdruck von Schmerz, Verzweiflung, Hilflosigkeit, die Bereitschaft, sich dem Schmerz zu stellen, sich dem Verlorenen zuzuwenden, der Trauer in Gesang und Poesie Ausdruck zu geben, zu einer Aktivierung von schöpferischen Energien führt. Solche Energien könnten auch bei Trauernden anderer Kulturkreise aktiviert werden, wenn man für die Bereitstellung von strukturierten Abläufen und kreativen Medien Sorge trägt.

4. Äußerungen von Teilnehmern der Weiterbildung zu Filmaufzeichnungen der Myroloja

In der Weiterbildung zum Myroagogen, die ich schon seit einigen Jahren anbiete, zeige ich immer wieder einige ausgewählte Filmausschnitte vom Myroloja-Ritual. In den Äußerungen der Teilnehmer wird deutlich, welche Wirkung schon allein diese Dokumente auf sie haben. Ihre Äußerungen sprechen für sich:

Welchen Eindruck hinterließen die Fragmente dieses Videos?

a) Ich war von den Bildern sehr angerührt und beeindruckt.
b) Ich hatte den Eindruck, dass die Frauen gut für sich sorgen.
c) Ich war fasziniert davon, wie die Trauernden in die Gruppe eingebettet sind.
d) Ich war sehr bewegt von der Klage des alten und ganz jungen Mannes.
e) Ich bewundere den Beistand, den das Umfeld leistete, in der einfachen Präsenz, im Zuhören und Mitsingen, aber auch in der körperlichen Berührung des Stützens.
f) Das Video hat mir die Natürlichkeit expressiver Trauer deutlich bewusst gemacht.
g) Dieses Video hat mir vor Augen geführt, wie schlimm es sein muss, wenn all die Trauerenergie, die dort so deutlich ausgedrückt wird, eingesperrt bleibt. Das kann eigentlich nur krank machen.
h) Trauernde haben dort viel Raum zum Klagen. Bei den Beerdigungen in jedem anderen europäischen Land würde man wohl gemieden werden oder als verrückt angesehen.
i) Ich war fasziniert von den frei erfundenen Texten. Man darf seine Gedanken laut aussprechen, ohne Angst zu haben, von den anderen Menschen gemieden zu werden.

Was ist dir besonders aufgefallen?

a) Beeindruckt hat mich die Ausdauer der Frauen in der Klage, ohne dass sie ermüden.
b) Die Frauen waren während der Klage wach und präsent mit offenen Augen.
c) Die Trauerklagen werden auf eine bestimmte Art inszeniert und strukturiert, sodass die Trauernden innerhalb dieser Struktur ihrer Klage freien Lauf lassen können.

Wie ist es dir auf allen Ebenen – leiblich, seelisch, geistig – gegangen?

a) Ich war fast neidisch auf sie, da wir keine solche Trauerkultur kennen.
b) Ich war betroffen darüber, dass diese Kultur in Mani wohl bald verloren geht.
c) Die Aufnahmen haben mich fasziniert und berührt.
d) Die klar formulierten Klagen, die Heftigkeit des Ausdrucks und die ausgelebte Trauer sprachen mich sehr an, lösten Tränen aus und bewegten mich.

3 Von der Kunst zu trauern

Im Wort »Kunst« vereinigen sich Erfahrungswissen, Fertigkeit, Ausdruck, Formbildung, Erfindung und Empfindung. Wenn wir von der klassischen Kunst absehen, erleben wir die kreative Fähigkeit, sich »künstlerisch« zu betätigen, bei allen Menschen. Der Mensch im Urwald, der Bauer, aber auch der Städter ist fähig, dem, was er empfindet, Ausdruck zu verleihen, wenn er sich auf das, was in ihm und um ihn geschieht, für einige Augenblicke konzentriert und es wirken lässt. Dieser Ausdruck kann oft eine besondere Formgebung finden, je nach Kulturkreis, Persönlichkeitsstruktur und momentaner Situation. Schöpferisch tätig zu sein ist eine menschliche Eigenschaft und eine große Fähigkeit. Kunstempfinden gehört zum Menschen; man braucht es sich nicht erst anzueignen. Diese Fähigkeit zum schöpferischen Tun, zur Kunst erlaubt es dem Menschen, auch Unerlaubtes, Beeindruckendes, Unsagbares, Unfassbares, Irrationales auszudrücken und ihm eine Form zu geben. Kunst verbindet und versöhnt Körper, Gefühle, Sinne, Visionen, Fantasien, Mensch und Mensch, Mensch und Natur, Mensch und Materie.

Der Prozess der Formbildung, der im künstlerischen Tun stattfindet, schafft eine Verwandlung all dieser Elemente. Neue Gestalten werden durch das »ritualisierte Spiel« bei der Vereinigung kreativer Elemente geboren. Kunst ist also ein ganzheitliches Tun, in dem schöpferische Energien geordnet werden und zur Formbildung gelangen.

So ist die Myroloja als ganzheitliches Ritual eine Kunstform, die kreatives Tun bei den Teilnehmern auslöst, Gefühlen zum Ausdruck verhilft, eine Klärung der Beziehung zum Verstorbenen, der unerledigten Gefühle und Wünsche ermöglicht und Mittel der Formgebung zur Verfügung stellt. Die rhythmischen Bewegungen des Körpers ordnen die Emotionen. Die Worte finden im Gedicht ihren Sinn, sodass der Geist offenbar werden kann. Die Gefühlsvielfalt und -landschaft findet ihren Ausdruck in der Melodie; der Schmerz des Verlustes erhält eine Form und braucht nicht zu zerfallen. Die Trauer findet endlich im Ritual ihre Expression und Kanalisation.

Im Ritual der Myroloja wird der Trauerprozess zum Weg, *der die Umwandlung des Verlustes zum Ziel hat.* Das Trauern erhält auf diese Weise eine andere Bedeutung, als wir sie zu sehen gewohnt sind. *Es wird zu einem humanen, kreativen, ganzheitlichen und rituellen Tun.* Ganzheitlich, weil Trauerkrisen den Menschen total erfassen. Sie bringen zunächst Chaos in sein Denken, Handeln und Fühlen, in sein Leben, seine Beziehungen, seinen Beruf. Sie stellen seine Vergangenheit in Frage und verdüstern seine Zukunft. Sein Leben verliert an Wert. Rituelles und symbolisches Handeln bringt in dieses gefährliche Chaos dann Ordnung und leuchtet den Weg aus durch die dunklen Pfade der trauernden Seele.

Wir wissen, dass die Menschen der Naturvölker und der Antike rituelle Handlungen immer mit dem *Ziel der »Gesundung und Verlebendigung«* begangen haben und noch begehen. Somit kann das Myroloja-Ritual als eine strukturierende heilsame Methode angesehen werden.

4 Rückblick auf die Entstehung des Lebens- und Trauerumwandlungsmodells

1. Grundlegende Rahmenbedingungen und Konzepte

Durch Einbeziehung der vielen Faktoren, die ich in der Analyse der durch die Jahrhunderte erprobten Myroloja entdeckt hatte, erstellte ich vor mehr als 25 Jahren ein vorläufiges Modell für die Umwandlung der Trauer. Ich wollte eine Synthese von Altbewährtem und neuem Kreativen herbeiführen, schöpfend aus meinem reichen und vielfältigen Schatz an künstlerischen, wissenschaftlichen und kreativen Erfahrungen. Daraus sollten neue Konzepte, Methoden und Techniken für dieses Modell entstehen. Ich wollte zunächst kurze Zeit experimentieren und dann meine Konzepte innerhalb eines vorläufigen Modells testen. Dafür mussten zunächst einige Rahmenbedingungen geschaffen und grundlegende Konzepte formuliert werden:

a) In einem geschützten Rahmen sollten die Teilnehmer sich in einem gemeinsamen Tun begegnen, um Vertrauen in die Unterstützung durch die Solidargemeinschaft aufzubauen. Die Trauerdurchgänge sollten aktiv von den anderen mitgetragen werden.

b) Die Aktivierung aller Sinne sollte die Lebensenergie wachrütteln. Körperliche Übungen (Atem- und Stimmausdruck) und ein emotionales Training, verbunden mit Formen des Gefühlsausdrucks, sollten es ermöglichen, die Trauer im ganzen Körper zu erleben.

c) Fantasiereisen und andere Kreativitätsaufgaben sollten die Teilnehmer anregen, ihre Gefühle spontan mit Hilfe verschiedener Medien zum Ausdruck zu bringen.

d) Rollenspiele und andere dramatisierte Übungen sollten dazu beitragen, den Verlust bewusst zu machen und die Auseinandersetzung mit dem Verstorbenen und mit dem Tod zu ermöglichen.

e) Kreative Methoden, die vorgestellt und zum Teil eingeübt

wurden (Bewegung, Malen, Singen, Tanzen, Dichten, Briefeschreiben, Musizieren), sollten ein vielfältiges schöpferisches Tun ermöglichen.

f) Bei diesem Modell sollte der strukturierte Ablauf des Prozesses die wichtigste Rolle spielen. Rituelle Abläufe und symbolische Handlungen sollten den Teilnehmern Sicherheit, Orientierung, Ansporn für den emotionalen Ausdruck und das Gefühl einer tragenden Solidargemeinschaft im Gesehen-, Gehört-, Verstanden- und Akzeptiertwerden geben.

2. Das Trans-Zyklen-Modell

So entstand das Trans-Zyklen-Modell. Bei meiner Beschäftigung mit dem Trauerprozess empfand ich von Anfang an, dass es wichtig war, Strukturen in den Trauerverläufen zu entdecken oder selbst zu »erfinden«.

Die Phasen des Trauerprozesses, welche die Wissenschaftler bis dahin entdeckt hatten, waren gut und oft hilfreich. Meine Forschungsergebnisse aber zeigten, dass die bekannten Phasen einer Erweiterung und Bereicherung bedurften. Ich hatte erlebt, dass Verlust und Trennung den Menschen nicht nur zu Stummheit, Verzweiflung, Resignation, Depression oder Aggression bringen konnten, sondern dass Trauerkrisen zu einer Art Übergang führten, »vor den Toren zu stehen«, vor einer Schatzkammer voll schöpferischer Lösungen, als ob hinter dem Tor die Möglichkeit für den schöpferische Sprung, einem Sprung ins »neue Leben« liegt.

Daher basieren die Trans-Zyklen (Phasen) im Trauerprozess auf einem strukturierten Ablauf, der sich aus den Trauerphasen entwickelt und fünf verschiedenen Stadien mit einer Reihe von geeigneten Methoden, Techniken und Modalitäten folgt: der Dramatisierung, d.h. der Darstellung und Verlegung des inneren Trauerdramas nach außen, und der geschützten Bewusstmachung.

Das Trans-Zyklen-Modell kann voll zur Wirkung kommen, wenn man in seinen Grundannahmen den Menschen als zur Kreativität fähiges Wesen akzeptiert, den Höhepunkt der Verlustkrise als entscheidenden Moment zur Auslösung des schöpferischen Tuns anerkennt und geeignete Materialien und Medien bereitstellt sowie anleitende und vorbereitende Worte ausspricht.

Die Phasen dieses integrativ-kreativen Modells nenne ich »Trans-Zyklen« (von *trans* = über, hinaus, überschreitend, mehrere Ebenen und Richtungen umfassend, und *Zyklen* vom altgriechischen κυκδσς = Kreis, Zirkel, Ring, Bogen, Kreislauf). Sie haben folgende Eigenschaften:

a) Fließende und grenzüberschreitende Übergänge,

b) sie wiederholen sich kreisförmig,

c) sie beginnen oder enden willkürlich an einem Punkt des sich wiederholenden Kreislaufs,

d) es treten zum Beispiel Sprünge von der Mitte des einen Zyklus an das Ende des nächsten auf,

e) Wiederholungen ähneln sich mit der Zeit immer weniger und gleichen schließlich einer Spirale,

f) zyklische Wiederholungen kommen auch bei den einzelnen Trans-Zyklen selbst vor.

1. Trans-Zyklus: Bewusstwerdung des inneren und äußeren Bewegtseins

Emotionale und körperliche Labilität, Verwirrung, Verzweiflung, Hilflosigkeit; Gefühlschaos: Angst, Groll, Wut, Schuldgefühl, Protest, Klage, Kontrolle, Verstummen, Gefühllosigkeit, Starre, Verleugnung; Primäre Katharsis; Kontaktaufnahme zur Krise.

2. Trans-Zyklus: Zeit der Inspiration und des kreativen Sprungs

Aufsteigende Fantasien, Tagträume, Einfälle; Aufkommen von Szenen aus der Vergangenheit, Zukunftsvisionen, Halluzinationen, Wahnbildern; innere Leere, Überflutung von innen oder Interesselosigkeit für außen; Feststellung von Mängeln, Defiziten, Entfremdungstendenzen, Realitätsverlust; Wunsch, die Zeit zurückzudrehen und das Geschehene ungeschehen zu machen; innere und äußere Impressionen und Stimulierungen suchen nach Ausdruck. Innerer Dialog und äußerer Dialog mit dem Toten; Verhandeln mit dem Tod; Suche nach dem Toten in der Vorstellung; Identifizierung mit dem Toten; Übergangsphase; erste Versuche der kreativen Handlungen und der Expression; Bewusstwerden der Unausweichlichkeit des Todes und der Unumkehrbarkeit des Schicksals; erneutes Aufkommen von Verzweiflung und Resignation, die aber durch kreative Expressionen geordnet werden können.

3. Trans-Zyklus: Selbstregulierung durch die Dynamik des schöpferischen Tuns
Wandlungsphase: Ringen um Ausdruck, Formung und Gestaltung; Gleichgewicht zwischen kreativem Ausdruck und dem Trauergefühl in der direkten Konfrontation mit dem Verlust; Umwandlung des Energiepotenzials der Trauer in schöpferische Produkte; das Fließen der Trauer kanalisiert sich, der Körper ist stark mit einbezogen, seine Gebärden übernehmen Ausdrucksaufgaben; der Trauernde taucht in tiefere Ebenen seines Gefühls und seines Körpers und durchlebt Momente von »Trance« und »Ekstase«.

4. Trans-Zyklus: Stabilisierung und neue Beziehungen nach innen und außen
Festigung des seelischen Gleichgewichts; Zeit der Entspannung, des meditativen Verharrens; ein ruhiges Gleichgewicht stellt sich ein; Ansammlung positiver Erinnerungen, Empfindungen der Erleichterung, der Annahme und des Verständnisses; die Verlustsituation wird auf andere Weise gesehen, »Kontaktfühler« zu sich selbst und zur Welt draußen werden ausgestreckt. Loslösung, Abschied, Herausfinden der eigenen Möglichkeiten, Fähigkeiten und Alternativen; Klärung des eigenen Weges: Versuche, das eigene Leben ohne den Verstorbenen zu leben.

5. Trans-Zyklus: Neuordnen, Neuanfangen, Neuorientieren
Perspektivische Ausschau: Bewusstwerden der veränderten Situation. Ausführliche und mittelfristige Planungen; Hinwendung zum Alltäglichen; neue Aufgaben, die auch Selbstverwirklichungswünsche einschließen; neue Trauereinbrüche, die wegen plötzlichen Erinnerns oder an Gedächtnistagen auftreten, werden ohne Angst und mit weniger Belastung zugelassen und mit Zuwendung durchschritten.

Die Zahl der Wiederholungen dieser Trauerzyklen hängt vom Grad der bisherigen gelungenen Umwandlung ab. Der Zeitrahmen variiert sehr stark. Es können innerhalb einer Stunde, eines Tages, eines Monats, eines Jahres mehrere Trauerzyklen nacheinander oder einzelne sich wiederholende Zyklen ablaufen. Das ist von der trauernden Person abhängig, von der Bedeutung des Verlusts und der Art der Beziehung zu dem Verstorbenen. Diese Trauerzyklen gelten mit wenigen Veränderungen auch für alle anderen Arten des Verlusts, der Trennung und des Abschiednehmens, auch in Fällen, in denen man »im Voraus« trauert, bei bevorstehender Erwartung des Todes, in Situationen schwerer und unheilbarer Krankheit.

5 Die Tauglichkeit des Modells auf dem ersten Prüfstand

1. Die ersten Untersuchungsergebnisse stärkten die Motivation zum Weitermachen

Eine erste Gelegenheit, die Tauglichkeit dieses Modells zu erproben, ergab sich, als mir eine kirchliche Institution in Essen Bedingrade-Schönebeck anbot, für die Anfangszeit das Trauermodell in einem von ihr zur Verfügung gestellten Raum zu erproben. Die Teilnehmer sollten Menschen sein, die einen Verlust oder eine Trennung hinter sich hatten. Es sollte in gemischten Gruppen von Menschen unterschiedlichen Alters gearbeitet werden.

Im Zeitraum von November 1982 bis November 1986 habe ich solche dreitägigen Trauerseminare mit Teilnehmern in verschiedenen Städten der Bundesrepublik, der Schweiz und aus Griechenland durchgeführt. Es waren Kleingruppen von jeweils 14 bis 16 Teilnehmer. Die Gesamtzahl betrug etwa 130 Personen für diese erste vorläufige Modellphase. Die Teilnehmer besuchten die »Trauerseminare« an einem Wochenende oder an einigen aufeinander folgenden Tagen für insgesamt ca.

50 Stunden. Am Ende des jeweiligen Seminars wurde ein Nachtreffen vereinbart. Später bildeten die Teilnehmer, soweit es ging, eine Selbsthilfegruppe.

Die Untersuchung erfolgte durch halbstrukturierte Fragebögen vor dem Seminar und nachher durch Tonbandinterviews und durch schriftliche Erlebnisbeschreibungen. Ein Großteil der Teilnehmer wurde mit einer so genannten Kontrollgruppe von 28 Personen verglichen, die zwar einen Verlust zu beklagen hatten, aber kein Trauerseminar besuchen konnten. Die angewendeten psychologischen Tests untersuchten depressive Stimmungen, Persönlichkeit, Identität und schließlich die emotionale Entwicklung. Die Untersuchungsergebnisse sollten das Modell, die Beschaffenheit seiner Struktur und seine Wirkung bestätigen und es prägnanter werden lassen in Form, Struktur und Inhalt.

2. Ergebnisse und Schlussfolgerungen der Erprobung des Vormodells

Die Testergebnisse waren durchweg *signifikant positiv*. Die Erprobung des Vormodells brachte folgende Ergebnisse:

a) Erleichterung des Trauerverlaufs bei so genannter unerledigter oder blockierter Trauer.

b) Hohe Effektivität bei schweren akuten Trauerkrisen.

c) Langsame Normalisierung von so genannter chronischer oder pathologischer Trauer.

d) Bei den meisten Teilnehmern zeigten sich Verbesserungen mit lang anhaltender Wirkung im körperlichen, seelischen und sozialen Bereich.

e) Viele berichteten von Fortschritten bei der Neuorientierung in ihrem Leben und dass sie wieder Freude am Leben empfinden können.

Die Elemente des vorläufigen Modells waren also nicht wirkungslos geblieben. Damit war der erste Schritt getan für eine Weiterentwicklung und Veränderung des Modells. Die entdeckten Wirkfaktoren konnten so noch verstärkt werden. Gleichzeitig hielt ich jedoch Ausschau nach neuen. Ich schloss daraus, dass uns die Ausdrucksformen der Myroloja wirklich

Anregungen bieten können, um unser zivilisatorisch verarmtes Brauchtum durch neue, geeignete Modelle des Trauerns zu bereichern.

Die neue Modellkomposition eines erlebnis-, entwicklungs-, ressourcenzentrierten, integrativen und kreativen Modells war geboren: Das Lebens- und Trauer-Umwandlungs-Modell (LTUM©).

Teil VI
Das Lebens- und Trauerumwandlungsmodell (LTUM©)

1 Das Umfeld der Entstehung des Modells

Ausgehend von meinen persönlichen Erfahrungen, der Betrachtung meiner Umgebung, der Arbeit mit den Mitmenschen, die ich begleitet habe, und schließlich den Erkenntnissen aus meiner Forschung, sehe ich mit Besorgnis auf die vielen Fehlentwicklungen in Kultur und Gesellschaft, insbesondere im emotionalen Bereich. Sorgen macht mir als Engagiertem und Mitfühlendem die schnelle Zunahme eines der Depression ähnlichen Phänomens in weiten Teilen unserer Bevölkerung.

Ins Staunen gerate ich auch, wenn ich feststelle, dass das Wort »Trauer« für viele von uns zu einem der gefürchtetsten und bedrohlichsten Worte geworden ist. Unverständlich ist es für mich, dass diese Entwicklung so von der Gesellschaft hingenommen wird. Ich habe das Gefühl, dass diese Fehlentwicklung bald als Normalität angesehen wird. Das führt leider zu der Konsequenz, dass wir die emotionale Basisressource »Trauer« zu verlieren drohen. Unsere Entfremdung gegenüber der Trauer macht diese zu einem unerwünschten Gefühlsgast im Haus unserer Emotionen. Unzählige Menschen spüren daher Unsicherheit gegenüber dieser sie überfallenden, ungebetenen und ungewollten Traurigkeit, obwohl sie manchmal auch sehr anziehend wirkt. Der alles beherrschende Wunsch ist aber meist, die Trauer möglichst schnell loszuwerden.

2 Nichts Neues von der »Trauerfront«

Die Verantwortlichen in den zuständigen Institutionen schweigen, schauen weg und beabsichtigen, nichts zur Rettung des Phänomens Trauer zu tun, was die Situation auf allen Ebenen der Gesundheit verschlechtert. Die Trauer wird von ihnen mit Depression, Melancholie und Schwermut verwechselt und hat damit den Status einer Krankheit, die man behandeln muss.

Trauer wird auf vielen Ebenen und in vielen Lebensbereichen bewusst oder unbewusst »bekämpft«. Die Bagatellisierung, das Unwissen darüber, die Pathologisierung und das Fehlen von »emotionalen Leitbildern« erschweren eine Orientierung gebende Auseinandersetzung mit diesem Gefühlsphänomen. Auf dem Höhepunkt einer solchen emotionalen Verwirrung vollzieht sich eine Art Machtübernahme in der »Emotionsbehandlung«: die einseitig ausgerichtete und monopolisierende Betreuung durch die Pharmakologie.

Hinzu kommt eine gesellschaftliche, nicht explizit ausgesprochene »Kriegserklärung« an alle Arten von Gefühlen, die nicht von stetiger »Wellness« durchtränkt sind. Das Klischee verordnet in »Fühlmomenten« den Einsatz von Coolness und den Erwerb eines »Dauer-Abos« für die täglich angebotenen »emotionalen Festspiele der Spaßgesellschaft« in den meisten Massenmedien.

Nicht vergessen dürfen wir die zu Tage tretende Unachtsamkeit und undifferenzierte Betrachtung dieses ganzen emotionalen Spektrums durch die Verantwortlichen vieler Religionen und der spezifischen Wissenschaftszweige. Es zeichnet sich das Bild einer emotionalen Pleite ab.

Die Konsequenzen sind inzwischen in allen unseren Lebensbereichen unübersehbar. Vieles von dem, das ich als Zeuge und oft auch am eigenen Leib als Mitfühlender erlebt habe, deutet darauf hin. Die Trauer spielt häufig eine besondere Rolle bei der Entstehung, dem Ausbruch, dem Verlauf und der Heilung einer Krankheit. Bei zunehmender Häufigkeit folgender Krankheiten muss man das unausgedrückte Trauerpotenzial sehr ernst nehmen: Krebs, Infarkterkrankungen, Aids-HIV, Autoimmunkrankheiten, Burnout, Cool-In, Mobbing, ADS sowohl bei Kindern als auch bei Erwachsenen. Die Angst davor raubt den Menschen ihre Lebensqualität und noch vieles mehr. Drogenabhängigkeit, Alkoholismus, Medikamentenmissbrauch, Fanatismus, Extremismus, Rassismus, Vertreibung, Flüchtlingsphänomene, Terrorismus, Amoklauf, mehr Tote durch Suizid als durch Verkehrsunfälle, starrer Fundamentalismus und Konservativismus und schließlich glatter Missbrauch sogar des Göttlichen in der religiösen Verkündigung haben mit dem betrogenen Gefühl Trauer zu tun. Dieses erstaunt uns einfache Menschen, weil es bedauerlicherweise durch falsch ausgelegte Religionsinhalte zu manch verletzenden Handlungen von Seiten der Religionsvertreter und deren überforderten Gläubigen kommt.

3 Unsere eigene individuelle Trauer

Trauer ist ein komplexes Phänomen, dem jeder in seinem Leben begegnet, angefangen bei der Trauer unserer Vorfahren über die der eigenen Familie bis hin zu der der eigenen Lebensgeschichte, beginnend im Moment unserer Empfängnis. Trauer begleitet uns ein Leben lang. Lebensfördernd ist sie, wenn sie stetig ausgedrückt und umgewandelt wird, anstatt in unseren »inneren Kerkern« ein tristes Dasein zu fristen. Die Trauer ist eigentlich die von der Evolution gegebene wichtigste Ausstattung des Menschen für den Umgang mit Veränderungssituationen, insbesondere mit Verlusten und Trennungen.

4 Die Gründung der Akademie für Menschliche Begleitung

Es wurde also Zeit, etwas für die emotionale Neualphabetisierung und damit für die Entwicklung der Trauerfähigkeit zu tun. Aus einer über dreißigjährigen Forschungs- und Entwicklungsarbeit mit Menschen entstanden 1975 die europäischen Lebens- und Trauer-Umwandlungs-Seminare«. Kurz danach gründete ich im Jahr 1982 nach meiner Promotion die »Akademie für Menschliche Begleitung«, AMB, in Essen. Aus der mehrjährigen Feldforschung im Süden Griechenlands und der Weiterentwicklung des anfänglichen Modells entstand ein integrativ-kreatives Modell, dessen Ziel es war, den Umgang mit Veränderungen aller Art in und um uns selbst, bei den Mitmenschen und der Natur zu üben und zu verbessern.

Aus diesem Ansatz entstand das Handlungskonzept des »Lebens- und Trauer-Umwandlungs-Modells« (LTUM©).

5 Der Hintergrund des LTUM©

Es handelt sich hier um einen erlebnisaktivierenden und Kreativität fördernden Ansatz. Hauptziele sind die Entwicklung der Trauerfähigkeit, die Aneignung von inneren und äußeren Ressourcen, welche die Identität stabilisieren und bereichern, und die Förderung des Ausdrucks von berechtigten Empfindungen und Gefühlen. Damit wird ein gesunder Umgang mit dem Phänomen Trauer ermöglicht.

Der Kern solcher Prozesse ist die »Umwandlung«. Damit meine ich einen komplexen Vorgang, der unter besonderen Rahmen- und Raumbedingungen stattfindet. Der Umwandlungsprozess der Trauer trägt zur allseitigen Lebendigkeit im Inneren und Äußeren der jeweiligen Personen bei.

Nach meinem Verständnis hat das LTUM©, das man auch als »Bühnenmodell« bezeichnen könnte, folgenden Hintergrund: Wir spielen unser Leben auf einer Art »Alltags-Bühne«. Unsere Schwierigkeit dabei ist, dass wir ungefragt auf diese Bühne geschickt werden, wo wir Rollen spielen müssen, die andere für uns ausgesucht haben. Wenn uns diese Bühne schon zur Verfügung steht, dann können wir sie auch dafür nutzen, endlich einmal die Rollen zu spielen, die wir gerne hätten. Mit der jeweiligen Inszenierung und dem geeigneten Bühnenbild, die der Leiter im Seminar entwirft, bekommen wir die Chance, eine überzeugende, »selbstfühlende«, echte, authentische Performance hervorzubringen. Das notwendige Publikum bildet die Gruppe der Teilnehmer, die die Rolle einer ressourcenreichen Dorfgemeinschaft übernehmen. Die Teilnehmer beteiligen sich mit allen ihren Sinnen, gehen mit, fühlen mit, schlüpfen unter die Haut, d. h. identifizieren sich mit demjenigen, der gerade im Vordergrund steht, und bestätigen ihn in seinem Gefühlsausdruck. Dieser Gefühlsaudruck, eingebettet in den tragenden Prozess der Gruppe, trägt durch Umwandlung jeden Teilnehmer und jede Teilnehmerin über die fast zu hohen Berge von aufgestapelter alter, aktueller und vorweggenommener Trauer.

6 Die Säulen und Wurzeln des LTUM©

1. Das Werden und Vergehen als Grundprinzip des Seins

Das LTUM© basiert auf dem »Human-Begleit-Ansatz« der »Myroagogik« und »Myropädie«. Diese Begriffe leiten sich her aus den griechischen Wörtern »myromai« (= »Trauern, weinen, klagen«), »Agogik« (= »anleiten, begleiten«) und »Pädie« (= »Kinder anleiten und zu ihrer Entwicklung begleitend beitragen«).

Der kosmologische Hintergrund des Modells wird von den ewig wirkenden Worten Heraklits, des weisen Philosophen der Antike, treffend beschrieben: »Panta rei« (= »Alles fließt«).

Es bleibt also nichts bestehen, alles verändert sich, alles befindet sich wie das Wasser eines Flusses in stetig fließender Veränderung. Heraklit hat durch solche Aussagen damals viele Menschen schockiert und traurig gemacht, weil er ihnen ihre Ewigkeitswünsche »raubte«. Da er zu oft und zu tief in das dunkle Universum schaute, über das Werden und Vergehen nachdachte und diskutierte, erhielt er den Namen der »dunkle Herakleitos«. Aber gerade diese Schwärze seiner philosophischen Gedanken gefällt mir bei Heraklit. Sie sind wie die schwarzen Löcher im Universum, aus denen durch die permanente Wandlung der schwarzen Materie Energie und Feuer in Reinform entstehen. Deshalb sind seine Worte wie lodernde Flammen, die uns Licht und klares Denken schenken. Er lehrt uns, die Funken unserer Lebendigkeit zu schätzen, zu lieben und fürsorglich zu behandeln. Er lenkt unsere Aufmerksamkeit auf das Werden und Vergehen, jenes universale Gesetz, dem alles in und um uns unterliegt und das die Grundlage dieses Modells ist. Ohne Vergehen kann es kein neues Werden geben, auch wenn dies einen Übergang bedeutet, von dem wir meist nichts wissen wollen. Da wir jetzt die kosmologische Basis geklärt haben, können wir unsere volle Aufmerksamkeit auf das Lebendige im Hier und Jetzt richten, damit jeder Moment zu einem »Triumph des Augenblicks« werden kann.

Unser Ansatz geht davon aus, dass wir durch die Evolution für dieses unausweichliche »Werden und Vergehen« gut ausgestattet worden sind. Die Evolution ist nicht vergesslich und macht bekanntlich auch keine Fehler. Alles ist aufeinander bezogen und ist Teil eines zusammenhängenden Ganzen. Was ist also los mit der notwendigen Ausstattung für das Werden und Vergehen? Wieso muss ich dazu Bücher schreiben und seit 30 Jahren Seminare veranstalten? Da muss wohl der Evolution oder dem lieben Gott doch ein Fehler unterlaufen sein. Aber nein, hier muss ich beide in Schutz nehmen. Wir alle haben diese natürliche Ausstattung bekommen, sodass wir fähig wären, dem Werden und Vergehen in uns und um uns gut zu begegnen. Aber dies haben wir bis jetzt noch nicht verstanden, so scheint es mir. Daher möchte ich Folgendes sagen, das alles, was mit Gefühlen zu tun hat, durcheinander wirbelt: *Die Trauerfähigkeit muss unbedingt entwickelt werden.*

Diese Entwicklung ist jedoch von uns und denjenigen abhängig, denen wir nach der Geburt begegnen. Sie muss entdeckt, erlebt, geübt und angewandt werden, wodurch sie eine Reifung erfährt und so wie wir »erwachsen« wird. Für diese Aufgabe brauchen wir das Leitbild und die Unterstützung unserer Eltern oder anderer Angehöriger. Was geschieht aber, wenn diese selbst von ihren Eltern nie die Möglichkeit erhalten haben, ihre Trauerfähigkeit zu entwickeln? Wir sehen, dass es heute wie früher nur wenige emotionale Leitbilder gibt und unsere Kultur daher verständlicherweise Probleme mit Gefühlen und emotionalen Entwicklungsprozessen hat.

2. Die Trauer als Grund- und Basisemotion muss entwickelt werden

Trauer ist also eine Ur-Emotion, die es uns ermöglicht, mit den permanenten Veränderungen umzugehen. Sie ist eine Grund-, Basis- und Vorläufer-Emotion, die zur Beseelung unseres Leibes beiträgt. Trauer ist eine Art Grundstamm für die vielen anderen im Leib vorkommenden lebenswichtigen Emotionen wie Wut, Protest, Triumph, Freude, Liebe und alles, das auf Ausdruck wartet. Das Trauergefühl erleichtert die Kommunikation, fördert den Kontakt und ist ein lebenswichtiges Signal für eine Abgrenzung. Sie steht in einem immer währenden Entwicklungs- und Reifungsprozess hin zu einem erwachsenen Verhalten. Mit einer gesunden und entwickelten Gefühlskompetenz sind wir fähig, Verlusten, Trennungen, Erwartungen, Wünschen, Defiziten, eben allem Vergehenden zu begegnen. Außerdem bereichert sie die Persönlichkeit, stärkt die Beziehungsfähigkeit, sichert die Balance im emotionalen Bestand und sorgt für Nachhaltigkeit.

Entwicklungstheoretisch hängt die zu entwickelnde Trauerkompetenz von der normalen Abfolge von Reifungsprozessen ab. Das bedeutet, dass die Abschiedsfähigkeit alters-, reifungs- und situationsabhängig ist. Zwischen dem siebten und achten Jahr werden Kinder abschiedsfähig, natürlich nur, wenn die Eltern ihnen ein gutes emotionales Nachahmungsmodell vorgelebt haben. Erst ab diesem Alter sind Kinder in der Lage, zwischen sich selbst und den anderen zu unterscheiden. Dann können sie zielgerichtet Trauer zum Ausdruck bringen mit dem

Wissen, dass sie selbst nicht ein Teil vom anderen sind, sondern klar getrennt davon. Zwischen dem fünften und siebten Lebensjahr fühlen sie sich noch für alles, was um sie herum geschieht, verantwortlich und deshalb auch schuldig, wenn es zu einem Verlust, einer Verletzung oder einer Trennung kommt.

3. Von der Universalität der Trauer, einem allumfassenden Ur-Phänomen

Die Entdeckung der Universalität der Trauer ist faszinierend, aber es besteht auch die Gefahr, im Chaos von Trauerqualitäten zu versinken. Deshalb will ich versuchen, diese zu strukturieren, was die Möglichkeit eröffnet, einen differenzierteren Blick auf die Trauer zu werfen. Folgende fünf Gruppen sind zu benennen:

3.1 Überpersönliche Trauer

a) Die kosmische oder globale Trauer:
Sie beinhaltet Trauer um das kosmische Geschehen der Geburt unseres Planeten aus dem »Big Bang« heraus, von dem wir uns schon weit entfernt haben und immer weiter entfernen. Es ist das Gefühl, das uns in einer sternenklaren Nacht überkommt, wenn wir die Sterne und die Weite des Universums betrachten und dabei eine leichte Melancholie spüren, unseren Ursprung verloren zu haben. Für diese Sehnsucht nenne ich hier ein überzeichnetes Beispiel: Vor einigen Jahren gab es eine Gruppe von Menschen, die in Asien einen hohen Berg bestiegen haben, um durch einen Massensuizid mit einem vorbeiziehenden Kometen wieder nach Hause in die Weiten des Weltraums zu fliegen. Vielleicht können wir beim nächsten Betrachten des Sternenhimmels nachspüren, welche Sehnsuchtsqualität für uns darin steckt.

b) Kulturelle und historische Trauer:
Gemeint ist hier die Trauer über frühere Ereignisse in unserer Kultur, von denen Erzählungen berichten, aber auch die Trauer, nicht in dieser vergangenen besonderen Kultur gelebt zu haben, oder die Trauer um jetzige kulturell bedingte

Einschränkungen. Dazu zählt auch die Trauer um verschwundene, untergegangene Kulturen, von denen es nur noch mündliche Überlieferungen gibt, und Trauer aus historischen Ereignissen wie Eroberungen, Zerstörungen, Bombardierungen, durch die vieles verloren gegangen ist.

c) Religiöse und gesellschaftliche Trauer:
Bei diesen Trauerformen geht es um den Verlust von Religionsstiftern und religiösen Führern. Gemeint ist z.B. die Karfreitagstrauer. Hierzu gehört aber auch die durch religiös motivierte Untaten wie Mord, Zerstörung, Hinrichtung und Verbrennung ausgelöste Trauer.
Gesellschaftliche Trauer wird ausgelöst durch gesellschaftliche Unterdrückung, gesellschaftlich bedingtem Missbrauch von Menschen in ihrer leib-seelisch-geistigen Integrität und durch aktuelle gesellschaftliche Fehlentwicklungen. Kennzeichnende Aussagen sind: »Damals war es viel besser als heute! Dort war alles anständig!«

d) Ökologische Trauer:
Diese Trauerform ist nur manchen heutigen Menschen vertraut, da es hier um den Verlust von Tier- und Pflanzenarten, aber auch die Verunreinigung der Luft und der Meere, die Vergiftung der Böden und das Sterben der Wälder geht. Naturverbundene Menschen können hierbei, ohne es zu merken, in eine tiefe Depression fallen, da sie ihre berechtigte Trauer weder fühlen noch ausdrücken können. Meiner Meinung nach könnte das ökologische Engagement vieler Menschen wirkungsvoller werden, wenn man die dazugehörende berechtigte Trauer spüren, mit anderen Menschen gemeinsam zum Ausdruck bringen und damit die Verantwortlichen in dieser Gesellschaft gefühlsmäßig aufmerksam machen könnte. Dann wären ökologisch sinnvolle Fortschritte eher möglich.

3.2 Persönliche Trauer

a) Trauer um mich selbst:
Hier geht es um die Möglichkeiten und Grenzen, die mir von meiner genetischen Ausstattung und von meinem sozialen Umfeld her gegeben sind. Bei diesem Prozess, mich selbst

anzunehmen, kann ich schnell in Jammern und Hilflosigkeit versinken, anstatt meine berechtigte Trauer zu äußern.

b) Trauer um andere, z. B. auch um ein Tier:
Dies ist eine natürliche Reaktion, die meist gut gelingt und unter besonderen Bedingungen gesund sein kann, aber auch oft zu übermäßiger Aufopferung, Fremdfürsorge und Selbstlosigkeit führen kann.

c) Trauer um Dinge:
Grundsätzlich ist es natürlich, den Verlust oder die Zerstörung lieb gewonnener Objekte zu betrauern. Manchmal ist es erstaunlich, wie Menschen davon so depressiv werden können, dass sie suizidgefährdet sind, wenn sie nicht die geeigneten Rahmenbedingungen finden, um trauern zu können.

d) Trauer um Abstraktes:
Hier ist die Trauer um Heimat, Träume, Illusionen, Ideale und Wunschbilder gemeint. Diese Form von Trauer beinhaltet ein sehr starkes ungeahntes Potenzial, das meist unfassbar ist. Da es nicht ausgedrückt werden kann, wird diese Trauer sehr leicht in eine depressive Stimmung umkippen.

3.3 Zeitbezogene Trauer

a) Alte Trauer:
Sie beinhaltet eigene alte Trauer, vom Moment der Zeugung an bis jetzt, aber auch Trauer der Eltern und anderer Vorfahren aus der Sippe. Die »Gnade der späten Geburt« wird dann nicht als Gnade, sondern Ungnade erlebt, da die alte Trauer schlecht fassbar ist. So bekommt zum Beispiel die Trauer meiner Mutter um ihren Vater, den sie als Kleinkind im Krieg verloren hat, depressive Züge, wenn ich, der diese Trauer unbewusst übernommen hat, diese toten Großeltern nicht selbst betrauere.

b) Aktuelle Trauer:
Hier gibt es gute Möglichkeiten, Gefühlskraft aus der aktuellen Betroffenheit zu gewinnen. Andererseits kann ein aktueller Verlust sehr traumatisierend und schockierend wirken und die Trauer blockieren.

c) Zukünftige Trauer, auch antizipierte oder vorweggenommene Trauer genannt:

Diese Form der Trauer stellt eine wertvolle Möglichkeit dar, früh genug damit anzufangen, vieles in der Beziehung zu einem Menschen zu klären und zu ordnen, sodass man geschützt ist vor überflutenden Ereignissen, die den Trauerausdruck erschweren. Nachteile zeigen sich hier, wenn die Chance des Fühlens nicht genutzt wird und eine negative Diagnose mit einer schlechten Prognose das aktuelle Leben lähmt. Dann ist die Trauer jetzt und in Zukunft blockiert.

3.4 Inhaltsbezogene Trauer

a) Konkrete Trauer:
Diese Form der Trauer versetzt uns in die Lage, herauszufinden, warum wir traurig sind. So hat man die Chance, Möglichkeiten und geeignete Bedingungen zu ihrem Ausdruck zu finden.

b) Unfassbare Trauer:
Diese Trauerform ist problematisch und führt meistens zu lebensbehindernder Trauer und depressiven Prozessen.

c) Gemischte Trauer:
Sie bietet die Chance, über die Klarheit der konkreten Trauer zu einer Konkretisierung der unfassbaren Trauer zu gelangen. Wenn man weiß, warum man traurig ist, kann das »gesunde Trauern« besser gelingen.

d) Duplex-Trauer:
Diese Trauer tritt in Erscheinung, wenn man selbst um den Tod des Vaters trauert, aber auch zusätzlich die Trauer der Mutter miterlebt. Hier spielt es eine besondere Rolle, welcher Trauer man dann den Vorzug gibt. Es ist besser, die eigene Trauer bewusst zu erleben, die sonst durch die des anderen überdeckt wird und nicht mehr spürbar ist. Wo es solche Eltern gibt, haben es die Kinder gut!

e) Triplex-Trauer:
Dies ist eine sehr komplexe Trauerform, bei der es selten gelingt, dass der Trauernde ohne gesundheitliche Beeinträchtigung bleibt. Zum besseren Verständnis: Nimmt man das eben genannte Beispiel, trifft beim Tod des Vaters die eigene Trauer auf die Trauer der Mutter. Hier gibt es Schwierigkeiten, wenn man die Trauer der Mutter um den Vater über-

nimmt, sich ängstigt und ganz in der Fremdfürsorge aufgeht, da die Mutter sehr viel weint. Die Konsequenz ist, dass man als Tochter oder Sohn selbst die Gefühlsorientierung verliert und von diesen drei Trauerformen, die sich nicht mehr voneinander unterscheiden lassen, wortwörtlich »erschlagen« wird. Die Folge ist eine Depression.

f) Verbotene Trauer:
Diese Form ist auf mehreren Ebenen problematisch, weil durch das Verbot, Gefühle zu zeigen, die Trauer blockiert wird und entweder zu Depression oder zu Aggressivität führt. Verbotene Trauer können wir zum Beispiel beim Tod von Politikern in autoritären Staaten finden, aber auch, wenn eine sehr geliebte Person stirbt und man nicht öffentlich Gefühle zeigen darf, weil dies eine verbotene Liebe oder Beziehung war. Man betrügt sich dann selbst um die eigenen Gefühle.

3.5 Entwicklungsbezogene Trauer

Diese Trauer ist abhängig vom Alter und von der individuellen Entwicklung.

a) Archaische Trauer:
Damit bezeichnen wir Trauer aus der Geschichte eines Volkes und einer Kultur, die bis in die heutige Zeit hineinreicht. Wenn sie sich mit eigener lebensgeschichtlicher Trauer mischt, kann sie eine unfassbare Qualität erhalten, die sich negativ auswirkt.

b) Delegierte Trauer:
Diese Trauer ist schwer fassbar, weil man sozusagen von den Ahnen den Auftrag erhält, sie bei sich zu tragen und an die nächsten Generationen weiterzugeben. Hier spricht man von der Delegation negativer Sippentrauer.

c) Prä-, peri- und postnatale Trauer:
Hier geht es um die traumatisch getönten Erfahrungen, die ein Kind in diesem stressigen Zeitabschnitt vor, während und nach der Geburt erleidet. Diese Trauer bleibt tief im Leib gespeichert und mischt sich unbemerkt mit allen anderen Formen. Sie ist sehr schwer zu erfassen und braucht besondere Bedingungen, um Ausdruck zu gewinnen. Daher wur-

den in den letzten Jahrzehnten therapeutische Ansätze und Methoden zum Umgang mit diesen Erlebnissen entwickelt, die aber meistens das Trauergefühl ausgeklammert haben.

d) Kindliche Trauer:
Diese Trauer des Kindes bis zum siebten Lebensjahr ist schwer fassbar und mit Schuldgefühlen belastet, weil ein stabiles Ich noch nicht entwickelt ist, das Kind noch kein eigenständiges Individuum werden konnte. Daher ist es kaum möglich, diese Trauer fassbar zu machen und unter geeigneten Bedingungen auszudrücken. Gefragt sind hier Eltern, die einen guten Umgang mit ihren Trauergefühlen entwickelt haben und dem Kind dies zeigen, sodass es am Leitbild der Eltern den Umgang mit Trauer durch Nachahmung erlernen kann.

e) Jugendliche Trauer:
Diese Trauer kann gut durchlaufen werden, wenn die Jugendlichen zu einer Peergroup gehören, die sie in ihrem emotionalen Ausdruck ohne Wenn und Aber unterstützt. Gefragt sind darüber hinaus auch hier Erwachsene als Leitbilder.

f) Erwachsenentrauer:
Unter geeigneten Bedingungen können die Trauerprozesse in diesem Alter gut ablaufen. Dazu müsste die jeweilige Person ein normales Bindungsverhalten zeigen, und es dürften keine weiteren familiären und beruflichen Überforderungen hinzukommen. Unterstützend können hier kulturelle Strukturen wie Bräuche und Traditionen sein, die den Trauernden in eine Gemeinschaft einbinden.

g) Trauer des Seniums (des Alters):
Das Zulassen dieser Trauer stellt in der heutigen Zeit hohe Anforderungen. Wenn man die täglichen Berichte in den Medien über die zum Teil katastrophalen Zustände in Alten- und Pflegeheimen hört, weiß man, dass den alternden Menschen ein Berg von Trauer erwartet. Damit kann er nur schwer fertig werden, weil das »seelische Klettern« die Kräfte eines alten Menschen in solch einem schwierigen Lebensumfeld übersteigen. Daher können Trauerprozesse katastrophale Dimensionen annehmen, wenn der alternde Mensch die Zeit der Lebensbilanzierung alleine und isoliert

beginnen muss. Ich würde diese Situation fast als chancenlos bezeichnen. Hier sind Hilfen dringend gefragt. Gesunde Trauerprozesse können in solchen Umgebungen sehr selten ablaufen, zum Nachteil der Betroffenen, der Pflegenden und der Angehörigen. Ich möchte mich hier für eine Trauerkultur für alternde Menschen einsetzen, sodass ihnen die Möglichkeit gegeben ist, während sie an Vitalität und körperlicher Stärke verlieren, gleichzeitig etwas Neues und anderes zu gewinnen. Das könnte geistige Stärke oder Erfahrungsreichtum sein und schließlich auch, dass man Fähigkeiten und Fertigkeiten, die man im Leben erworben hat, an die jüngere Generation weitergibt. So könnte man hier durch Umwandlungsprozesse aus dem Bestand der inneren und äußeren Ressourcen beim Verlieren immer wieder etwas gewinnen.

4. Speicherungsprozesse und rituell-symbolische Handlungen in Aktion

Das oben angedeutete Dorfgemeinschaftskonzept wirkt unterstützend, tragend, schützend, bestätigend, anerkennend, verstehend und mitfühlend. Durch dieses Konzept wächst eine Solidargemeinschaft, die sicher über die Klippen der zu einem Berg aufgestapelten Trauer wandern kann. So inszeniere ich im Seminar eine Art Bergexpedition über die »Trauerberge«, die jeder Teilnehmer mitbringt. Die leib-, emotions- und kreativitätszentrierten Vorbereitungen finden in einer kameradschaftlichen Atmosphäre statt. Der Leiter übernimmt die Rolle und die Aufgaben eines Führers über die Trauerberge. Jede und jeder Einzelne kann dann die ganze Aufmerksamkeit auf die Aufgaben lenken, die der persönlichen Sicherheit dienen und die Verbindung zu den anderen stärken.

Die notwendigen symbolischen Handlungen verdichten die Aufmerksamkeit auf das jeweilige Ziel und sorgen für eine differenzierte Speicherung im Gehirn. Die Erkenntnisse aus der neurobiologischen Forschung bestätigen hier die Richtigkeit vieler meiner grundlegenden und über die Jahre erprobten Ansätze. Die rituellen Prozesse sind von unermesslichem Wert, weil sie einen klar strukturierten Ablauf ermöglichen und sich die gemachten Erfahrungen mit Nachhaltigkeit in der Erinnerung einprägen. Diese Rituale und spontan entworfenen Inszenierungen entstehen aus dem Moment heraus, stützen sich aber auf eine Basisdramaturgie. So fühlt sich der Teilnehmer sicher geleitet, hat eine klare Orientierung, spielt die Rolle, die er braucht, und kann den momentanen Ausdruck so gestalten, wie es ihm gut tut. Das Erlebte und Erfahrene wird prägnant und so gespeichert, dass es jederzeit leicht auffindbar und zugänglich ist. Dies sorgt für eine nachhaltige Erinnerung. Diese steht dann als eine Art »inneres Video« zum nochmaligen Abspielen und zur Wiederherstellung der verlorenen Balance bereit, wenn uns Szenen aus alten unvergesslichen »Videos«, die oft traumatisch sind, überfluten.

7 Von den vier wichtigsten Wirkungsweisen des Modells

Das Modell ist:

a) präventiv:
Alles Geschehen im LTUM©-Prozess wirkt vorbeugend gegenüber negativen Konsequenzen aus angesammelter, nicht umgewandelter und unausgedrückter Trauer. Man könnte sagen, dass Phänomene wie Depression, Burn-out, Cool-sein und einiges andere überflüssig gemacht und ihrer grausamen Aufgaben enthoben werden.

b) protektiv:
Einige Interventionen durch schützende Körperhaltungen ermöglichen eine klare Präsenz, ein Bei-Sinnen-Sein. Sie schützen vor Realitätsverlust, Abwesenheit und regressiven Phänomenen.

c) proaktiv:
Mit der Entwicklung unserer Trauerfähigkeit handeln wir endlich einmal früh genug, bevor es brennt und die Feuerwehr anrücken muss. Proaktives Handeln bedeutet, leben zu lernen, Leben zu gestalten, Verantwortung zu übernehmen,

wachsam die aktuellen Ereignisse im Lebensumfeld zu verfolgen und sich unnötige größere leib-seelisch-geistige Verluste zu ersparen. Dies schenkt uns Sicherheit und lässt ein Wohlgefühl beim Gestalten des eigenen Lebens aufkommen.

d) performativ:
Umwandlungsprozesse sind nur dann möglich, wenn die in der Verlustsituation aufkommenden Gefühle ausgedrückt werden.

Auf der Grundlage der Erfahrung, dass *Tränen nicht gleich Tränen und Trauer nicht gleich Trauer sind und ungesehene Tränen umsonst geweint sein und auch verloren gehen können*, versuche ich, den Teilnehmern der Seminare Entwicklungsmöglichkeiten zu geben, sodass ihre emotionalen Äußerungen klar, deutlich und zielgerichtet werden, sie Fassbarkeit im Trauergefühl erlangen und authentisch in ihrer Performance werden, d. h. lebendig, ausdrucksstark, gefühlvoll und sich selbst schützend.

8 Einladung zu einem Lese-Probe-Seminar

Ich möchte dich nun zu einem Lese-Probe-Seminar einladen. Stell dir vor, mit anderen in der Runde zu sitzen. Das Leitungsteam begleitet dich und du bekommst einen Informationszettel über Wissenswertes zum Phänomen Trauer in die Hand. Du hast jetzt die Möglichkeit, deine innere Bewegtheit wahrzunehmen und dich zu öffnen, um Neues zu lernen, dich zu entwickeln und Zusammenhänge zu verstehen. Diese Informationen helfen dir, eine Art Bilanz zu ziehen. Vielleicht ist es das erste Mal, dass du dich in eine solche vorgestellte Gemeinschaft begibst. Manche Menschen ängstigt dies. Wir vertrauen darauf, dass du gut auf dich achtest. Du wirst dich nachher sicherer fühlen, auch wenn du bisher noch kein solches Seminar besucht hast.

Wir empfehlen dir, dich zu umarmen mit der Vorstellung, dass du die kleine junge Person in dir, dein Selbst, umarmst und dich fürsorglich um sie kümmerst. Wenn Gefühle kommen, lass sie zu. Du kannst abwechselnd den Text anschauen und nach draußen in die Natur. Du bleibst weiterhin der wahrnehmende Erwachsene, der sich dem Selbst in sich schützend und umarmend zuwendet. Lass deine Augen unbedingt offen, damit du klar im Hier und Jetzt bist.

Wir vertrauen darauf, dass du diese Einladung nur annimmst, wenn du mit dir im Reinen bist und Vertrauen zu dir hast. Es geht hier um den Gewinn von Informationen und um das Ordnen von Erlebnissen und Gefühlen. Sei herzlich willkommen zu diesem ungewöhnlichen Lese-Probe-Seminar.

Mit diesen Informationen möchten wir dich unterstützen, dieses Seminar für die *Entwicklung deiner Trauerfähigkeit* optimal zu nutzen, den *Umgang* mit deinen natürlichen und berechtigten Trauergefühlen zuzulassen und deren Ausdruck zu *verbessern*. Du wirst froh sein, diese Fähigkeit hier ein klein wenig entwickeln zu können, denn du kannst sie ein Leben lang nutzen!

Das ewige und täglich erkennbare Werden und Vergehen macht uns aufmerksam auf *Veränderungen* in uns und um uns. Dabei treten Gefühle auf, die oft durch ungewollt stattfindende Veränderungen in unserem Leben durcheinander geraten sind. Es spielt keine Rolle, ob die Veränderungen heute oder früher stattgefunden haben oder dies in Zukunft tun werden.

Unter den hier gegebenen Bedingungen des Modells werden wir mit den Mitmenschen den uns oft unbekannten Gefühlsreichtum gemeinsam kreativ, aktiv und voll Lebendigkeit gestalten.

Dieses nennen wir im Modell *»Umwandlung«*. Wir gehen davon aus, dass der Wandel, der für uns oft ungewollte Veränderung bedeutet, nach Gestaltung verlangt. Die bewusst gestaltete Umwandlung ermöglicht es uns, Altes, das so, wie es war, nicht mehr existiert, loszulassen.

Dabei findet sich für unser Herz und unsere gesamte Person oft Neues und Wertvolles, aber auch anderes und Verändertes. Wir staunen dann darüber, dass es uns möglich ist, beim Verlieren etwas zu gewinnen, z. B. lebendige Gefühlsäußerungen, leibliche Empfindungen, Blicke der Anwesenden, Gehört-, Verstanden- und Akzeptiertwerden und Mitgefühl der anderen. So können wir als wichtigsten Gewinn die *Erinnerung* an die gelebte Zeit mitnehmen.

Es gibt sehr viele und unterschiedliche Erscheinungsformen des Gefühls Trauer. Trauer ist eine *Grundemotion*, und wir halten sie für eine der wichtigsten *Basisressourcen* der menschlichen Emotionen. Wir bieten dir mit allen uns zur Verfügung stehenden Möglichkeiten an, die Erscheinungsformen der Trauer selbst zu verstehen und mit Unterstützung der Gruppe die ungezählten Gefühlsfarben kennen zu lernen.

Wir möchten erreichen, dass du die meisten Erscheinungsformen der Trauer unterscheiden lernst. Es ist dir dann selbst möglich, zu erkennen, um welche Trauer es sich handelt, ob du es kennst und wie sich dies bei dir anfühlt. Einfach gesagt: Du lernst, das *ABC deiner Gefühle*!

Wenn du neugierig bist und ohne Erfolgserwartung wertfrei experimentierst, wirst du dich über deine Gefühlsentdeckungen freuen.

Übrigens: Die Freude und die Trauer sind zwei Schwestern, die in einem schönen Raum wie deinem Körper wohnen. Wenn du beide in dir wohnen lässt, stehen sie dir jederzeit zur Verfügung. Sperrst du aber die Trauer weg, wie viele Menschen es tun, verlierst du leider auch die Freude, weil sie untrennbar miteinander verbunden sind wie die beiden Seiten einer Goldmünze. Die berühmtesten Dichter sprechen ganz begeistert von den so genannten Freudentränen. Kennst du sie? Hast du sie zufällig einmal selbst kennen gelernt oder bei anderen beobachten können? Vielleicht hast du sie gar nicht bemerkt? Man kann in der Trauer viel Lebendiges entdecken!

Noch bevor wir zur »Gefühlsexpedition« über Berge von aufgestapelter und noch nicht umgewandelter Trauer aufbrechen, werden wir einige Arten, Erscheinungs- und Ausdrucksformen von Gefühlen kennen und unterscheiden lernen. Sorge dabei gut für dich. Wir werden hier nicht benotet wie in der Schule noch veranstalten wir eine »Trauer-Olympiade« und machen übrigens auch keine Therapie, da Trauer keine Krankheit ist.

A. Welche Arten von Trauer bringe ich mit?

Bespreche kurz im Selbstdialog den Hintergrund deiner mitgebrachten Trauer. Suche das Wichtigste heraus und notiere es.

1) Welches sind die wichtigsten Themen deiner aktuellen Trauer?
   Geht es um persönliche Trauer? Ist es die Trauer der anderen? Auf wen oder was bezieht sie sich? Ist es ein Toter oder ein Wunschbild von einem Lebenden oder Toten oder von etwas anderem? Hat es mit Beziehungen zu tun, mit Gesundheit, dem Beruf, mit Materiellem oder Ideellem?
2) Welches sind die wichtigsten Themen deiner alten Trauer?
   Nachdem du die Einführung gelesen hast, ist es jetzt sicherlich leichter für dich, die bedeutsamsten Themen deiner alten Trauer zu finden.
   Geht es um die Trauer deiner Sippe, um traumatische Erfahrungen, um Kriegsereignisse, um Verluste oder Trennungen? Geht es um Opfersein oder Verwandtschaft mit einem Täter, um Verlust von Heimat, um die Erfahrung, ein Flüchtling zu sein, um Naturkatastrophen oder um welche anderen einschneidenden Ereignisse?
3) Welches sind die wichtigsten Themen deiner zukünftigen Trauer?
   Geht es um bevorstehende Verluste von lieb gewonnenen Menschen, um Operationen, um den Verlust von Arbeit oder Perspektiven? Geht es um den Verlust von leib-seelisch-geistiger Unversehrtheit, von Plänen, Visionen, oder geht es um das Älterwerden?
4) Du könntest jetzt unterscheiden zwischen *real* existierenden Lebenden oder Toten und *Wunsch-* oder *Idealbildern* von Menschen, Objekten, Ideen und Fantasien.

B. Notiere dir jetzt hier 3 Mitteilungen. Kurz und bündig!

Du bist jetzt in der Lage, zu wissen und zu verstehen, in welchem Zusammenhang deine Trauergefühle zu Lebenden und Toten, zu deinem Lebensumfeld, aber auch zu deiner eigenen Geschichte stehen.

Welche Trauer konntest du entdecken?

1) Für welche realen Toten?
2) Für welche Wunschbilder von Lebenden oder Toten?
3) Für welche Lebewesen aller Art, auch Tiere und Pflanzen?

Ich möchte dir gratulieren dafür, dass du dich mit dieser Aufgabe befasst hast. Sicherlich kannst du das Phänomen Trauer jetzt in größeren Zusammenhängen sehen und erkennst deine eigene, zum Teil nicht bewusste und nicht umgewandelte Trauer. Dieses Verständnis eröffnet dir einen neuen Zugang zu deinen Gefühlsschätzen.

Wenn du dich jetzt noch einmal umarmst, schenke deinem »Jüngeren Selbst« Wärme und Aufmerksamkeit und bedanke dich bei ihm. Freue dich darüber: Ihr beide seid die Nummer eins!

Zum Schluss

Trauer ist eine **anspruchsvolle Dame!**
Sie möchte
gesehen,
gehört,
ernst genommen,
verstanden und **akzeptiert,**
aber auch **mitfühlend bestätigt** werden.

©AMB

Teil VII
Kreative Beiträge der Seminarteilnehmer

1 Aus der Vielfalt der Seminare

In den vergangenen 25 Jahren habe ich versucht, den Teilnehmern meiner Seminare Möglichkeiten anzubieten, ihre Trauerfähigkeit zu entwickeln und einen angemessenen Umgang mit dem Phänomen Trauer zu erreichen. Außerdem wollte ich ihnen Möglichkeiten geben, unter besonderen Bedingungen ihre Ressourcen zu entdecken, diese Bestände zu bereichern und kreative Möglichkeiten zu finden, um die eigenen Erlebnisse zum Ausdruck zu bringen, wobei die Gruppe als Ressource genutzt wird, in der man sich entwickeln kann. Viele der Teilnehmer haben ihren kreativen Weg der Entwicklung in den so genannten Aufbauseminaren fortgesetzt, wo sie durch Erschließung neuer Ressourcen aus dem Reichtum der Natur, der Mythen und mit Unterstützung von symbolischen Handlungen und Ritualen eine Vertiefung und Verdichtung zu den Themen erreichen konnten. Diese Aufbauseminare dienen der Entwicklung der Persönlichkeit und Identität, aber auch der Stärkung der Wahrnehmung im jeweiligen Hier und Jetzt im Getragensein der Gruppengemeinschaft. Dabei werden alle Sinne angesprochen, um neue Lebensenergie aufzunehmen, sich für noch unentdeckte und alte Lebensquellen zu sensibilisieren und Unterstützung zu finden für die Entwicklung neuer Lebensperspektiven.

Diese Angebote werden am Ende des Buches genauer beschrieben, z.B. die Vertiefung in das Lebens- und Trauerumwandlungsmodell durch die Weiterbildung zum Myroagogen oder durch spezifische Trainings wie Trans-Selbst, wo die fehlende Orientierung im Umgang mit sich selbst durch Selbstliebe, Selbstfürsorge und Selbstachtung entwickelt werden soll.

Im Trans-Sonans-Modell werden auch neue Zugänge zu unserer Persönlichkeit eröffnet. Es geht davon aus, dass der Mensch ein »Schwingungswesen« ist, nicht etwas Starres. Er ist etwas, das sich in stetiger Wandlung befindet und die Möglichkeit der Selbsterschaffung oder Selbstentwicklung hat, denn alles Seiende besteht physikalisch gesehen aus Schwingungen.

In den nun folgenden Kapiteln kommen Teilnehmer und Teilnehmerinnen der verschiedenen Seminare mit ihren kreativen Arbeiten zu Wort, die ihren persönlichen Entwicklungsweg dokumentieren und so die Wirkungsweise der Seminare anschaulich machen. Bei der Entwicklung ihrer Trauerfähigkeit und ihrer Gefühle öffnete sich für sie eine Tür in ein kreatives Feld, wo ungeahnte Potenziale auf Ausdruck warteten.

2 Das Lebens- und Trauerumwandlungsseminar (LTUM©) Typ B für trauernde Eltern auf neuen Lebenswegen nach dem Tod eines Kindes

Beim Tod eines Kindes/Jugendlichen scheint die Welt plötzlich auseinander zu brechen. Nichts ist mehr, wie es früher einmal war. Die Aufgabe, mit dem Tod eines eigenen Kindes fertig zu werden, scheint in unserer Kultur und speziell in der aktuellen gesellschaftlichen Situation fast unlösbar, da es kaum konkrete handlungsorientierte kreative Unterstützung für Eltern in einer derartigen Situation gibt. Aufgrund eigener Betroffenheit kenne ich die Situation trauernder Mütter und Väter und die häufig daraus resultierende Orientierungslosigkeit und Verlassenheit. Das Seminar bietet die Möglichkeit, die berechtigten Gefühle der Trauer umzuwandeln und ihnen dadurch einen lebendigen kreativen Ausdruck zu ermöglichen. Der Abschied zieht tiefe Liebe, aber auch stets tiefe Trauer nach sich, die hier ihren Ausdruck finden und das eigene Gefühlsspektrum bereichern kann.

Marliese W., Coesfeld, Februar 2002: Abschiedsbrief einer Mutter an ihren bei einem Flugzeugabsturz als Zuschauer tödlich verunglückten Sohn

Mein Kind Mario

Ich lasse dich los, sodass du als totes Kind deine berechtigte Ruhe haben kannst.
Ich bin und bleibe deine Mutter, auch wenn du gestorben bist.
Ich bleibe am Leben, ohne mich an deinem toten Körper anklammern zu wollen.
Ich halse dir nicht mehr die dir unbewusst übertragene Bürde auf, dass mein Wohlergehen nur von deinem Weiterleben abhängig ist.
Ich bin ein erwachsener Mensch und kann ohne dich mein Leben gestalten, auch wenn ich dich vermisse.
Ich habe in diesem Seminar ein neues ganzes Bild der lebendigen Erinnerung von dir gewonnen.
Ich möchte nicht durch Depression und Selbstmitleid auf meine Lebendigkeit verzichten, die Erinnerungen an die gelebte Zeit mit dir trüben und dich somit nochmals verlieren.
Ich entbinde dich von den Bürden, mein Stolz, meine Lebensfreude, meine Kraft, mein Sonnenschein zu sein.
Du würdest dich bestimmt freuen, wenn du sehen würdest, wie lebendig und kreativ ich mein Leben gestalte.
Schön, dass es dich, Mario, gegeben hat.

Anke S., Coesfeld, Februar 2003: Tod des Sohnes mit zwei Jahren durch eine unheilbare Krankheit

Wie ging es dir zu Hause gleich nach dem Verlustereignis?
Ich fühlte mich leer und einsam und war total durcheinander, weil ich erst mal nicht wusste, wie ich die Beerdigung überstehen sollte. Mein älterer Sohn war mir ein großer Trost, da ich mit ihm über Michael ganz unbefangen sprechen konnte. Ich habe ganz lange noch tief in mir gehofft, dass mein toter Sohn zurückkommen wird. Obwohl ich ihn habe sterben sehen und bei der Beerdigung dabei war, habe ich es tief in mir nicht wahrhaben wollen.
Was konntest du unternehmen, um dieser unüberwindbaren Krise zu begegnen?
Ich habe immer gedacht, dass ich jetzt alles daran geben muss, das aufzuholen, was ich mit meinem älteren lebenden Sohn verpasst hatte, und wollte ihm jetzt erst recht die perfekte Mutter sein, damit er unter dem Verlust nicht noch mehr leiden muss. Der Krise konnte ich bewusst nicht begegnen, ich habe mir immer wieder gesagt, dass ich es gut schaffen werde, dass ich jetzt bestimmt besser als alle anderen mit der Trauer umgehen kann. Tagsüber habe ich mich ablenken können, und nachts konnte ich nicht schlafen, weil ich nicht aufhören konnte zu weinen.
Wie ist es dir im Seminar und danach ergangen?
Die ersten Stunden waren furchtbar anstrengend. Als wir dann uns einbringen konnten und die erste Meditation begann, fand ich das Seminar super! Es war super aufgebaut und ich fühlte mich unheimlich sicher unter meinen Leidensgenossen und unter eurer Leitung. Nach dem Seminar fühlte ich mich sicher und entkrampft. Ein ganz schwerer Stein ist mir vom Herzen geplumpst und ich fühlte mich wieder wichtig: Ich bin wichtig!
Wie ging es dir mit dem Abschiednehmen?
Beim Abschiednehmen von meinem Sohn war ich so unendlich traurig. Alles, was ich vorher nicht wahrha-

ben wollte, eben dass er nicht mehr wiederkommt und dass nichts mehr so sein wird, wie es einmal war, ist mir durch diesen Abschied so eindringlich bewusst geworden, dass mich die ganze Trauer überwältigt hat und ich viel weinen musste über die Trennung von ihm.

Was konntest du vom Seminar mit nach Hause nehmen?

Selbstbewusstsein, Selbstvertrauen, Sicherheit, gute Laune, Gelassenheit, die Erkenntnis darüber, dass jeder Mensch für sich selbst verantwortlich ist, und das Wissen, dass jeder Mensch die ureigene Fähigkeit besitzt, gesund zu trauern, alleine im Leben zurechtzukommen, und nicht seine Kinder oder Partner von sich abhängig machen darf oder sich abhängig machen lassen darf.

Sind die meisten deiner Erwartungen im Seminar erfüllt worden?

Ich hatte erwartet oder besser gesagt gehofft, dass es mir nach dem Seminar besser geht und mein Leben wieder lebenswert sein wird. Diese Hoffnung hat sich verwirklicht und ich bin mehr als nur dankbar für dieses Seminar! Jetzt weiß ich, dass ich wieder glücklich sein kann, wenn auch nicht heute oder morgen, aber bald bestimmt.

Wie geht es dir jetzt einige Monate nach dem Seminar?

Jetzt geht es mir nach wie vor super! Ich fühle mich sicher und weiß, dass, selbst wenn ich mich von meinem Mann trennen sollte, mein Leben genauso schön weitergehen würde. Mein älterer Sohn ist ebenfalls froh, dass ich nicht mehr von ihm abhängig bin, und ich freue mich immer wieder darüber, wie er von Tag zu Tag selbstständiger wird. Er geht jetzt immer gerne zum Schwimmen oder Judo, was manchmal ein Problem war. Außerdem jammert er nicht mehr, wenn ich mal was vorhabe und er mit seinem Papa alleine zu Hause bleibt.

Was ist dir Gutes vom Seminar für die Gestaltung deines Lebens erhalten geblieben?

Ich übernehme nur noch die Verantwortung für mich und natürlich für meinen Sohn, jedoch in sehr reduzierter Weise: So helfe ich ihm nicht mehr ständig, wenn er sich z. B. ein Glas Limo einschenkt. Ich habe Vertrauen, dass er das schon alleine schaffen wird, und wenn nicht, egal, dann wird es eben weggewischt und beim nächsten Mal klappt es besser.

Vor dem Seminar hatte ich mich immer unheimlich zusammenreißen müssen, um ihm nicht alles aus der Hand zu nehmen, weil ich es ja so gut mit ihm meinte. Jetzt bin ich unheimlich stolz darauf, was er so alles schon alleine kann – unglaublich!

Für meinen Mann denke ich auch nicht mehr, das kann er ja schließlich selbst, und wenn er es nicht kann, ist es eben sein Problem. Ich bin unheimlich gelassen geworden, und wenn ich doch mal Wut im Bauch empfinde, dann setze ich mich hin und meditiere erst einmal ein bisschen. Diese Gelassenheit kommt daher, dass ich so großes Vertrauen in und zu mir selbst gefunden habe.

Wie gehst du jetzt mit Trauer um?

Wenn ich traurig bin, dann verstecke ich mich nicht mehr und weine auch, egal, ob ich auf einem öffentlichen Platz stehe oder ob ich allein zu Hause bin. Es kommt einfach raus, ohne irgendwelche Verkrampfungen. Trauer ist für mich eine ganz normale und alltägliche Sache geworden, die von mir wie alles andere auch ausgelebt wird. Über den Tod meines Sohnes bin ich jeden Tag traurig, aber ich akzeptiere, dass er einen Weg gehen musste, auf welchem ich ihn nicht begleiten durfte.

Konntest du im Seminar neue Ressourcen entdecken und nutzen?

Ja, z. B. die Fähigkeit entdecken, dass ich mir selbst genug bin, dass ich die Fähigkeit habe, meine Trauer gesund zu verarbeiten, und dass ich fähig dazu bin, anderen zu verzeihen.

3 Das Lebens- und Trauerumwandlungsseminar (LTUM©) Typ A

Am Ende dieses Trauerseminars bekommen die Teilnehmer einen ausführlichen Fragebogen zu ihrer früheren, aktuellen und zukünftigen Auseinandersetzung mit der Trauer und der Kompetenz, die sie im Lauf dieses Seminars erworben haben. Sie haben so auch die Möglichkeit, im Rückblick den eigenen Weg noch einmal aus der Distanz zu betrachten und nachzufühlen und mit Hilfe der neu erworbenen Kompetenz dann auch in den Alltag zu integrieren … Das eröffnet den Weg zu einem Neustart im Leben, der aus den Erfahrungsschätzen schöpft, die hier nachträglich gewonnen werden konnten.

1. Ergebnisse der Fragebögen zum Trauerseminar

a) Daran denke ich heute zurück mit…

- Erleichterung, friedvoll, heiterer Gelassenheit
- Dankbarkeit, Mut
- Staunen über die Vielfalt, Bewunderung
- Viel Freude
- Großer Wertschätzung, Heiterkeit
- Überzeugung, das Richtige getan zu haben
- Sehr guter Erfahrung
- Großer Bereicherung, Inspiration
- Stolz, trotz sehr anstrengender Tage einen großen Schritt weitergekommen zu sein
- Viel Respekt, reiche Erlebnisse
- Befreiung von einer Last
- Ein unvergessliches Erlebnis

b) Ich habe dabei vor allem gelernt:

- Aktiver Umgang mit Trauer; Trauer darf gelebt werden; Trauer braucht eine geeignete Umgebung, damit sie gelebt werden kann.
- Angst und Schwäche in Tränen umwandeln zu können.
- Differenzierte Wahrnehmung und Akzeptanz der Gefühle von Angst, Wut und Schmerz; geeignete Ausdrucksmöglichkeiten für solche Gefühle, ohne Überflutung.
- Mich und andere besser spüren, bei MIR bleiben können; mich mehr lieben und andere so sein lassen können, wie sie sind.
- Verdrängung ist keine Alternative zur Trauer, zugelassene Trauer bringt mich weiter.
- Die Freude und Farben des Lebens neu zu spüren.
- Trauerfähigkeit als Teil meines Selbst zu akzeptieren, Freude an der Natur zu haben.
- Besserer Umgang mit Abschied.
- Umgang mit trauernden Mitmenschen.

c) Konkret zeigen sich hier Veränderungen:

- Ich konnte Frieden schließen mit mir und einer verstorbenen Person.
- Es darf so sein, wie es ist, Ich hadere nur noch selten mit meinem Schicksal.
- Ich kann besser und vertrauter mit der Trauer leben.
- Ich weiß heute in schwierigen Situationen, wie ich dastehe und adäquat reagiere, ich verfalle nicht in die Opferrolle.
- Ich bin viel ruhiger, positiver, gelassener; es ist nicht mehr so dunkel und erdrückend; die Trauer hat ihren Platz gefunden.
- Ich habe einen bessen Umgang in der Partnerschaft.
- In meiner Vergangenheitsbewältigungsstrategie.
- Die Tipps, Erfahrungen und Aussagen sind tief in meinem Herzen gespeichert, in schwierigen Situationen stärken mich die Erinnerungen an das Seminar.
- Ich kann mich besser abgrenzen, bin femininer geworden.

d) Besonders gut finde ich:

- Die Atmosphäre, in der das Seminar stattgefunden hat.
- Dass ich so, wie ich bin, richtig bin.
- Die kreative Hinführung zu schwierigen Gefühlen, den Humor, die »saubere« und neutrale Haltung gegenüber der Religion.
- Die geführten Meditationen, der Austausch mit anderen Menschen, die durchgeführten Rituale.
- Trauern zu dürfen und dabei auch nach vorne zu schauen; dass Trauern aufbauend ist.
- Welche Vitalität und Lebensfreude gelebte Trauer schenken kann.
- Die familiäre Atmosphäre und die lebendige Professionalität des Leiters.
- Den ganzheitlichen Ansatz; dass in der intensiven Arbeit auch das Weinen und Lachen Platz hatte.
- Der Bezug zur Natur und das konkrete Umsetzen; die Symbolarbeit.
- Wie einfach es ist, mit den anderen Kursteilnehmern auf eine gemeinsame Ebene zu kommen.

e) Mir nützt die Erfahrung privat / in meinem Beruf:

- Sie ist mir in beiden Bereichen von großem Nutzen.
- Ich bin in beiden Bereichen ausgeglichener, konnte den Tod meines Vaters vor zwei Jahren versöhnlich verarbeiten.
- Ich habe einen besserer Umgang mit meiner schwer behinderten Tochter.
- Ich spüre mehr Selbstfürsorge; ich höre mehr auf meine Gefühle.
- Ich habe nun die Fähigkeit, Trauernde zu verstehen und zu begleiten.
- Es kam zu einer nachhaltigen Veränderung meines Lebens – ein völlig neues, bereicherndes Lebensgefühl.
- Ich kann besser loslassen.
- In meinem neuen »Helferberuf« kann ich mich besser abgrenzen.
- Als Mutter bin ich reifer und lebendiger geworden, habe mehr Energie, Kreativität und Gefühle.

- Privat habe ich mehr Freude mit der Familie.

f) Trauer verstehe ich heute:

- Als einen aktiven Lebensprozess.
- Als Geburt für etwas Neues, Loslassen ins Licht.
- Als Entwicklung.
- Als geschenktes »Werkzeug«, um gesund aus einer schicksalhaften Situation herauszuwachsen.
- Als geschenktes Gefühl, als kostbare Ressource, die heilend und versöhnend wirkt.
- Als natürlichen Prozess, der Zeit und Rituale braucht.
- Als Teil meines Lebens, der nicht nur negativ gesehen werden sollte.
- Als richtig befreiend und nicht mehr verboten.
- Als Notwendigkeit zur Verbesserung der Lebensqualität.
- Als natürliche emotionale Reaktion auf Veränderungen in und um uns.
- Als Chance, in meiner Persönlichkeitsentwicklung weiterzukommen.
- Das Trauern hilft mir, auf Menschen zuzugehen und das Schöne in der Natur wiederzuentdecken.
- Als Begleiterin, die mein Leben gewandelt hat.
- Als einen selbstverständlichen Teil der Gefühlsvielfalt.

2. Gestaltetes Abschiednehmen

a) Silvia O., Linz, Oktober 2003:

Ich nehme mit aus diesem Seminar:
- Daseinsbejahung.
- Das Wissen um die Treue meiner beiden Kameraden Atem und Herzschlag.
- Das Bewusstsein, dass klare Aufgabenstellungen transparente und klare Antworten schenken werden.
- Die Erkenntnis, dass die Fähigkeit, klare Grenzen ziehen zu können, die Voraussetzung für Kontakt und Beziehungsfähigkeit bilden.

- Ein neues Gefühl für die Bedeutung von Gemeinschaft und gemeinsamen Ritualen.
- Das Wissen, wie wichtig es ist, den Abschied bewusst zu gestalten.
- Die Freude von »Mutter Erde« an tanzenden Menschen, die sich von ihr getragen fühlen.
- Dass nur die »eigene Ganzheit« wieder Ganzheit hervorruft.
- Klares, genaues und liebevolles Hinschauen.
- Freude am Ganzwerden, um damit beziehungsfähig zu werden und zu sein.
- Ein neues Gefühl für meine Füße und die Tragkraft von »Mutter Erde«.

b) Renata E., Leverkusen, März 2003:

Ich nehme mit aus diesem Seminar:

- Die Bedeutung und das Empfinden des Satzes »Ich stehe dazu!«
- Die Erfahrung großer Füße, mit denen ich auf der Erde stehe und sicher und stabil gehen kann.
- Die Erfahrung der Seilschaft, das Einlassen in die Gemeinschaft und das damit entstandene Vertrauen, getragen zu werden, nicht fallen zu können, nicht alleine zu sein, akzeptiert zu sein als »vollständiges« Mitglied. Ich spüre, dass jeder Einzelne für die Gemeinschaft von großer Bedeutung ist und dass Eigenverantwortung und die Sorge um sein eigenes Wohlbefinden für das Überleben der Gemeinschaft wichtig sind.
- Ich bin ein einzigartiges, wundervolles, lebendiges Wesen. Ich werde getragen, so wie ich bin! Das Göttliche ist um mich herum. Natur, Licht, Erde, alles ist göttlich – das Göttliche ist hier in mir.
- Das Wissen, dass ich erwachsen bin und in mir eine halbe Ente trage (ein kleiner, noch nicht ganz entwickelter Anteil in mir), die Schutz und Entwicklungsmöglichkeiten braucht.
- Die Übung He-Li-Wi-Wä-S-A (eine symbolische Haltung, die Erfahrung von Selbstfürsorge und Selbstliebe ermöglicht, s. Trans-Selbst) hilft mir, Gefühle zu zeigen, zu leben, zum Ausdruck zu bringen. Ich habe gelernt, dass es wichtig

ist, Trauer und Tränen zu zeigen, lebendig und präsent dabei zu sein.

- Klarheit und das Beziehen einer Position ist sehr wichtig. Ohne Klarheit kann ich keine Position beziehen, kann ich meine Gefühle nicht definieren und auch nicht die Zielrichtung meiner Gefühle verfolgen. Aber gerade die Definition und Zielrichtung der Gefühle schaffen Grenzen und bieten so einen Raum, in dem ich mich bewegen kann. Und dieser Raum ist die Realität des Alltags!
- Dass das Ausdrücken der vielfältigen Eindrücke wichtig ist, denn erst dann fließt es und setzt sich nicht ungefiltert im Körper ab.
- Das Wissen darum, dass alles vergeht und das Vergehen der Beginn von etwas Neuem, die Geburt von neuem Leben ist.
- Ich nehme die Klarheit mit, dass mein Partner nicht mehr hier ist. Er ist mit dem Schiff ins Licht gefahren (eine uralte symbolische Handlung, die die Toten mit einem Totenschiff an ihre Ruheplätze bringt). Ich nehme alle Liebe von und zu ihm mit und alle Momente mit ihm. Ich bin hier, um selbst für mich zu sorgen, um mich zu lieben! Ich weiß genau, was gut für mich ist!

c) Traudel: Ich schäme mich nicht mehr für meine Trauer

Vor dem Seminar war ich sehr aufgeregt und zählte die Tage. Ich freute mich darauf, ungehemmt trauern zu dürfen. In den letzten beiden Tagen davor war ich ziemlich durcheinander, unkonzentriert und machte viele Tippfehler beim Maschinenschreiben.

Vor einigen Jahren hatte ich mich entschlossen, leben zu wollen, aus eigener Kraft und ohne Depressionen. Ich ging in eine Selbsthilfegruppe, durch die sich mein Leben stark verändert hat. Ich konnte zunehmend mehr das tun, was für mich gut war, und hatte Mut zu neuen Erfahrungen bekommen. Ich konnte auch meine Trauer mehr und mehr zulassen, wusste aber oft nicht, was ich betrauerte. Auch hatte ich Angst, meine Trauer zuzulassen. Ich konnte ganz lautlos weinen. Ich bekam immer Angst, verachtet zu werden, wenn ich laut klagte. Außerdem glaubte ich, dass mich die Trauer überwältigen könnte.

Während des Seminars habe ich mich in der Gruppe sehr getragen und unterstützt gefühlt. Die Übungen haben mir geholfen, mit meinem Körper in Kontakt zu bleiben, seine Signale wahrzunehmen und ernst zu nehmen. Ich war erstaunt, dass ich so große Schwierigkeiten hatte, meinen Namen zu sagen. Das gegenseitige Tragen der Hände hat mir ermöglicht, mich ganz tief innen im Körper loszulassen; es hat sehr heftiges Schluchzen ausgelöst (auch jetzt beim Schreiben, denn ich erinnere mich, dass ich als Kind das Lied »So nimm denn meine Hände und führe mich« sehr geliebt habe). Danach war mir sehr leicht, und mein Bauch war ohne Spannung.

Die Rituale haben in mir ein weiches, feierliches Gefühl ausgelöst. Sie waren eine sinnliche, fühl- und sichtbare Handlung, so wie der körperliche Ausdruck meines Abschiednehmens. Für mich war wichtig, dass ich den anderen meine Trauer zeigen, sie mitteilen konnte und ich damit verstanden und angenommen wurde. Das Malen und das klangliche Ausdrücken meiner Gefühle war ein weiterer, für mich neuer Weg. Ich hatte die Möglichkeit, ganz ausgiebig klagen zu dürfen, bis ich genug hatte und mein Körper wieder ruhig und entspannt war. Durch die verschiedenen Arten, mich auszudrücken, entdeckte ich auch, wie ich die Trauer in meinem Körper festhielt und dass ich ein Bedürfnis hatte, diesem Gefühl Ausdruck zu geben.

Die deutlichste Veränderung spüre ich immer dann, wenn Tränen in mir hochsteigen. Heute schäme ich mich nicht mehr für meine Trauer, weder für uralte noch für neue. Ich gebe mir selbst das Recht zu trauern, wenn mir danach ist. Ich kann auch sehr gut bei anderen bleiben, wenn sie trauern. Mein Leben wird immer beschwingter. Ich habe keine Angst mehr, dass meine Trauer zu überwältigend werden könnte. Ich lasse immer nur so viel zu, wie ich tragen kann. Wenn ich nicht allein bin, kann ich mehr tragen. Ich nehme die Hilfe von anderen in Anspruch. Wenn ich allein bin, kann ich mich durch Konzentration auf den Boden und den Atem selbst wieder beruhigen.

Das Seminar hat mir gezeigt, dass ich noch vieles zu betrauern habe. Gleichzeitig habe ich mich von einer großen Last befreien können. Das war sehr wohltuend. Den Leuten, die mit mir waren, fühle ich mich sehr nahe und verbunden, wenn ich ihnen begegne.

d) Helga D.: Brief an die Eltern

Abschied

Abschied von wem, von was?

Abschied von der brennenden, verzehrenden Sehnsucht, von Euch geliebt zu werden.

Abschied von dem Wunsch, Euch zu begegnen, mit Euch lebendig zu sein. Ich nehme Abschied von dem Wunsch, bei Euch das sein zu dürfen, was ich bin.

Trauer

Ich trauere um jede ungeweinte Träne vor Euren Augen.

Ich trauere um jeden erstickten Schmerzensschrei, den ich von Euren Ohren fern gehalten habe.

Ich trauere um das unterdrückte »Lebendige« in mir.

Ich trauere um das unterdrückte Lachen – Euch zuliebe, um Euch nicht zu stören.

Ich trauere um all die festgehaltene, gebremste Kraft.

Ich trauere um die zurückgehaltene Wut, die ich nicht äußern konnte.

Ich trauere darum, mir, Euch zuliebe, so viel Schuldgefühle aufgeladen zu haben, die ich kaum noch tragen kann.

Ich trauere darum, mir den Zwang angetan zu haben, Euch dankbar zu sein, weil Ihr doch gesagt habt: Wir sind immer für Dich da.

Ich frage: Bei welcher Helga wart Ihr eigentlich?

Ich sage: Ich habe Euch gebraucht, so oft gebraucht, Ihr wart zwar als Eltern da, aber Eure Seelen konnte ich nicht finden. Ihr habt sie verschnürt, erstickt, eingemauert. Mich gruselt vor der Kälte, die in mir hochsteigt. Ihr wart für mich unerreichbar, und ich glaube, Ihr seid Euch meines verzweifelten Kampfes, den ich um Euch geführt habe, nicht bewusst.

Zukunft

Ich will loslassen von der Hoffnung, dass Ihr mich seht, mich annehmt. Ich will Abschied nehmen von dem Bedürfnis, bei Euch ein Zuhause zu haben.

Ihr habt mir beide das Gefühl gegeben, ständig eine Belastung zu sein, ein störendes Element.

Dabei habe ich so viel Kraft gebraucht, mein »Lebendiges« zu betäuben, unauffällig zu sein, damit Ihr Ruhe vor mir habt.

Mich durchfährt ein tiefer Schmerz.
Ich möchte schreien, ich kann es nicht.
Ich möchte nicht länger leiden.
Ich möchte loslassen, von Euch endlich Abschied nehmen.
Ich bin ein Geschenk, keine Bürde.

Es ist mir nicht wichtig, zu fragen, ob ich für Euch wichtig bin, einen Wert habe.

Ich möchte von Euch gehen, um wieder frei atmen zu können, damit ich mich bewege, wieder sichtbar werde, damit ich mir selbst einen Sinn, einen Wert geben kann.

e) Eberhard, P., Recklinghausen, Januar 2004:

Was mich zum Trauerseminar geführt hat:
Aktuelle Trauer um drei liebe Freunde; länger zurück liegende Trauer um meine Großeltern, besonders meinen Großvater habe ich sehr gern gehabt; weit zurück liegende Trauer um viel ungelebtes Leben mit meinen Eltern, meine Ängste, meine Schuldgefühle ihnen gegenüber, gegenseitige Ablehnung, meine Lebenszweifel mit 17/18 Jahren, über die ich mit meinen Eltern nie sprechen konnte.

Was ich aus dem Seminar mitgenommen habe:
Nach dem Seminar hat sich in meinem Seelenleben ein regelrechter Krieg abgespielt mit der Grundfrage: Darf es mir gut gehen, wenn es meinen Eltern damit schlecht geht, weil ich meinen Lebensweg gehe, den meine Eltern nicht akzeptieren? All die alten versteinerten, versumpften, vereisten und vernebelten Gefühle drängten nach Ausdruck. So habe ich viel gemalt, viel mit meiner Frau gesprochen. Endlich konnte ich all die Gefühle, die ich als Kind und Jugendlicher gegenüber mei-

nen Eltern hatte ausdrücken wollen, und meine vorgestellten Wunscheltern wenigstens zum Teil verabschieden und das ungelebte Leben betrauern. Hilfreich ist mir dabei die Erinnerung an das Seminar mit dem Klageritual, das mir die Möglichkeit gab, all die Gefühle von Wut, Schuld und Schmerz, aber auch der Verantwortung, Liebe und Verbundenheit auszudrücken. Ich habe dabei erfahren, dass ich als kleiner Junge das verdammte Recht hatte, sauer und wütend auf meine Eltern sein zu dürfen, ohne diesmal die große Angst zu haben, ihre Liebe, Zuneigung und ihren Schutz zu verlieren. Ich ahne heute, welche Riesenbrocken von verdrängter Wut auf meiner Seele lasteten. Ich gehe jetzt aufrechter und habe viel mehr Klarheit. Auch der Satz »Es darf mir gut gehen!« ist mir in Erinnerung geblieben, die Klänge der Lyra, die unbeschreiblich schönen Schwingungen des Gongs und das He-Li-Wi-Wä-S-A.

Wie ich meine Erfahrungen im Alltag integriere:
Ich konnte im Seminar von meinen toten Freunden Abschied nehmen, die mir sehr fehlen. Der Abschied von meinen Idealeltern ist mir nur zum Teil gelungen, weil ich die realen Eltern immer noch nicht akzeptieren kann. Ich denke, dass ich zuerst meinen ganz tiefen, alten, versteinerten, versumpften und vereisten Gefühlen aus meiner Kindheit zum Ausdruck verhelfen möchte, um mich dann weiter verabschieden zu können. Ich habe das gute Gefühl, mich meiner Vergangenheit und meiner alten Trauer erfolgreich, wenn auch noch nicht vollständig und abgeschlossen gestellt zu haben.

Ich habe viele gute, neue Videos (d.h. neue in mir gespeicherte Erfahrungen) gedreht, die mir etwas mehr Balance und Sicherheit beim Überqueren meines Lebensseils geben. Außerdem viel Hoffnung und Optimismus und gute Strategien gegen die alten schwarzen Videos (d.h. alte Erfahrungen aus der Kindheit).

f) Martin L., Winter 2003:

Wie ging es mir im Seminar und was habe ich mitgenommen:
Im Trauerseminar habe ich mich sehr wohl gefühlt, obwohl es körperlich durchaus anstrengend war. Hinterher fühlte ich

mich nicht nur einfach reicher, sondern auch in meiner Haltung dem Leben gegenüber bestärkt. Die diffuse Trauer, die durch die Scheidung von meiner Frau zum Vorschein kam, überwältigt mich immer seltener. Die Entschlossenheit und Entschiedenheit, mit der ich durchs Leben gehe, haben zugenommen. Ich sehe mich bestärkt darin, mein Leben der Entwicklung von Gemeinschaft zwischen Menschen zu widmen.

g) Christian M., Polizeidirektor, Dezember 2001, Brief an den Begleiter:

Sehr geehrter Herr Canacakis, lieber Jorgos,
im Dezember durfte ich drei Tage mit dir in der Schweiz verbringen, diese Zeit betrachte ich als echten Himmelsschatz! Allerliebsten Dank für die verspürte Wärme, für deine Feinfühligkeit und das Licht, die du mir geschenkt hast! Die großartige Dramaturgie des Seminars hat mich umgewandelt, ich bin aufmerksamer und verständnisvoller für meine Gefühle geworden! Allergrößten Dank für diese Zuwendung und Bereicherung meines Lebens – mein Himmel hat sich gewaltig ausgedehnt!

h) Anita L.-N., März 2004:

Wie geht es dir jetzt einige Monate nach dem Seminar?
Ich stelle mich ehrlicher meiner Trauer, meiner Hilflosigkeit, überhaupt meinen Gefühlen und überspiele sie weniger. Ich versuche immer noch eher, meine Trauer nach außen hin nicht zu zeigen, obwohl ich spüre, wie lebendig sie eigentlich ist. Das Komische ist, dass ich eigentlich lebendig werden will, da ich so lange erstarrt lebte, aber die Trauer will ich nicht. Es kommt mir so vor wie »lieber erstarrte Lebendigkeit« als »lebendige Trauer«. Neuerdings versuche ich es weniger so zu arrangieren, dass ich nichts fühle, sondern versuche mich selbst zu ermutigen, genau hinzufühlen, wie etwas für mich ist und was es mit mir tut. Mein »jüngeres Selbst« habe ich lange ins Unterirdische verbannt, dorthin, wo ich es als Kind zum Schutz hinschicken musste. Jetzt will ich es nicht mehr verbannen, sondern nehme es mit und stimme ihm vermehrt zu. Erst jetzt

begreife ich, dass ich nur erwachsen werden kann, wenn ich mein »jüngeres Selbst« und damit meine Kindheit mitnehme und nicht zurücklasse oder loswerden will, wie ich es anfangs im Seminar eigentlich tun wollte. Ich nehme mich ernster, übernehme mehr Verantwortung für mich selbst und entscheide mich mehr für mich statt gegen mich.

i) Martin, T., Gedicht, geschrieben vor dem Seminar, nach dem Verlust der Partnerin:

Trauerreise

Ich besteige den Zug in der Hoffnung,
dir zu begegnen,
in der Erinnerung, im Gespräch,
im Fühlen und Handeln, im Erleben.

Ich verlasse den Zug in der Gewissheit
von dir Abschied zu nehmen,
aus meinem Alltag,
aus meinem jetzigen Leben,
aus meinem körperlichen Fühlen,
aus meinen unrealistischen Gedanken.

Ich hoffe,
dass diese Reise, die im Regen begann,
durch den dunklen Morgen ging
und im trüben Mittag ankam,
im Sonnenschein endet.

Ich wünsche mir,
dass mein Herz frei wird
vom starken Trauerschmerz,
vom Vergangenheitsdenken,
von Chaos und Hoffnungslosigkeit.

Ich wünsche mir
einen Ausblick auf ein neues Leben,
auf eine Hoffnung, wieder zu lieben,
auf Wärme, Nähe und Zuneigung.

Ich wünsche mir,
der Zug führt mich auf neue Wege,
führt mich ins Licht,
führt mich ins Leben zurück.

Meine Gefühle nach dem Seminar:
Es war für mich ein sehr wichtiger Meilenstein in meiner Entwicklung, in meinem Umgang mit meiner Trauer. Die intensive Auseinandersetzung mit mir und meinem Innersten und die sehr plastischen Rituale haben sich tief in mir festgesetzt und eine feste Basis geschaffen, auf die ich immer wieder zurückgreifen kann, wenn ich drohe, abzustürzen. Das Vertrauen, Mutter Erde trägt, nimmt mir die Angst, ins Bodenlose zu fallen, somit kann ich meine Gefühle meistens leichter zulassen. Nach anfänglichen Schwierigkeiten, besonders im Umgang mit den anderen Teilnehmern, habe ich mich sehr wohl gefühlt in der Gruppe. Auf die Rituale und Meditationen konnte ich mich ohne zu zögern einlassen.

Abschied

Da gehst du nun hin, meine liebe Frau,
ich hörte, fühlte und roch dich genau.
Ich freute mich, dich zum Schiff zu begleiten,
ein letztes Mal die Arme um dich breiten.
Du warst so lieb, so zart, so herzlich.
Der Abschied ist verdammt doch schmerzlich.
Doch machtest du es mir sehr leicht,
dein Abschiedsblick, der war sehr weich.
Du freutest dich auf deine Ruh
warfst noch ein Abschiedskuss mir zu,
ein lauter Ruf schallte von dir:
»Geh in dein Leben zurück, ich bleibe hier.«

Das Schiff fuhr los, die Segel voll Wind,
es machte Fahrt, entschwand geschwind.
Nun war es weg, das Meer war leer,
nur ich stand da in meinem Tränenmeer.
Doch eins war schön und gab mir Kraft,
ich war in einer guten Seilschaft.

Gemeinsam haben wir uns gestützt,
so hat es jedem was genützt.
Ich spürte Menschen, war nicht allein,
so konnte ich nicht einsam sein.
Ich bin so froh für diese Runde,
die mir half in dieser Stunde.
Ich wünsche mir weiterhin viel Kraft
und immer eine gute Seilschaft.

4 Mitteilungen und Gedichte nach einem Seminar zum Aufbau der Identität – Wenn das »Selbst« an die Pforte des »Ich« pocht

Im Konzept des »Trans-Selbst« (Trans bedeutet mehrere Richtungen, Dimensionen, Ebenen und eine Vielfalt von Zeiträumen der Selbstentwicklung) wird das Selbst als die Basis der Identität angesehen. Das Selbst soll mit dem »Ich« in Beziehung gesetzt werden, sodass es zu einer ganzen Person, d. h. zur Persönlichkeitsentwicklung kommt. Das Augenmerk liegt auf der »Selbstbeelterung«, der Entwicklung einer Art Selbstliebe und freundschaftlicher Bezug zu uns selbst, der diesen betrogenen und nicht gelebten Anteil von uns (siehe Kindheit) mit einbezieht.

In unserer Kultur ist es bis heute nicht deutlich gesagt und auch nicht praktiziert worden, wie diese Fähigkeit überhaupt entwickelt, geschweige denn nachgeholt werden kann. Im Gegenteil, sie betont und verlangt einseitige Fremdfürsorge und Selbstaufopferung. Auf dieses Ideal wird der Mensch systematisch von Kindheit an bis zum letzten Atemzug getrimmt. Dadurch entsteht eine defizitäre Identität, die wir erhoffen, durch die Zuwendung der anderen aufzufüllen. Die Konsequenz daraus ist aber eine neu entstehende Abhängigkeit, eine Hinderung des »Erwachsenwerdens«, wodurch das Defizit vergrößert wird. Somit entfernen wir uns weiter von dem Ziel, eine »ganze« Identität zu gewinnen, und bleiben ein Leben lang »halb«. Durch dieses von mir entwickelte Modell möchte ich jedoch dieser Fehlentwicklung entgegenwirken.

1. Ingrid C., Juni 2004:
Hier versucht die Teilnehmerin mit dem Bild des Zinnsoldaten, der nicht fühlen darf, sondern funktionieren muss, zu beschreiben, wie ein Defizit zur Verformung des Selbst führt. Dies ist ein gelungenes Beispiel der Selbsterkenntnis, die in dieser kreativen Form des Gedichts und der Zeichnung zum Ausdruck kommt.

Der tapfere kleine Zinnsoldat

Weißt du noch, als du nach einer
Schneeballschlacht
zu spät nach Hause kamst mit roten
Wangen?
Wie du mit Ohrfeigen empfangen
wurdest? Essenszeit war vorbei.
Du hast nicht geweint, warst das
nächste Mal pünktlich,
obwohl du doch so gern, so schrecklich gern mit den
anderen im Schnee getobt hättest!

Du tapferer kleiner Zinnsoldat,
leg deine Flinte ins Gras,
du musst dich vor mir nicht verteidigen, nicht recht-
fertigen,
du musst nicht marschieren, exerzieren, funktionieren.
Du darfst hüpfen und Purzelbäume schlagen,
wenn es dir gefällt.
Du darfst Angst haben und du darfst weinen.
Ich weine mit dir.

2. Heike M., Lyrikerin, Juni 2004:
Dieses Gedicht wurde von einer Teilnehmerin im Seminar vorgelesen, das sie während der Weiterbildung zur Myroagogin geschrieben hatte.

Kind das du warst
wo bist du –

aufgetaucht aus dem Nebel einer Beziehung
warst du nicht die
die sie sich vorgestellt hatten
wurdest Opfer des Selbstbetruges
deiner Mutter
hast dich verzehrt
im Kampf um Anerkennung
warst schon als Knospe verbraucht
wie Blütenblätter im späten Frost

wer warst du Kind
wer solltest du sein

irrst umher
im Dunkel der Erinnerungen
ohne Ruhe zu finden
suchst nach dem der dich annimmt
so lange
bis du geklärt
von den Wirren der Vergangenheit

emportauchst
ans Licht der Gegenwart

so lange
bis du Geborgenheit bekommst und Liebe

so lange
bis wir uns gefunden haben

endlich gefunden haben

bis du zusammenkommst mit der
die ich jetzt bin

Komm Kind zu mir

3. Marianne S., Juni 2004:
Die Teilnehmerin zeigt hier im Bild des Lebensbaumes ihre neu gewonnenen Erkenntnisse zu den vielfältigen Bezogenheiten ihres Selbst:

Mein Lebensbaum

Ich bin als Baum verwurzelt in der Erde. Meine Wurzeln sind da, wo ich zu Hause bin und was mich prägt.
Der Stamm wächst ganz langsam und die Jahre prägen, verändern mich und hinterlassen ihre Spuren.
Der Lebenssaft strömt von unten nach oben, von den Wurzeln in die Krone.
Die Äste strecken sich aus, ganz verschiedene Äste, abgestorbene Äste, Vergangenes und Überlebtes.
Blühende Äste voller Lebenskraft, Fülle und Schönheit und Zweige, die Früchte tragen.
Mein Baum hat auch Wunden, schmerzliche Erinnerungen und Narben. Mein Baum ist einmalig in seiner Form, geprägt durch Vergangenes und lebendig wachsend.
Er ist ausgestreckt zwischen der Erde, die mich trägt, und der Sonne, der ich entgegenwachse.

5 Ressourcen entdecken und den Weg zu sich selbst finden – Aufbauseminare in Ikaria

1. Intensivworkshop im Frühling

Zur Entwicklung von emotionalen Kompetenzen und der Persönlichkeit habe ich ein Modell erstellt, das die Natur als grundlegende Ressource in Anspruch nimmt. Darüber hinaus nutze ich zur Erreichung dieser Ziele symbolische Handlungen und Mythen, z. B. die von Ikaros, dessen Namen die Insel trägt.

Der Mythos von Ikaros zeigt uns den Versuch eines Menschen, Freiheit in geistiger, seelischer und körperlicher Dimension zu gewinnen, eigentlich das Ziel und die Sehnsucht eines jeden Menschen, was aber nicht gelingen kann, bevor man sich nicht aus familiären und anderen Beziehungsverstrickungen gelöst hat. Ikaros versagt kläglich wie viele von uns, da er sein Augenmerk nicht auf den eigentlich wichtigen Teil des Zieles konzentriert, nämlich die Ablösung und Selbstständigkeit, sondern nur nach dem Megatrip giert. Die verbliebene Nabelschnur am Rücken lässt ihn zu einem Trotzmonster werden, das nicht mehr in der Lage ist, die Situation mit seinem Sinnesvermögen zu erfassen. Er wird also blind gegenüber den Gefahren und Grenzüberschreitungen (d.h., nicht zu hoch und nicht zu tief zu fliegen), sodass die vorprogrammierte Katastrophe auch stattfindet: der Absturz in das Nichts. Dieser Mythos macht uns aufmerksam auf unsere eigenen Abstürze, die wir zu Hause erfahren haben. Mit diesem Hintergrund landen wir auf diesem Eiland und haben hier die durch das Seminar angebotene Chance, uns so zu entwickeln, dass wir den Rückflug nach Hause durch das Gelernte so gestalten, dass wir im Gegensatz zu Ikaros nicht Gefahr laufen, abzustürzen. Diese notwendige Selbstständigkeit und Fertigkeit erreichen wir durch die Entdeckung von Ressourcen im Leiblichen und Seelischen, durch die Schärfung der Sinne, durch Identifikationen mit mythologischen Gestalten, Göttern und Helden und durch den Umgang mit den Elementen Wasser, Erde, Wind, Sonne. Dabei entwickeln, integrieren und ordnen wir unsere emotionalen Kompetenzen (z.B. Ritual am Wutberg, Gehen durch die Angst durch den Höhlenbesuch, der sich als Begegnung mit dem Schoß der Mutter Erde entpuppt), sodass wir am Ende unsere Identität und Persönlichkeit entwickelt, gestärkt und bereichert haben. So erkennen wir, dass wir uns nicht immer auf Höhenflügen befinden müssen, sondern als Geerdete unser Leben sicher getragen bis zu Ende gestalten können.

a) Robert F., Ikaria, Frühling 2005:

Die Wünsche und Erwartungen zu Beginn des Seminars:
Die Geschichte von Ikaros löst bei mir zwei sehr starke Gefühle aus. Erstens verstehe ich ihn sehr gut, wenn er sich auf ei-

ner schönen Insel eingesperrt fühlt. Zweitens begreife ich auch gut, dass Ikaros, einmal am Fliegen, keine Grenzen mehr kennt und immer höher fliegt.

Ich fühle mich auch vielfach in einem Gefängnis. Zwar habe ich alles – eine echte Partnerin, liebe Kinder, ein schönes Haus, einen super Job mit gutem Verdienst usw., trotzdem fühle ich mich gefangen und nicht frei. Ich mache mir selbst Druck. Ängste und Selbstzweifel plagen mich, so fehlt mir die Lebensfreude. Beim Ausüben meiner Hobbys, z.B. Bergsteigen, Radfahren, Joggen, Holzen, wobei ich mich frei fühle, kenne ich dann vielfach keine Grenzen mehr. Ich bekomme kaum genug, kann fast nicht aufhören, fühle mich dabei auch stark und unbesiegbar. Doch irgendwann kommt der Absturz, und der Alltag holt mich wieder ein. Ich pendle so zwischen himmelhoch jauchzend und zu Tode betrübt hin und her.

Meine Wünsche für Ikaria sind deshalb: Meine Mitte und meine Lebensfreude sowie mein Urvertrauen wiederzufinden, Selbstvertrauen zu gewinnen, Verantwortung für mein Leben zu übernehmen. Zudem wünsche ich mir ganz fest, meine Ängste, Selbstzweifel, den Druck, nicht zu genügen, unzufrieden mit mir und immer perfekt zu sein, sowie alte Trauer umwandeln zu können.

Am Ende des Seminars:
Meinen inneren Kreis im Erlebniskalender fülle ich von außen nach innen mit den Farben gelb, rot, blau, grün und braun als Symbol für das Leben, die Lebensenergie und die Freude. Ich schreibe dazu als Lebensmotto: Voll und ganz bis zum letzten Atemzug körperlich und geistig bei Sinnen sein. »Ich ha mi gärn!«

Daneben nehme ich für mich auch mit:

a) Selbstfürsorge
b) Am Rücken gestärkt, d.h. Verantwortung für mich übernehmen
c) Lebensenergie fließen lassen, meinen Weg suchen wie Wasser
d) Ich bin stolz auf meine weiblichen Seiten
e) Ich kann zuhören
f) Ich kann mir und den anderen Grenzen setzen

g) Ich schenke mir Ruhe (Körper und Geist) und bleibe locker
h) Ich genieße das Alleinsein und pflege mein inneres Kind
i) Alle für einen, einer für alle, und ich für mich!
Ich habe Frieden mit mir geschlossen und spüre Lebensfreude.
Genau das habe ich mir am ersten Tag gewünscht!

b) Christa A., Ikaria Mai 2005:

Meinem Prozess gebe ich den Titel »Menschwerdung«. Meine Körperwahrnehmung hat sich von einem Strich zu menschlicher Gestalt verwandelt. Die unüberbrückbare Distanz zu meinen Mitmenschen, die Angst vor Kontakt sind eigentlich verschwunden. Immer öfter wage ich die »Golden-Gate-Brücke« zu überqueren. Ich werde ein Mensch unter Menschen. Ich bin begeistert und dankbar. Es ist wunder-voll.

In der Mitte ist mein Herz. Rot, als Zeichen, dass es lebendig ist. Es war erstarrt, eisig kalt. Es ist mir in den Sinn gekommen, wie ich gefroren habe, tief in mir drin am Eingang zur Höhle der Mutter Erde. Jetzt bin ich getragen von dieser Mutter Erde. Ich fühle mich geborgen in der Natur, mit den Blumen und Pflanzen. Der Lebensfluss durchströmt alles. Das Zeichen für Bewegung, Veränderung, Wachstum. Das Licht der väterlichen Sonne wärmt und stärkt mein Herz. Ich stelle mir vor, dass mein Trauersee jetzt einen Abfluss hat. Die Tränen des Schmerzes, der Ohnmacht, Wut und Verzweiflung über die Isolation, über das Abgetrenntsein vom Lebendigsein, von den Menschen, sie dürfen jetzt fließen.

c) Eveline L., Ikaria, Mai 2002:

Der Teilnehmerin war es gelungen, im Trauerseminar von ihrem Mann Abschied zu nehmen. Der Besuch des Aufbauseminars in Ikaria sollte für sie zu einer Art Lebenspraktikum zum Neubeginn mit dem Titel »Leben ohne meinen Mann« werden.

Trauern und wieder heil werden

Es macht mir Mut,
mich selbst erkennen

und erfahren zu wollen,
aber auch mich den
anderen zu öffnen,
Gefühle zu zeigen.

Es macht mir Mut,
mir noch Träume zu gestatten,
Einsiedelei zu genießen,
um Kraft zu schöpfen für eine
Lebensänderung,
einen Neubeginn,
einen eigenen Weg.

Es macht mir Mut
und gibt mir Kraft,
meine Lebendigkeit,
Kreativität
und meine Ressourcen
zu entdecken.

d) Waltraud, Ikaria Mai 2000:

Nach einem Aufbauseminar in Ikaria schrieb die Teilnehmerin mir diese Postkarte. Hier zeigt sie, wie sie durch die Ressource Natur, Erde, Jahreszeiten, gegensätzliche Landschaften, Mythen, Tempel, Berge, Strand, Meer zum Leben zurückfindet.

Letztes Jahr war mir so,
als könnte ich nie mehr glücklich sein,
unbeschwert lachen und
unbeschwert einfach da sein.
Ich spürte Traurigkeit und Trauer darüber,
dass dies so ist.
Doch nun durfte ich erleben,
dass noch viel in mir ist an Leben,
an Freude, an Lust, an Kraft.
Dieses Erleben verinnerliche ich tief in mir,
dass es mir in Zeiten der Trauer
doch auch immer wieder
Hoffnung und Lebendigkeit ist!

2. Intensivworkshop im Herbst

Das Klangseminar im Herbst befasst sich mit dem universalen Phänomen Schwingung, das die Grundlage alles Lebendigen ist und all dessen, was sich in Bewegung befindet. Bei diesem Seminar geht es um die Wiederentdeckung und Belebung des inneren schwingenden Lebenskerns und der Stärkung der Eigenschwingung und Resonanzfähigkeit, die durch Entfremdung und Verdinglichung in unserer alltäglichen Lebensumwelt zugeschüttet, stumpf und platt gewalzt worden sind. Hier geht es auch um das Wiederentdecken der eigenen kreativen Potenziale und der Entwicklung eines Schwingungs- und Resonanzzustandes, der uns öffnet, reinigt und befähigt, mit der Tiefe unseres Wesenskerns Fühlung aufzunehmen. Darüber hinaus treten wir in Kontakt mit aller Materie um uns, den Mitmenschen und der Natur, um Wiederverbundenheit mit ihnen zu erleben (»Re-Ligio«). So kann verlorene Schwingung wiederbelebt, geschützt, erhalten und die bereichernde Wirkung des Wiederverbundenseins erlebt werden.

6 Aus den Protokollen der Ausbildung in Lebens- und Trauerbegleitung zur Myroagogen

Diese intensive Kurzausbildung dient der Entwicklung der Kompetenz, sich selbst und andere zu begleiten. Sie erstreckt sich auf fünf Wochen in vier Teilen innerhalb eines Zeitraums von acht Monaten. Etwa vier Monate nach der Beendigung dieser Ausbildung erstellen die Teilnehmer eine Bilanz. Daraus stammen folgende Mitteilungen.

1. Auszüge aus der Auswertung des Bilanzbogens zur Ausbildung:

a) Daran denke ich heute zurück:

- Das Beste, was ich bisher erfahren und gelernt habe
- Mit viel Freude, neue, wichtige Freundschaften geschlossen zu haben
- Mit Dankbarkeit
- Als einen großen »Ausbildungsschatz«
- Mit Freude an dieser Entwicklungsmöglichkeit und den herzlichen Umgangsformen
- Mit viel Licht und Liebe im Herzen, großer Stolz
- Wertvolle Erinnerungen, positive Bilder
- Mit großer Befriedigung
- Der Trauerprozess hat mir viel gebracht

b) Ich habe dabei vor allem gelernt:

- Ganzheitlich zu leben, Menschen mit Geduld und Empathie zu begegnen
- Selbsthilfe und das Wissen, wann ich Unterstützung von anderen brauche
- Den unmittelbaren Zusammenhang zwischen Freude und Trauer, die Entwicklung von Fähigkeiten, ein erfülltes Leben führen zu können
- Die Entdeckung der Lebendigkeit auf allen Ebenen
- Selbstfürsorge, »Ich bin die Nr. 1«
- Das Spüren der Energie, die in der Trauer steckt, die Nutzung eigener Ressourcen
- Eine kreative Umwandlung, psycho-körperliches Erleben, Ausdruck von Trauer und überhaupt von Gefühlen

c) Konkret zeigt sich hier eine Veränderung:

- Ich spüre neue Lebensfreude, die Fassbarkeit der Trauer, meine Ausdrucksfähigkeit in Bezug auf Trauer
- Ich habe keine Verlustangst mehr
- Ich bekomme positive Erfahrungen und Rückmeldungen
- Ich spüre mich selbst besser und nehme Mitmenschen intensiver wahr

- Ich stehe auf eigenen Füßen und kann eigene Betroffenheit zulassen
- Im Umgang mit dem Abschied bei meiner Pensionierung – ich bin offen für Neues
- Auch mein berufliches Umfeld geht jetzt anders mit dem Thema »Abschied« um
- Ich bin stabil, ruhe in meiner Mitte und habe neue Perspektiven
- Änderung und Stärkung meines Selbstbewusstseins und meiner Einstellung zu mir selbst
- Ich bin aktiver, habe weniger Kontaktangst und Versagensängste und mache weniger Grrr und Brrr und Jamrr (Grübeln, Brüten und Jammern)

d) Besonders gut finde ich…

- Die Arbeit mit verschiedenen Kanälen der Wahrnehmung und den Einbezug einfacher Rituale
- Die Inszenierungen in der Natur, die neue Videos als jederzeit abrufbare Ressourcen ermöglichen
- Den Zuwachs an Lebensqualität
- Den ganzheitlichen Ansatz des LTUM©
- Der vielfältige Ausdruck fürs Trauern: malen, schreiben, erzählen, weinen…
- Das Wissen, für mich und mein »inneres Kind« gut sorgen zu können
- Das aktive Mitmachen und Speichern; die Ressourcen, die ich jederzeit abrufen und nutzen kann
- Dass wir alle Stärken in uns tragen, die wir entdecken können

e) Trauer verstehe ich heute als:

- Einen ganz natürlicher Seinzustand im menschlichen Leben
- Täglich auftretende, lebenszentrale Fähigkeit
- Etwas, das als Zentrales fehlt, wenn es sie nicht gibt
- Natürliches Geschehen, das allzu leicht verdrängt wird
- Bestandteil des Lebens, der die Persönlichkeit entwickelt
- Gesunde Reaktion auf Verlust; Trauer gibt Power!
- Als Wandlungsmöglichkeit

- Ressource für Lebendigkeit
- Sehr wichtig, um Lebensfreude zu finden

f) Mir nützt diese Erfahrung privat / in meinem Beruf:

- Für mich privat, in Krisensituationen im Freundeskreis, im Beruf mit Migranten
- Bewussterer Umgang mit meinen Kindern, Ablegen des Helfersyndroms im Beruf
- In beiden Bereichen sehr; im Umgang mit der eigenen Trauer und mit der Trauer von Mitmenschen
- Habe Erfahrungen und Wissen ins alltägliche Gespräch integriert
- Lebendigkeit im Trauerprozess um meine Tochter
- Verständnis und Respekt für Trauernde; ich übernehme Eigenverantwortung
- Ich bleibe klar bei mir und erkenne Projektionen
- Als Hebamme enorm viel
- Ich habe Vertrauen ins Leben gewonnen; ich bin selbstständiger und freier
- Diese Erfahrung wollte ich nie missen
- Beim Führen von Seminaren in der Sterbebegleitung
- Die Erfahrung fließt in alle Beziehungen ein
- Beim Tod meines Vaters; als selbstständige Myroagogin

2. Gedichte

Die Teilnehmerin schrieb im Seminar ein Pendant zum »Vater Unser« mit dem Titel »Mutter Unser«, das sie in der Gruppe vorgelesen hat. Damit wollte sie ihren Dank für die Wiederentdeckung der Basisressource Erde ausdrücken.

Ruth K., Ikaria, Herbst 2004:

Mutter Unser

Große Mutter Erde,
dein Name ist Heilung,
deine Zeit ist, war und wird immer sein.
Dein Reich ist die Natur, die mich umgibt.

Dein Wille heißt Leben
und sorgen für mich,
damit auch mein Wille geschehen kann.
In dir durfte ich mich nachnähren,
dir übergab ich mein Gefühl der Schuld,
damit meine unbändige Wut ihr wahres Ziel findet.
Still führtest du mich in Versuchung,
ganz bei mir, an meinem Körper zu sein.
Das brachte die Erlösung.
Von dir stammen also die Kraft und die Schönheit
für all jene, die es zulassen, sie zu sehen.

3. Lebensmärchen und Trauermärchen

Eine Aufgabe der Weiterbildung war es, ein Lebens- und Trauermärchen zu schreiben. Ich muss gestehen, eines ist besser als das andere geworden. Man könnte mit ihrem Erzählen einige wundervolle Nächte verbringen. Von den vielen schönen entstandenen Märchen habe ich hier zwei ausgewählt.

Beide Autoren haben ihre Lebensgeschichte in einem Märchen verdichtet. Durch die Bereitschaft, sich auf einen solchen Weg zu begeben, sich den Gefühlen hinzugeben, und durch Identifikation, d.h. in die Haut einer gewählten Figur zu schlüpfen, hatten sie die Möglichkeit, sich zu erinnern und aus der sicheren Distanz heraus den eigenen Weg zu betrachten. So waren sie gefühlsmäßig frei, um sich tief in das Herz der Märchenperson hineinzufühlen und mit klaren Worten das zu erzählen, was ihnen am Herzen lag. So entstanden schöne kleine Gedichte mit einem Rhythmus, der wie das Herz oder der Atem uns Lebendigkeit und Sicherheit spüren lässt.

Den Autoren eröffnet sich über die Liebe zu dieser gewählten Märchenfigur ein neuer Zugang und eine neue Verbundenheit mit sich selbst, begleitet von Verständnis, Zuwendung, Lachen und Weinen.

Für uns als Leser sind diese Geschichten gute Beispiele für unser Leben und werden uns nachhaltig in Erinnerung bleiben. Bei beiden ist die Moral der Geschichte: Das Ziel jeden Lebens und jeder Wanderung ist es, Achtung, Verständnis und Liebe für sich selbst zu gewinnen. Wie wäre es, dich nach dem Lesen auch auf den Weg des Märchenerzählens zu machen? Probiere es nur!

3.1 Hartmut K.: Mein Lebensmärchen

Es war einmal ein Ritter. Alle Menschen, denen er begegnete, bewunderten ihn, weil er immer so schön angezogen war und auf einem stattlichen Rappen ritt. Und sie sagten zu ihm: »Du hast es gut. Du kommst viel herum. Du siehst viel von der Welt, während wir hier arbeiten müssen.«

Solange er zurückdenken konnte, war er Ritter gewesen, und solange er zurückdenken konnte, hatte er einem weisen, guten König gedient, der über ein riesiges Reich herrschte.

Der König war sehr um seine Untertanen besorgt und so schickte er den Ritter bald hierhin, bald dorthin, um die Menschen zu beschützen. Und so kam es, dass der Ritter nie lange an einem Ort war und immer dann, wenn er sich eingewöhnt und die Menschen, die dort lebten, lieb gewonnen hatte, wieder weiterziehen musste.

Dann freute er sich aufs Neue, aber es geschah auch, dass ein paar Tränen in seinem Augenwinkel waren und ihm seine Brust wehtat. Aber wenn die Leute sagten: »Du weinst ja!«, dann antwortete er: »Das ist nur der Wind, der mir ins Gesicht bläst!«, und wenn sie fragten: »Warum hast du Bauchschmerzen?«, dann sagte er: »Ich muss wohl etwas Schlechtes gegessen haben!« Dann setzte er sich kerzengerade auf, galoppierte davon und glaubte wirklich an das, was er den Menschen gesagt hatte.

Nun aber war er alt geworden. Auch konnte er nicht mehr so gut kämpfen, weil seine Kräfte nachgelassen hatten. Und sein König, der immer gut zu ihm gewesen war, sagte zu ihm: »Ich merke, dass du nicht mehr so gut kämpfen kannst, aber du hast mir immer gut gedient. Zum Dank schenke ich dir das Pferd und diesen Sack mit Goldstücken, damit du bis an dein Lebensende glücklich bist und tun und lassen kannst, wozu du Lust hast.«

Und der Ritter freute sich sehr, denn er war des Herumziehens müde. Er wollte sich ein schönes Haus bauen, sich ein schönes Ritterfräulein suchen und mit ihr glücklich sein. So geschah es auch. Und weil er es sein Leben lang getan hatte, dachte er: »Wenn ich ihr diene, dann werde ich mit viel Glück belohnt!« Aber nach einer Weile sagte seine Frau zu ihm: »Du bist gar kein Ritter, sondern ein Diener!«, und jeder ging seiner Wege.

Der Ritter stieg wieder auf sein Pferd und ritt, weil er noch viele andere Pläne hatte, mit seinem Pferd im Reich bald hierin, bald dorthin. Viele Menschen erkannten ihn wieder und sagten: »Du hast es gut. Du kommst viel herum, Du siehst viel von der Welt, während wir arbeiten müssen.« Und wenn sie ihn nach seinem Befinden fragten, dann geschah es wieder, dass da ein paar Tränen in seinen Augenwinkeln waren und er es auf den Wind schob.

Ohne dass er es gemerkt hatte, ritt und ritt er schon seit vielen Tagen und Nächten durch einen großen, dunkeln Wald. Und weil er so viel in Gedanken war, wusste er auch bald nicht mehr, wo er war. Doch dann hörte er Stimmen, und als er ihnen nachging, kam er auf eine große Lichtung. Dort saßen Menschen in einem Kreis, und es war sehr hell und warm. Sie warfen sich gerade gegenseitig ein großes, rotes Wollknäuel zu, erzählten dazu Geschichten und webten so ein großes Netz zwischen sich. Aber es standen dort auch riesige Wasserpumpen und ein Mensch aus Holz auf einem Bein. Was aber den Ritter am meisten anzog, war ein kleiner Zwerg, der bei einem Mann, der wie ein Zauberer aussah, auf dem Schoß saß. Ungefragt und bevor der Ritter Guten Tag sagen konnte, krähte das Männchen los: »Ich merke alles! Warum hast du Tränen in den Augenwinkeln und warum stehst du so gekrümmt da?« Der Ritter sagte: »Das ist nur der Wind, und ich habe mir den Magen verdorben!« Man konnte deutlich sehen, dass das kleine Kerlchen ihm nicht glaubte, aber es schaute den Ritter auch liebevoll an und sagte: »Komm, setz dich zu uns und mache mit! Dann wirst du lernen, wozu diese riesigen Wasserpumpen da sind, was der Holzmann auf einem Bein bedeutet und dass du dich in dieses Netz, was da auf dem Boden liegt, fallen lassen kannst, ohne dass du den Boden berührst, und du lernst, wie du reisen kannst, ohne dich von deinem Platz wegzubewegen. Plötzlich wirst du auch wissen, wie du aus dem Wald herausfindest.« Und als alle, die da im Kreis saßen, nickten, blieb der Ritter da, viele, viele Tage, bis er den Weg aus dem Wald wusste.

Als es Zeit war und der Ritter wieder gehen musste, trabte er verzaubert und fröhlich mit seinem Pferd davon und wenn er gefragt wurde: »Warum hast du Tränen in deinen Augenwinkeln?«, dann sagte er nicht mehr: »Das muss der Wind sein«, sondern er sagte: »Ich bin traurig, weil ich von hier wegreiten muss! Es war so schön bei euch!« Und wenn er wieder einmal Brustschmerzen hatte und die Leute fragten: »Warum sitzt du so gekrümmt auf deinem Pferd?«, dann sagte er nicht mehr: »Ich habe Magenschmerzen, weil ich schlecht gegessen habe«, sondern er sagte: »Das ist die große Traurigkeit über die vielen Abschiede in meinem Leben.«

Und dann geschah jedes Mal das Wunder, dass er wieder so richtig fröhlich sein konnte. Er galoppierte dann immer voller Lebensenergie davon und freute sich seines Lebens, jedes Mal, bis ans Ende seiner Tage.

3.2 Ingrid C.: Lebensmärchen

Es war einmal ein kleines Mädchen, das hatte weder Vater noch Mutter. Der Vater war ihm gestorben und die Mutter war im Bann einer dunklen Fee, die ihr verboten hatte zu lachen. Ihr Mann im Himmel oben würde sonst recht zornig werden, wenn seine Frau sich nach seinem Tod den Lustbarkeiten des Lebens hingäbe. So saß die Mutter immer in ihrer Ecke und sagte: »Ach, wäre doch alles anders! Ach, wäre doch mein Mann noch am Leben! Ach, wärest du, liebes Kind, doch kein Mädchen, sondern ein Sohn! Dann hätte ich doch jemanden an der Seite, der mich stützte.« Die Mutter verbot dem Mädchen – Sophie war ihr Name –, mit den anderen Kindern zu spielen, fröhlich zu sein und zu tanzen. »Das schickt sich nicht«, meinte die Mutter und gab Sophie ein graues Kleid, damit jeder sehen kann, wie schlimm alles war. Die Vorhänge über den Fenstern waren stets zugezogen, sodass kein Sonnenstrahl die Stube erhellen konnte. Kalt war es auch, und so mussten sich Mutter und Tochter in Decken hüllen, um nicht zu erfrieren. Klopfte einmal ein Fremder an ihre Tür, um ihnen ein wenig Kurzweil zu bringen, dann freute sich Sophie und ließ den

Wanderer herein. Aber kaum war er drinnen, verscheuchte ihn die Mutter mit den Worten: »Weg da! Hier gibt es nichts zu feiern. Das Leben ist furchtbar. Er würde uns schlecht anstehen, so zu tun, als wäre alles in Ordnung.« Da gingen die fremden Musikanten und Schausteller wieder weg und sie dachten bei sich: »Wo man solches denkt, gibt's wohl für unsereinen kein Brot.« Aber Sophie schaute ihnen lange nach und dachte, dass ihr das Herz brechen müsste. Manchmal tat ihr das Herz so weh, dass sie meinte, sie müsse sterben. Da fragte sie ihre Mutter, was sie tun solle. Die Mutter sagte: »Schaff dir einen Panzer aus Eis an, dann spürst du dein Herzeleid nicht mehr. Sei tapfer und zeig mir, dass du schon Verstand hast. Ich will deine Tränen nicht sehen. Sie sind von Übel, eine Pest für die Welt.« Sophie glaubte alles und doch konnte sie sich nicht in das fügen, was ihr gesagt wurde. Heimlich, zu Sonnenaufgang, schlich sie sich ins Freie und starrte auf die Glut der Sonne, die sich am Horizont erhob. Und jedes Mal, wenn sie in die Sonne blickte, wurde ihr warm ums Herz und ein paar Tränen begannen, über ihre Wangen zu laufen. Eines Tages, als ihre Tränen wieder liefen, hörte sie über sich in der Baumkrone ein Gespräch: »Wer mag in aller Herrgottsfrühe dort oben im Baum sitzen?«, fragte Sophie und blickte nach oben. In der Baumkrone saßen mehrere Vögel und sprachen miteinander. Plötzlich erblickten sie Sophie und einer, der schönste von ihnen, sprach:

»Du kleines Mädchen, sage an,
ob ich dir etwa helfen kann?«

Da erwiderte Sophie, ganz erschrocken, dass sie mit einem Vogel sprechen konnte:

»Ach Vogel, lieber Vogel mein,
wie mag wohl meine Zukunft sein?«

Der Vogel mit seinen goldenen, klaren Augen blickte sie lange an und sagte:

»Stelle nicht so viele Fragen!
Geh, das Leben musst du wagen.
Wand're durch die Schluchten, Felder,
über Wiesen, Berge, Wälder.
Über Stege, Brücken, Hecken,
musst die Traurigkeit entdecken!«

Erstaunt erwiderte Sophie:
»Will doch gar nicht traurig sein,
auf den Vorschlag sag ich ›Nein!‹.
Mutter hat mir streng verboten,
Trauertiefen auszuloten!«
Der schöne Vogel, vielleicht war es ja ein Paradiesvogel, sagte eindringlich:
»Wer die Trauer nicht benennt,
nicht die eig'nen Wunden kennt,
der kann niemals fröhlich werden,
nicht genießen hier auf Erden.«
Trotzig stampfte Sophie mit dem Fuß auf den Boden:
»Aber sieh doch, dass ich lebe,
mich von hier nach dort begebe,
esse, trinke, Arbeit mache,
immer fleißig jede Sache!«
Der schöne Vogel schüttelte bedauernd den Kopf:
»Ach, das ist zu wenig, Kind.
Viele Menschen ähnlich sind.
Hängen fest an altem Leid,
werden niemals je gescheit,
können sich vom Weh nicht trennen,
müssen zu Doktoren rennen,
weil der Kummer innen nagt.
Immer blieb er ungesagt,
immer blieb er ungeweint,
bei dir auch, so wie mir scheint.
Musst dich in die Trauer geben,
dann erst fängst du an zu leben.«
Sophie dachte an ihre Tränen bei Sonnenaufgang und an die innere Wärme, die daraus entstanden war, und so sagte sie zu dem schönen, glänzenden Vogel:
»Ja, ich möchte mit dir fliegen,
leicht mich in den Lüften wiegen,
alles Schwere möcht' ich geben,
will mich wandeln und will leben.
Heiße Trauer schmilzt das Eis,
das mich hält in Bann und Kreis.
Will die Menschen neu entdecken,

die Gefühle nicht verstecken.
Liebe, Wut – den ganzen Reigen –
will ich vor den Menschen zeigen.«

Da sagte der Vogel mit liebevoller Stimme zu Sophie:

»Dazu wünsch' ich alles Gute,
zieh hinaus mit frohem Mute,
lass dich wandeln, lass dich rühren,
Leib und Seele sollst du spüren.
Sei ein Kind in deinem Tun,
arglos, lustig, ohne ruh'n,
lern' die Wahrheit zu ertragen,
höre niemals auf zu fragen,
gönn' dir, Schönes zu genießen,
lern', dass alle Dinge fließen,
achtsam sei und hingegeben
diesem wunderbaren Leben.«

Da erhob sich der schöne Vogel in die Lüfte und rauschte mit mächtigem Flügelschlag einem Ziel entgegen, das nur er kannte. Sophie aber sank ins Gras und weinte und weinte. All die verpassten Gelegenheiten, das versäumte Lachen, das verhinderte Leben, das unterlassene Tanzen, die abgeblockten Gespräche, die nicht ausgeübten Talente, die entgangene Freude, die mangelhaft gelebte Liebe, die kupierte Spontaneität, die beschnittenen Späße, die nicht gemachten Reisen, die unverwirklichten Pläne, sie brachen unter großen und wilden Gefühlen aus ihr heraus und verlangten von ihr eine Erklärung: »Wir wollten dir das Leben schön machen, aber du hast uns ignoriert, wir wollten dich beglücken, aber du hast uns die kalte Schulter gezeigt, wir hatten vor, deinem Leben Sinn zu geben, aber du hast gesagt, dass du uns nicht brauchst.« Sophie lag auf dem Boden und ihre Tränen netzten die Gräser und Blumen und das Erdreich. Als Sophie vom Weinen erschöpft war und sie ihren Kopf erhob, sah sie neben sich ein wunderschönes Bäumchen, stark und grün, mit Blättern, Blüten und Früchten. Verwundert fragte Sophie: »Woher kommst du, wunderschöner Baum? Ich habe dich zuvor nie gesehen!« Da antwortete das schlanke, ranke Bäumchen mit heller Stimme: »Deine Tränen haben mich stark gemacht, nur durch sie konnte ich wachsen.« »So hat all das Betrauerte doch einen Sinn gehabt?«, fragte Sophie mit vom Weinen geschwollenen Augen. »Gewiss«, sagte der Baum. »Die besonderen Bäume können nur wachsen und Früchte tragen, wenn sie durch die Tränen einer riesengroßen Trauer getränkt wurden. Hab also guten Mut! Für dich, für mich und für die anderen Menschen rund um dich wird durch deine Tränen gesorgt sein.« Da fühlte Sophie etwas wie ein Tanzen und Singen in ihrem Innern und noch einmal musste sie weinen – diesmal vor lauter Glück. Und wieder schoss das Bäumchen ein wenig mehr in die Höhe und seine Früchte begannen sich golden zu färben.

Was aus der Mutter geworden ist, die im Bann der dunklen Fee stand? Sophie zog die Vorhänge von den Fenstern weg, sodass das Licht der Sonne in die Stube fallen konnte. Hernach machte sie im Ofen Feuer, dass er Wärme abstrahlte. Dann schrieb sie ein Schild an die Haustür: »Lustige Menschen sind willkommen! Lassen Sie sich nicht abschrecken!« Sodann erzählte sie der Mutter von dem Vogel und seinen Worten, vom Weinen und von dem Bäumchen. Die dunkle Fee wich zwar nicht gänzlich von der Mutter – sie stattete ihr lebenslang hin und wieder Besuche ab –, aber als Dauerwohnung war der dunklen Fee das Haus nun doch zu hell und zu warm. Und so suchte sie sich eine andere Behausung. Sophie aber zog in das Leben hinaus und war erstaunt, wie schön es doch war.

Teil VIII
Die Vielfalt der Gründe zu trauern

1 Von der Ähnlichkeit der Trauerreaktionen

Wir wollen zunächst etwas Grundsätzliches zu allen Arten von Verlusten sagen, z. B. zum Verlust eines Partners, eines Kindes oder der Eltern. Trauer ist eine angeborene Fähigkeit, die uns, auch wenn sie noch kaum entwickelt ist, im tiefsten Inneren unserer Seele Schmerz fühlen lässt beim Verlust eines Menschen, mit dem wir eine tiefe Bindung eingegangen sind. Im tiefsten Bereich des Fühlens – der Bereich im Gehirn, der dabei aktiviert wird, heißt Amygdala – zeigen wir Menschen bei allen Verlustsituationen ähnliche Reaktionen. Diese werden aber meistens überdeckt von sehr unterschiedlichen »Vorerfahrungen«. Die Art und die vielfältige Bedeutung der Beziehung zu diesem Menschen, die Umstände des Verlustes, die je unterschiedlich zur Verfügung stehenden Ressourcen, die Art und der Umfang der Unterstützung von außen, z. B. durch kulturell bedingte Orientierung gebende Handlungen, wie Rituale und symbolisches Tun. Der Ort, an dem sich das Ganze abspielt, und die aktuellen Bedingungen, unter denen wir gerade leben, beeinflussen die Stärke, die Qualität und die Ausdrucksform der Trauer. Die Trauer ist zwar ein höchst individuelles Ereignis, aber auch gleichzeitig ein höchst soziales, da man Mitmenschen braucht, um das Spezifische der eigenen Trauer zur Sprache bringen und ausdrücken zu können, damit es gesehen, gehört und auch verstanden wird. Die äußeren und auch die inneren Ressourcen, wie das leibliche Wohlergehen, die bisher gemachten Lebenserfahrungen, die Balance und Flexibilität der Identität und die Qualität des aktuellen Entwicklungsstandes der Persönlichkeit, spielen eine besondere Rolle.

Im folgenden Kapitel möchte ich gerne Informationen zu den spezifischen Verlustereignissen geben, die für dich, lieber Leser, als erste Orientierung dienen. Bei dem Besuch eines Seminars könntest du dann in einer tragenden Gemeinschaft Gefühlssicherheit erfahren, in klar strukturierten Abläufen die eigene Trauerfähigkeit entwickeln und den Umgang mit den Trauergefühlen üben. Die Unterstützung, die man durch die anderen Teilnehmer erfährt, ermöglicht es, die sichere Gestaltung der Trauerprozesse zu erlernen.

2 Von der Vielfalt der Trauerreaktionen

1. Trauer um den Lebenspartner

Der Verlust eines Partners, sei es durch Tod oder Trennung, lässt beim Zurückbleibenden meistens einen tiefen Trauerschmerz zurück und ruft starke Einsamkeitsgefühle hervor. Die Art, Qualität und Bedeutung der Beziehung zum verlorenen Lebenspartner, ob Mann oder Frau, spielen eine besondere Rolle und beeinflussen den Verlauf des Trauerprozesses sehr. Es kann sein, dass der Partner noch andere wichtige Rollen, z. B. die einer Mutter oder eines Vaters, eines Geschwisters, eines Kindes oder eines verlässlichen Kameraden, ohne den man nichts unternehmen wollte, im eigenen Leben spielte. In einem solchen Fall verliert der Zurückbleibende verständlicherweise auch diese Qualitäten der Beziehung.

Daher weist ein solcher Verlust den Betroffenen auf die »alte Trauer« hin. Die meisten von uns tragen in sich diese alten unbekannten und unausgedrückten Trauergefühle und wissen es nicht. Diese stammen meist aus der Kindheit und kommen jetzt ans Tageslicht, weil sie ungewollt »angeschubst« wurden durch die Trauer beim aktuellen Verlust oder der aktuellen Trennung. Hierzu gehört vor allem die Trauer um die Wünsche, die die eigenen Eltern oder die anderen Familienangehörigen in der Kindheit unerfüllt ließen, aus welchen Gründen auch immer. Der Nachteil dabei ist, dass diese »unerwünschte« Trauer von damals sich mit der neuen Trauer mischt. Dies führt zu Gefühlskonfusion und emotionaler Desorientierung.

Es kann zum Beispiel sein, dass mein verlorener Partner der Erste war, der mich so, wie ich bin, gesehen und bestätigt hat, was meine Eltern aufgrund der beruflichen oder politischen Umstände oder der vielen Kinder in der Familie nicht tun konnten. Dann berührt mein jetziger Verlust auch die alte Trauer von damals. Bevor ich also von meinem Lebenspartner Abschied nehmen und ihn oder sie loslassen kann, muss ich zurückschauen und wahrnehmen, wie viel Trauer von damals aus meiner Kindheit noch da ist.

Wenn ich meine Trauerfähigkeit jedoch in einem geeigneten Rahmen wie dem eines Lebens- und Trauerumwandlungsseminars entwickeln würde, könnte ich damit nicht nur die Trauer von damals von der heutigen Trauer besser und klarer unterscheiden, sondern hätte damit auch die einmalige Möglichkeit, durch die anwesende Gruppe die Situation von damals neu und unter »geschützten« Bedingungen zu betrachten. Ich wäre eingebettet in eine solidarische Gemeinschaft, in der ich mit meiner Trauer von den anderen gesehen, gehört, verstanden, bestätigt und akzeptiert werden könnte. So könnte ich ein Stück erwachsener und emotional reifer werden, was meine Selbstständigkeit und Gefühlssicherheit stärken würde. Der Hintergrund dazu ist, dass ein Kind erst mit etwa acht Jahren abschiedsfähig wird, denn erst dann kann es klar zwischen sich und anderen Menschen unterscheiden. Nun kann es auch Trauer zulassen und ausdrücken, was wiederum Voraussetzung ist, um Abschied nehmen und Loslassen zu können. Ein jüngeres Kind möchte ausschließlich das Verlorene zurück haben und sich keinesfalls davon verabschieden. Auch als Erwachsene können wir bei einem Verlust in Hilflosigkeit zurückfallen, wenn die Trauerfähigkeit in der Kindheit nicht genügend entwickelt werden konnte.

Ich möchte dich, lieber Leser, der diese Zeilen mit Herzensanliegen liest, darin unterstützen, die Trauer von damals und die heutige unterscheiden zu lernen.

Das kleine betrogene Kind, das du wie ich einmal warst, verlangt danach, endlich in den Blick genommen zu werden.

2. Trauer um ein Kind

Ein Kind zu verlieren ist für die meisten Menschen ein sehr schwer wiegender Verlust, an sich ein Unding. Ob es nun um eine Fehl-, Früh- oder Totgeburt geht oder ein heranwachsendes oder erwachsenes Kind gestorben ist, öffnet sich hier ein Tor zu unzähligen, vielfältigen und vor allem unbekannten Dimensionen der Trauer.

Je länger man mit seinem Kind zusammengelebt hat, umso mehr hat man sich aneinander gewöhnt. Daher kann der Verlust sehr schmerzhaft sein. Noch schwieriger kann es werden, wenn der Tod durch Suizid erfolgte.

Eine besondere Rolle im Ablauf des Trauerprozesses spielen die Art der Bindung, die Qualität der Beziehung zum Kind und auch die Umstände zur Zeit des Verlustes, ob es z. B. Streit oder schöne Erlebnisse gegeben hat.

Zu Beginn sollte man daher diese schwierige Zeit in geeigneten tragenden und fördernden Umgebungen verbringen. In einem Seminar für trauernde Eltern könnten zum Beispiel ein kompetenter Begleiter und die tragende Atmosphäre der Gruppe durch ihre Unterstützung viel zur Entwicklung der eigenen Trauerfähigkeit beitragen. Dieser Begleiter müsste Konzepte mitbringen und kreative Formen anbieten, um Prozesse des Loslassens und des Abschiednehmens zu ermöglichen, damit auf diese Weise all die gemeinsam gelebte Zeit mit dem Kind als lebendige Erinnerung gewonnen werden kann. Das heißt, man kann im Leben weiterhin diese gelebten Szenen sehen und genießen, wenn man beispielsweise daran denkt, wie man mit dem Kind in der Küche beim Essen saß oder bei einem gemeinsamen Spaziergang im Frühling den Duft der Blumen genoss.

Für manche Eltern, die in ihrer Kindheit selbst vieles an Zuneigung und Fördermöglichkeiten entbehren mussten und daher keine gesunde, »normale« und einfache Entwicklung genießen konnten, kann das tote Kind eine ganz besondere Bedeutung erhalten. Das Kind sollte das werden, was man selbst nicht erreichen konnte, und das bekommen, was man selbst nie bekommen hat. Eine solche Bindung kann dann so intensiv sein, als wäre das Kind ein wesentlicher Teil von einem selbst, ja, eine Art emotionale Verlängerung des erwachsenen Elternteils. In einer solchen Beziehungsstruktur ist es fast so, als ob beide von einem gemeinsamen großen Blutgefäß versorgt würden. Stirbt dann dieses Kind, ist der Erwachsene von diesem Blutgefäß abgeschnitten. Er empfindet dies so, als verblute sein Herz. Ein solches Kind trägt eine Art Bürde mit sich, nämlich die, die emotionale Stütze der Eltern sein zu müssen.

Vielen Eltern, die ihr Kind »Mein Alles« nennen oder sagen: »Ich lebe nur für mein Kind!«, ist dabei nicht bewusst, dass sie so nicht nur ihre Liebe ausdrücken, sondern ihrem Kind ungewollt eine Bürde auferlegen. Diese belastet Kinder meistens außerordentlich. Das kleine, ältere oder auch schon erwachsene Kind muss eben nicht nur für sich, sondern auch für die Eltern leben. Diese Bindung hat für beide Seiten meistens negative Auswirkungen.

Daher wäre es wichtig, dies auch beim Verlust eines Kindes zu bedenken und zu berücksichtigen. Der Satz »Mein Alles« wiegt viel mehr als die Buchstaben und gehörten Worte uns ahnen lassen. Wenn man es sich genau überlegt, müssten ja solche Bürden tragenden Kinder unverwundbar und unsterblich sein und bleiben.

Die Aufgabe der Erwachsenen wäre es daher hier, aus Liebe zu sich selbst und auch zu ihrem toten Kind den Blick zurück in die eigene Kindheit zu richten. Dort könnten sie dann entdecken, was sie selbst während ihrer Kindheit alles entbehren mussten und jetzt unbedingt dem eigenen Kind ermöglichen wollen. Oberflächlich betrachtet ist dies verständlich, doch die Folgewirkungen sind komplex und oft verwirrend. Es gilt also auch hier als wichtige Aufgabe, die jetzige Trauer um das eigene Kind von der damaligen Trauer um die *ungelebte* Kindheit zu unterscheiden. Damals musste man vielleicht selbst auch solche ungewollten Bürden tragen, zum Beispiel die emotionale Fürsorge für die eigenen Eltern.

Ein solches differenziertes Verstehen der eigenen Trauer ist wichtig, damit sie nicht überquillt und einen überflutet. Dabei könnte man das eigene Erwachsensein verlieren, denn das »Kind« von damals kann niemals das Kind von heute verabschieden. Es ist jetzt emotional noch zu klein und für diese schwere Aufgabe des Abschieds noch nicht genug entwickelt.

Bei einem sehr frühen Verlust eines Kindes, z. B. während der Schwangerschaft oder kurz danach, tritt vor allem die Trauer um die nicht zu verwirklichenden Wünsche in den Vordergrund. Auch hier geht es zunächst wieder darum, die Trauer um die eigenen ungelebten und unverwirklichten Wünsche von der Trauer um das ungelebte Leben des Kindes zu unterscheiden. Da das »Ich« zu sehr mit dem eigenen Kind zusammenhängt, wäre es wichtig, hier zunächst eine Abgrenzung zu schaffen.

Es wäre gut, sich ein wenig Zeit zu nehmen, sich ruhig hinzusetzen, um etwas Licht in die vernebelten Trauergefühle zu bringen. Wir könnten es jetzt gleich hier versuchen mit der dazugehörenden Achtung und Ehrfurcht vor dem Lebendigen.

Der erste Gedankengang: »Ich« sitze »hier«, erinnere mich und fühle mich als Kind, das ich »dort« und »damals« in meiner Kindheit war.

Dann der neue zweite Gedankengang: »Ich«, der Erwachsene, sitze »hier« und spüre die Trauer um meine Kindheit »damals«.

Der nächste dritte Gedankengang lautet: »Ich« sitze »hier« als Erwachsener und trauere jetzt um mein totes Kind von »heute«.

Eine besondere Situation ist der Schwangerschaftsabbruch. Hier treten meist auch noch Schuldgefühle in den Vordergrund. Gerade deshalb solltest du als Trauernde mit den verschiedenen Qualitäten deiner berechtigten Trauergefühle achtsam und liebevoll umgehen. Du könntest einen einfühlsamen und aufmerksamen inneren Dialog mit dem Kind versuchen und nach einer guten Vorbereitung mit emotional schützenden Maßnahmen dem ungeborenen Kind einiges sagen, z. B.:

»Mein Kind, ich war damals nicht bereit und nicht in der Lage, die Verantwortung für dich zu übernehmen. Du solltest es ja gut haben mit mir und keine Mutter erleben, die mit sich selbst nicht klar und so von Anfang an gestresst und überfordert ist. Sonst hättest du, mein Kind, schon gleich als Embryo in meinem Körper die Aufgabe bekommen, für diese Mutter, die ich dann gewesen wäre, zu sorgen. Das habe ich dir erspart, und für mich ist es gut so. Ich glaube, dass du dies ähnlich siehst. Aber dafür, dass du jetzt nicht da bist, möchte ich gerne Trauergefühle zeigen und ausdrücken. Ich habe ja einen triftigen Grund als erwachsene Frau, diese Gefühle für dich nachträglich zu gewinnen, weil ich damals eben nicht anders entscheiden konnte. So kann ich dich jetzt nach so langer schmerzlicher Zeit, unterstützt von meinen reinigenden Tränen, loslassen. So gewinne ich meine lebendigen Gefühle für dich, anstatt sie in Schuldgefühlen zu ertränken. Ich ermögliche es mir damit, die Erinnerungen an dich zurückzuerhalten, an die Zeit, als du in meinem Bauch warst und ich dich ein wenig gespürt habe. Ich bin eben deine Mutter. Schade, dass es dich nicht mehr gibt.«

Der Verlust eines Kindes kann also erst dann wirklich betrauert werden, wenn ich klar abgrenzen und unterscheiden kann zwischen meiner eigenen Trauer aus meiner Kindheit damals und der Trauer um mein Kind heute.

Anhand des Leitfadens in diesem Buch oder des Kapitels über meinen eigenen Trauerweg kann man hier noch mehr Orientierung und Sicherheit gewinnen.

3. Verlust der Eltern

Besonders schwer wiegend ist der Verlust der Eltern, wenn ein Kind noch minderjährig oder ein Baby, d.h. noch sehr abhängig von den Eltern ist und ihrer besonderen Fürsorge bedarf. Hier ist es immer schwierig, geeignete Pflegeeltern zu finden, um ihm einen Heimaufenthalt und zu viele wechselnde Bezugspersonen zu ersparen.

Dann müsste eine feste Bezugsperson erst eine stabile belastbare liebevolle Beziehung aufbauen, damit Trauern möglich wird. Zunächst könnte ein kleineres Kind sich am Leitbild eines trauerfähigen Erwachsenen orientieren, bis es selbst mit etwa sieben oder acht Jahren selbst trauerfähig wird und von den verstorbenen Eltern Abschied nehmen kann. Dies versuchen wir in unseren Seminaren für Kinder und Eltern zu ermöglichen.

Der Verlust der Eltern ist sehr komplex:

Wenn ein Elternteil stirbt, besteht immer die Gefahr, dass die Kinder versuchen, den Platz des fehlenden Elternteils auszufüllen, also in die Rolle des Partners oder Gefährten der lebenden Mutter oder des Vaters zu schlüpfen, was sie emotional total überfordert.

Manchmal entsteht ein großer Hass auf den Elternteil oder die Eltern, die einen einfach verlassen haben und bei denen nun keine Möglichkeit mehr besteht, von ihnen noch irgendeine Form der Zuwendung zu bekommen. Dies tritt besonders bei den Kindern auf, die wenig Zuwendung erhalten haben und/oder oft schon sehr früh vor allem emotional für die Eltern sorgen mussten, weil diese krank oder mit ihrem Leben überfordert waren. Wir nennen sie in unserem Modell »Turbokinder«. Anhand eines Bildes möchte ich verständlich machen, was ein Turbokind ist. Versuchen wir uns daher vorzustellen, wie ein kleiner Bonsaibaum mit Gewalt zur Größe eines Mammutbaumes gedehnt wird. Am Ende dieses Kraftaktes sieht er zwar groß aus, aber sein entstandener Baumstamm lässt zu wünschen übrig. Er ist instabil, zu weich für seine Größe und verbiegt sich bei jeder Windböe ganz bedrohlich. Diese Kinder wurden durch die frühe überfordernde Verantwortung in ihrer emotionalen Entwicklung »überdehnt«. Sie wissen nicht, wie sie sich vor ständiger Überforderung schützen können, da sie es nie gelernt haben, gut für sich zu sorgen. Diese Kinder versuchen immer, ihre Eltern in Schutz zu nehmen, ihnen zu verzeihen, werden sich aber bei deren Tod des Defizits bewusst, dass ihre Eltern ihnen viel zu wenig Zuneigung gegeben haben. Diese waren damals nicht fähig, ihnen das zu geben, was sie zur eigenen Entwicklung dringend benötigt hätten.

So kann es auch passieren, dass erwachsene Kinder, die selbst schon eine eigene Familie gegründet haben, beim Tod der alten Eltern plötzlich von starken Wut-, Hass- und Schuldgefühlen überrollt werden. Diese Kinder sind leider nicht in der Lage, zwischen der Wut und Trauer aus Kindertagen und der aktuellen Trauer um den Verlust ihrer alten Eltern zu unterscheiden. Sie fallen zurück in die Situation des Kindes, das zum Beispiel nicht gewollt war oder das für die Eltern »falsche« Geschlecht hatte. Sie können daher die jetzige Situation nicht richtig einschätzen, d.h. differenziert betrachten, und geraten in Gefahr, von einer depressiven oder auch aggressiven Stimmung ergriffen zu werden. Hier ist eine klare Unterscheidung zwischen der jetzigen Trauer des Erwachsenen und der alten Trauer aus der Kindheit dringend notwendig. Gefragt sind daher wieder Konzepte, Rahmenbedingungen und die Mitmenschen als symbolische Dorfgemeinschaft, um die benötigte Trauerfähigkeit zu entwickeln.

4. Geschwisterverlust

Der Verlust eines Geschwisters ist in unserer Kultur »unterbelichtet«. Daher fühlen sich betroffene Menschen auch wenig unterstützt darin, ihrer berechtigten Trauer Ausdruck zu geben. Wenn dieses Geschwister dann noch in irgendeiner Form in der Entwicklung eingeschränkt und behindert war, ist die Situation noch komplexer. Hier ist man immer in besonderer Weise belastet, da das Familienleben verständlicherweise auf dieses behinderte Geschwister zugeschnitten worden ist. Die ganze Familie musste Rücksicht nehmen, weshalb alle in die Lebensführung und Lebensentwicklung des behinderten Kindes verwickelt sind.

Mit einem Geschwister verbringen wir außerdem sehr viel Zeit, da die Eltern mit der Versorgung und finanziellen Absicherung der Familie beschäftigt sind. Diese Beziehung ist meist eng, da nur mit ihm oder ihr über die Geschehnisse innerhalb der Familie gesprochen und auch »gelästert« werden kann, ohne dass die Eltern es mitbekommen. Dies bewirkt eine emotionale Entlastung. Einzelkinder hingegen haben diese Möglichkeit nicht, sondern bleiben immer im Blickfeld und unter der Kontrolle wenigstens eines Elternteils. Mit zwei oder sogar vier

»Argusaugen« wird jede ihrer Bewegungen verfolgt, sodass sie sich kaum einmal »daneben« benehmen können. Ihnen bleibt meist nichts anderes übrig, als die Rolle des »Vorzeigekindes« oder »Sonnenscheins« zu spielen. In diese Situation kann auch ein Kind geraten, das als einziges der Geschwister lebend zurückbleibt. Ihm kann es passieren, dass es plötzlich die Wünsche der Eltern für das verstorbene Geschwister übertragen bekommt oder unwissentlich in dessen Rolle gedrängt wird, da ihm das verstorbene Kind als Ideal vorgehalten wird.

Es kann auch sein, das ein Geschwisterkind tot geboren wurde, die Familie sehr betroffen war und nicht trauern konnte und das nächste Kind nun in eine Atmosphäre der Depression hineingeboren wird, die wie eine dunkle Wolke über der Geburt hängt. Es besteht hier die Gefahr, sehr früh Schuldgefühle zu entwickeln, wenn man durch den Umgang mit den Eltern merkt, dass das »brave und gute Kind« gestorben ist und das »unruhige und anstrengende Kind«, man selbst, noch lebt. Diese Unklarheit in der Beziehung der Eltern zu einem selbst zieht eine Unklarheit in der eigenen Identität nach sich.

Wenn daher ein Geschwisterkind stirbt, müsste man unbedingt die Möglichkeit haben, voll zu den eigenen Gefühlen stehen zu können. Dies wäre besonders notwendig, wenn das Geschwisterkind nach einem Streit stirbt, ohne dass man sich wieder aussprechen konnte. Die dann auftretenden Schuldgefühle sind nicht zu unterschätzen. Sie können einem das ganze weitere Leben vergällen. Es gilt also unbedingt, die aufkommenden Gefühle auszudrücken und damit nachträglich zu gewinnen.

5. Vorweggenommene Trauer

Die vorweggenommene Trauer wird spürbar, wenn die Zukunft trübe aussieht, weil man durch Trennung oder Tod einen geliebten Menschen verlieren wird. Es wäre hier gut, sich untereinander offen und ehrlich, aber achtsam auszusprechen über das, was nicht gemeinsam gelebt werden konnte und was jetzt nicht mehr gemeinsam gelebt werden kann. Die aufkommenden Gefühle von Trauer, aber auch die empfundene Verbundenheit und die Wertschätzung könnten so zugelassen und gewonnen werden. Durch dieses Tun könnte man mit Blick auf den Abschied sensibler werden für die jetzt noch zu gestaltende Lebenszeit, in der man noch vieles gemeinsam leben kann. Dabei könnte man einen Erinnerungsschatz für das ganze restliche Leben gewinnen, sodass dieser Verlust nicht mehr als eine »emotionale Pleite« erlebt wird.

6. Der alternde Mensch

Jeder will unbedingt sehr alt werden, aber niemand will alt sein! Hier gibt es also einen Konflikt, der gerne ignoriert wird. Seit mehr als 20 Jahren weiß man, dass der Anteil der älteren Menschen in der Bevölkerung der Länder Mitteleuropas stark zunimmt, da die Lebenserwartung stark gestiegen und die Geburtenzahl stark gesunken ist. Kaum jemand möchte sich aber direkt damit auseinander setzen und grundlegende Strategien entwickeln, stattdessen verfällt man in eine Art kompensatorisches Verhalten. Das Zauberwort heißt Anti-Aging. Der Mensch wird dazu gezwungen, dem natürlichen Prozess des Alterns entgegenzusteuern. Er baut so in sich einen inneren Feind auf, der ihn leiblich und seelisch mürbe macht. Wenn man nun davon geträumt hat, im Alter eine Familie, ein eigenes Häuschen und ein gutes Auskommen zu haben, dies aber wegen Überschuldung und Verarmung oder durch den frühen Verlust des Partners oder der Kinder nicht eintrifft, schlittert man leicht in eine Depression. Hier ist es wiederum wichtig, die berechtigte Trauer um das Altern klar von der Trauer aus der eigenen Kindheit, in der ich nicht gesehen, beachtet und gefördert wurde, wie ich es mir gewünscht hätte, zu unterscheiden.

Grundsätzlich ist es nicht möglich, sich dem Werden und Vergehen zu entziehen. Alles ist ihm unterworfen, auch die Entstehung und das Vergehen von Sonnen, Sternen und Galaxien. Kann der alternde Mensch dies akzeptieren, ist er fähig, weiterhin gut für seine leibliche und seelische Gesundheit zu sorgen. Kann er dies nicht, zieht er sich zurück und wird depressiv. Um weiteren Verletzungen zu entgehen, kommen

Krankheiten wie Alzheimer und Demenz zur Hilfe, die den Zugang zum Hier und Jetzt und/oder zu den Gefühlen und Erinnerungen blockieren.

Es ist daher wichtig, für das Altern kompetent zu werden, um die eigenen Fähigkeiten weiterhin nutzen zu können und nicht in einer Umgebung zu landen, die einem keinen Grund mehr zum Leben gibt. Es wäre auch dringend nötig, das Altern als Gewinn erleben zu können, in dem nicht nur der Herbst in den Falten des Gesichts oder in der Farbe der Haare seine Spur hinterlässt, sondern auch die Früchte dieses langen Lebens geerntet würden, das im Gehirn ein komplexes Netz an Verknüpfungen entstehen lassen hat. Indem man zurückblickt auf das eigene lange Leben, den Erfahrungsschatz, und die Zusammenhänge erkennt, ist man ganz anders in der Lage, das Jetzt zu gestalten. Junge Menschen hingegen können meist noch nicht überschauen, was in ihrem Leben alles geschehen wird. Sie ängstigen sich deshalb oft vor der Zukunft. Daher müsste der alternde Mensch diesen Vorteil, das Leben ganzheitlich zu sehen, selbst anerkennen und nutzen.

7. Verlust eines Haustiers

In unserer modernen Zeit schaffen sich viele Menschen, die sich nach Nähe und Wärme sehnen, ein Haustier an, das ihnen zu einem treuen Gefährten wird. Vielleicht ist das Tier das einzige Lebewesen, das einen bisher im Leben so aufmerksam angeschaut und zugehört hat oder sich über das eigene Kommen freute, also zu einem unentbehrlichen Freund wurde. Hier wird deutlich, wie sehr das Tier mit den eigenen Wünschen nach liebevollen Eltern belastet wird. Je mehr ich einem Tier solche Bürden aufgelastet habe, umso mehr Trauer kommt zu Tage, wenn dieses Tier stirbt oder eingeschläfert werden muss. Ich müsste also all meinem Mut zusammennehmen, dieses Tier richtig zu betrauern und dabei zu klären, wie viel alte Trauer aus meiner Kindheit für all das, was ich nicht bekommen habe, dahinter verborgen ist. Es ist wichtig, von den geliebten Haustieren angemessen Abschied zu nehmen, damit die Depression keine Chance hat, bei mir einzuziehen.

Bedenklich ist, dass es paradoxerweise immer mehr Menschen gibt, die nur kurze Zeit für ein Haustier sorgen wollen. Sie kaufen das Tier, schmusen einige Zeit mit ihm, machen es fast zu einem Menschen, setzen es dann aber aus oder geben es im Tierheim ab, weil sie in Urlaub fahren oder keine Lust mehr haben, sich weiterhin um das Tier zu kümmern, obwohl es ihnen ein treuer Gefährte war.

8. Verlust der Arbeit

Der Verlust von Arbeit ruft eine schwere Trauer hervor, die wenig nach außen dringt, da man als schwach, eben als Verlierer angesehen wird. Hier ist von Bedeutung, welche Rolle die Arbeit im eigenen Leben spielte: War sie nur zum Geldverdienen da oder stärkte sie auch in besonderem Maß die eigene Identität? Erlebte ich mich etwa nur durch meine Arbeit als wertvoll und bedeutsam? Fühlte ich mich nur durch meine Arbeit von anderen gesehen und wertgeschätzt?

Der eigene Beruf bestätigt einen meist in der eigenen Identität. Die Arbeit, der Bereich, in dem ich zeige, was ich kann, ist eine der Säulen der Identität. Daher verliert man mit ihr nicht nur den finanziellen Rückhalt, sondern auch das soziale Umfeld, die eigene Kreativität und die Wertschätzung der Kollegen. Manchmal arbeitet sogar eine ganze Familie über mehrere Generationen bei einem Arbeitgeber, der als Beschützer und Erhalter angesehen wird. Verliert hier nun jemand seine Arbeit, verliert er auch dieses fast familiäre und generationenübergreifende Eingebundensein. Die Trauer, die hier aufbricht, ist verbunden mit Schuldgefühlen, Wut, Protest, die einen geschützten Raum und Zeugen für den Ausdruck brauchen. Trauern ist also auch in dieser Situation nicht allein möglich, sondern braucht eine Gruppe, in der der Betroffene mit seinen Gefühlen und seiner Situation von den anderen gesehen, gehört, bestätigt und akzeptiert wird. Es wäre auch hier zu klären, welche Reste von alter Trauer mit zu Tage treten. Wenn der Beruf einem auch eine Art familiären Rückhalt, Anerkennung und Gesehenwerden gegeben hat, wie man es in der eigenen Familie nicht erlebt hat, wird man an die alte Trauer aus der eigenen Kindheit erinnert. Wenn man dann in dieses kindliche Empfinden zurückfällt, kann man der aktuellen Situation nicht in erwachsener Weise begegnen.

Der Verlust von Arbeit müsste von unserer Kultur überhaupt mit ganz anderen Augen betrachtet werden. Mit meinem Transmorphose-Modell zur Förderung der Selbstkompetenz in Veränderungsprozessen begleite ich Menschen in solchen Verlustsituationen, wobei zunächst die persönliche Trauer aus der eigenen Lebensgeschichte klar von der aktuellen unterschieden wird, die durch den Verlust dieser wichtigen Säule der Identität hervorbricht, und dann Ressourcen aktiviert werden.

9. Verlust der Heimat

Mittlerweile besteht unsere Welt größtenteils aus Vertriebenen, aus Menschen, die ihre Heimat wegen Kriegen, Hunger oder Naturkatastrophen verlassen mussten. Den Verlust von Heimat sollte man nicht auf die leichte Schulter nehmen. Für viele Menschen hat dieses Stückchen Erde, das sie Heimat nennen, eine besondere Bedeutung. Es ist der Ort, an dem die Familie und die Freunde wohnen, wo das Leben von besonderen Bräuchen und Traditionen geprägt ist, dessen Klima man kennt und nach dem man sich in seinen Träumen sehnt.

Solange man diese verlorene Heimat nicht betrauert hat, kann man sie auch nicht in den eigenen Leib integrieren als den Teil, der einen bis hierher in die neue Heimat gebracht hat. Diese Trauer könnte neue Lebenskraft aktivieren, die es einem ermöglicht, sich überhaupt für die neue Heimat zu öffnen. Wenn nicht getrauert wird, will man sich, wie bei manchen Gastarbeitern spürbar, auch nicht im Gastland integrieren lassen. Wenn man sich hingegen einlassen würde, könnte man sogar einen Vorteil daraus gewinnen, indem man sich in zwei Ländern beheimatet fühlt. So habe ich meine Heimat Griechenland, die ich unter der Militärdiktatur vor 50 Jahren verlassen musste, betrauert und verabschiedet. Ich konnte mir so viel mehr bewusst werden, was meine Heimat mir gegeben hat, und mich in Deutschland eher integrieren.

Besonders schwer wiegend ist die Trauer, die ein Kind heimatloser Eltern spürt. Es nimmt die depressive Atmosphäre der Eltern auf, die nicht um ihre verlorene Heimat trauern können. Es selbst versteht dabei meist nicht, warum es sich so traurig fühlt und selbst nicht trauern kann. Der Depression und Resignation sind so Tor und Tür geöffnet.

10. Verluste bei Naturkatastrophen

Es ist uns meist nicht bewusst, wie viel Trauer entsteht, wenn Menschen bei Naturkatastrophen wie Wirbelstürmen, Überschwemmungen, Vulkanausbrüchen und Erdbeben Angehörige, Freunde und/oder ihr Hab und Gut wie etwa ihre Häuser oder Boote verlieren. Hier wäre es wichtig, sich neben dem Wiederaufbau auch der Klärung dieser Trauer zu widmen und ihr in einem geeigneten Rahmen Ausdruck zu verleihen.

Einen gewissen Anteil an den Katastrophen tragen wir zudem selbst durch die voranschreitende Industrialisierung, Zersiedelung und Veränderung von Landschaften durch Tagebau, Begradigungen von Flüssen etc. und deren Auswirkungen auf das Weltklima. Zum anderen zeugen solche Ereignisse davon, dass unsere Erde ein lebendiger, sich stetig umwandelnder Planet ist. Schwierig wird es, wenn der Mensch durch diese Ereignisse das grundlegende Vertrauen in die Ressource Erde verliert, die in unserem Modell eine wichtige Rolle spielt. Den Menschen, die die Erde als feindlich erlebt haben, fällt es jetzt schwer, sie weiterhin als Lebensgrundlage zu beanspruchen.

Wir müssten also unsere Betroffenheit und unsere Trauer klären, die beweinen, die wir verloren haben, aber das Vertrauen in die Lebensgrundlage Erde, die uns Luft zum Atmen, Wasser zum Trinken, Nahrung und durch die Atmosphäre Schutz vor Strahlung aus dem Weltraum gibt, bewahren oder wieder neu aufbauen.

Teil IX
Den Umgang mit der Trauer kann man sich aneignen

1 Ein Leitfaden durch die Trauer

In den bisherigen Kapiteln konntest du erfahren, wie man früher mit Trauer umgegangen ist und wie man es heute tun könnte. Du konntest durch meine Beschreibungen und Erzählungen miterleben, wie die Menschen, denen ich begegnet bin, ihre Trauer gespürt, erlebt und verstanden haben. Du hast mich bei meiner Forschung begleitet und warst Zeuge der Ereignisse, die dort stattfanden. Du hast auch einiges von meiner eigenen Trauergeschichte erfahren, wie ich damals mit Trauer umgegangen bin und wie ich es heute tue, und hast mich bei der Entwicklung meiner Trauerfähigkeit begleitet.

Ich hoffe, dass meine theoretischen und praktischen Überlegungen und die Beispiele aus meiner Arbeit in den Lebens- und Trauer-Umwandlungsseminaren dir ein verständlicheres Bild von der Trauer vermittelt haben.

In diesem Kapitel möchte ich auf einige Punkte aufmerksam machen, aber keine Rezepte verteilen, da es diese nicht gibt. Trauer ist so verschieden, wie die Menschen auf der Welt verschieden sind.

Am besten erinnerst du dich an die Stelle im Buch, als du mich in meiner Trauer begleitet hast. Durch diese Begleitung bist du näher an deine Trauer und deine Gefühle herangekommen und konntest einen besseren Kontakt zu dir selbst entwickeln, sodass du auch in der schwierigen Situation eines Verlustes weiterhin Liebe zu dir empfinden kannst. Du brauchst jetzt vor allem mehr Verständnis für deine Situation und das Erkennen deines Zustandes. Wichtig ist, dass du im Moment körperlich gesund bist und dass du Neugierde verspürst, deine Trauer richtig anzuschauen. Mach keine Experimente, wenn du kräftemäßig ausgelaugt bist, wenn du das Gefühl hast, dass du in einer Krise steckst oder deine Trauer sehr komplex ist. Du kannst dich dann an einen Fachmann wenden oder die Hilfen in Anspruch nehmen, die im letzten Kapitel des Buches genannt werden.

Wenn du dich in einem Teufelskreis von nicht gelingendem Umgang mit der Trauer befindest, deine Gedanken grüblerische Dialoge führen, wenn du starke Schuldgefühle hast, wenn dein Körper sich mit Missempfindung und Schmerzen meldet, wenn deine Gefühle dich endlos quälen, dann achte auf folgende Punkte und suche immer eine gute und kompetente Begleitung:

a) Trauer gehört zum Leben und stellt eine natürliche Reaktion unseres Organismus und der ganzen Persönlichkeit dar, um das Gleichgewicht wiederherzustellen, wenn wir etwas, das wir geliebt haben, verlieren oder uns davon trennen müssen.

b) Die Entwicklung der Trauerfähigkeit ist eine lebensnotwendige Aufgabe, um mit Verlusten lebensfördernd umgehen zu können. Dies gelingt am besten, wenn du es mit anderen gemeinsam versuchst und dich nicht ins stille Kämmerlein zurückziehst. Trauer will gesehen, gehört, verstanden, bestätigt und akzeptiert werden.

c) Trauer kann weder vergessen noch durch die Zeit »geheilt« werden. Sie wartet immer auf ihre Entwicklung, damit du dich dem täglichen Werden und Vergehen gesund erhaltend hingeben kannst.

d) Trauer ist keine Krankheit und kann deshalb mit keinen »Mittelchen« behandelt werden. Krank machend kann sie werden, wenn man sie nicht entwickelt.

e) Trauer braucht Mittel und Wege des Ausdrucks, zum Beispiel Rituale, symbolische Handlungen, Mitmenschen und Materialien zum schöpferischen Tun.

f) Trauer ist ein tief reichendes Gefühl mit enormer Energie, die auch auf kreativem Weg für einen neuen Lebensbeginn und neue Orientierung eingesetzt werden kann. Rituale schaffen hier klare Zuordnungen, sodass Abschiednehmen gelingt und der Trauernde sich wieder der Gestaltung seines Lebens zuwenden kann.

2 Mit offenen Augen und offenem Herzen durch die Trauer

Direkt übersetzt bedeutet dieser Titel: Bei diesem Weg muss man offene Augen haben, damit man sieht, was ist. In der Begegnung mit der Trauer ist es dringend notwendig, dass das Herz dem Gehirn assistiert.

Jetzt wäre es gut, sich etwas Zeit zu nehmen, um die Abschiede und Verluste in der eigenen Lebensgeschichte in den Blick zu nehmen.

1. Überprüfung der Realität

Stell noch einmal fest, was geschehen ist, wo und wie es geschehen ist. Wie standest du zu dem Verlorenen? Wie war die Beziehung? Lebendig, fair, künstlich harmonisch, verstummt, abhängig oder ambivalent, wechselnd zwischen Hass und Liebe?

a) Was hast du mit der Person noch alles verloren: den Ernährer, Sexualpartner, Kameraden, Gefährten, Freund, ein Idol? Was musst Du nun allein weiterführen?

b) Du musst Abschied nehmen von vielem, was in der Zukunft nicht mehr gelebt werden kann, auch von vielem, was in der Vergangenheit nicht gelebt wurde, ja, von deinem ungelebten Leben.

c) Sei sicher, dass der Verlust unwiderruflich ist. Die Hoffnung auf eine erneute Begegnung auf dieser Erde ist trügerisch.

d) Leugnest du die Realität des Unwiederbringlichen und damit die Tatsache des Verlusts, verflacht deine Atmung, wird deine Stimme unhörbar, friert die Mimik deines Gesichts und die Gestik deines Körpers ein. Dann drehen sich deine Gedanken wie die Nadel eines Plattenspielers in der kaputten Rille ewig weiter und wiederholen immer das Gleiche. So kannst du keine neuen Perspektiven entwickeln.

2. Gefühlsbilanz

a) Indem du deine Gefühle abwürgst und dich bis zur Gefühllosigkeit treibst, bremst du einen Prozess, der im Grunde gar nicht aufzuhalten ist. Du kannst ihn nur mit viel Energie, die du von deiner Lebensenergie abschöpfen musst, und nur einige Zeit zurückhalten. Dann könnte es sein, dass du von deiner Trauer entweder überflutet oder versteinert wirst.

b) Hab keine Angst, wenn mit der Trauer noch andere, ungewöhnliche, scheinbar unpassende oder unangenehme Gefühle wie Zorn, Wut etc. hochkommen und nach Ausdruck suchen.

c) Wenn du den berechtigen Trauerschmerz zulässt, kannst du sicher sein, dass du immer auf dem richtigen Weg bist. Er wird nicht unendlich dauern. Sein Ausklang ist so sicher wie das Kommen des nächsten Frühlings.

d) Hab auch keine Angst vor plötzlich aufbrechendem Begehren nach Zuwendung, Zweisamkeit, Zärtlichkeit, Freude, Gemeinsamkeit, die du dir weiterhin wünschst, auch wenn der Geber oder die Geberin nicht mehr existieren. Bleibe bei deinem Gefühl, verbanne es nicht. In diesem Buch hast du gelernt, wie du dich vor Gefühlschaos schützen kannst.

e) Wenn du dich mit deinen Gefühlen näher beschäftigst, wirst du mit Sicherheit auch Schuldgefühle darunter entdecken. Sie sind da, damit du dich mit ihnen auseinander setzt oder um dich an deinem Fortkommen durch die Trauer zu hindern. Wenn du sie durchleuchtest, merkst du bald, dass einige davon »Papiertiger« sind. Für den mickrigen Rest musst du versuchen, dich zu entwickeln, damit du nicht immer wieder in die gleichen Gefühlsfallen fällst.

Die etablierten emotionalen Kontrolleure unserer Kultur legen großen Wert darauf, dass du dich schon gleich bei deiner Geburt schuldig fühlst und dich sogar für deine Geburt »entschuldigen« sollst. Daher wäre es gut, wenn du, anstatt in Selbstquälerei und Selbstbestrafung zu verfallen, versuchen würdest, dich den Schuldgefühlen zu nähern. Sie sind die hilflosen Anteile von dir, die der grausamen »Schuldgefühlsdiktatur« anheim gefallen sind.

3. Das Basiswissen der individuellen Trauer

Du könntest für Folgendes besondere Sorge tragen: Du brauchst einen geeigneten Rahmen, in dem du trauern kannst. Du brauchst geeignete Menschen, die deine Trauer verstehen und ohne Ängste und Rückzug annehmen. Du brauchst eine Erlaubnis von dir und von den anderen, um deine Trauer zuzulassen und sie auch zum Ausdruck zu bringen.

Du brauchst dagegen niemanden, der dich von deiner Trauer wegtröstet mit den Worten: »Sei tapfer, vergiss es, mach dir jetzt ein paar schöne Tage und fahre weg, du hast genug getrauert«.

Du brauchst niemanden, der dich in seinem Schoß und seinen Armen trägt, weil du kein Baby bist. Du brauchst keinen, der dir durch die Haare streicht, sondern jemanden, der dich mit offenen Augen anschaut und dich in deinen lebendigen Gefühlen bestätigt und dich bewundert.

Du brauchst jemanden, der dich nicht alleine lässt, sondern dir sagt: »Hab keine Angst. Du bist nicht allein. Ich schaue dich an!«

Du brauchst jemanden, der dir, wenn er deine Tränen sieht, sagt: »Ich gratuliere dir, weil du mit deinen Tränen deine Liebesfähigkeit zeigst!« Deine Tränen sind da, um von den anderen bemerkt und gesehen zu werden. Versuche auch selbst, deine Tränen zu sehen, sie zu akzeptieren und auf das zu horchen, was sie dir sagen. Achte darauf, ob du in Selbstmitleid verfällst, es hält dich von der Trauer ab.

Du brauchst möglichst viele Menschen um dich, die sich solidarisch mit dir fühlen und dir dies zeigen.

Indem du dich nun dir selbst aufmerksam und liebevoll zuwendest, versuche wahrzunehmen, ob du nicht trauern willst (aus welchem Grund auch immer), nicht trauern kannst, nicht trauern darfst oder in der Trauer festgefahren bist.

Wichtig ist es, auf den inneren und äußeren Bezug dieser Trauergefühle zu achten:

a) Um wen und was trauere ich?

Von wem muss ich Abschied nehmen, was fehlt mir, was macht mich traurig, wen oder was muss ich aufgeben? Welche Kränkung erfährst du, wenn du jemanden verlierst?

b) Wer ist traurig?

Du, der Erwachsenen, der etwas verloren hat, oder das allein gelassene Kind in dir? Unterscheide klar: Ich, der Erwachsene, bin traurig oder das allein gelassene kleine Kind in mir ist traurig. Du musst immer genau feststellen können, wer in dir traurig ist und weint. Es geschieht zu oft, dass der Trauernde nicht merkt, wie er durch den Verlust jetzt in ein früheres Trauerereignis einsteigt.

c) Wann und für welche Situation trauere ich?

Um welches Ereignis trauere ich? Ist es ein aktuelles, vergangenes oder zukünftig zu erwartendes Ereignis? Ist es ein Ereignis, das hier geschehen ist oder an einem anderen Ort? Es ist wichtig, dieses Ereignis jetzt vor Augen zu haben. Eine kontinuierliche Wahrnehmung dessen, was ist, ist unerlässlich, um nicht die Orientierung zu verlieren oder Angst zu bekommen.

Es ist von Bedeutung, zu wissen, für wen du weinst, wer weint und auch für wann du weinst. Sonst kann es sein, dass du wie ein Kind schluchzt, ohne es zu wissen. Du kannst dann nicht an deine aktuelle Trauer herankommen, du verfällst in das Jammern eines Kleinkindes, das nur von seinen Eltern getröstet werden will.

Es gibt viele komplizierte Trauerabläufe, in denen eine Menge von nicht umgewandelter Trauer in Erscheinung tritt oder aufeinander aufgestapelt ist. Dies drückt auf die Gefühle und raubt so Lebensenergie. Es kann dann schnell zu einer Überforderung kommen. Menschen in einer solchen Situation müssten an einem geeigneten Seminar teilnehmen, um die

Trauerfähigkeit in der tragenden Atmosphäre einer Gruppe zu entwickeln und mit besonderen Methoden wie symbolischen Handlungen und Ritualen neue Erfahrungen des Umgangs mit der Trauer zu machen, die es ihnen ermöglichen, Abschied zu nehmen.

4. Suche Möglichkeiten des Ausdrucks

Du solltest dir Formen für deinen Trauerschmerz suchen. Die Formgebung ordnet deine Trauer, macht sie dir bewusster, transparenter und sogar sichtbar, hörbar und fassbar. Wenn du im Trauerschmerz bist, lass ihn fließen und gib dem Fluss Papier, Stift und Bewegung. Schreibe auf, was dich bedrückt, zum Beispiel deine Trauergeschichte. Schreibe ein Gedicht, einen Brief für den, von dem du Abschied nehmen willst. Male etwas, ohne den Anspruch zu haben, den Picasso in dir entdecken zu müssen. Versuche, spontane Zeichnungen entstehen zu lassen, oder lass Farben nebeneinander wirken. Forme mit Ton, was deine Hände suchen.

Lass die inneren Regungen durch deinen Körper Ausdruck finden. Es muss nicht unbedingt wie im »Schwanensee« getanzt werden. Vertraue deinem Körper, er findet selbst einen Weg, um das innere Drama außen sichtbar werden zu lassen. Vielleicht hast du auch ein Instrument, um den fließenden Trauerschmerz durch Rhythmus, Melodie, Klang und Lautstärke hörbar werden zu lassen. Am besten geht es mit der eigenen Stimme.

Die Wege des Ausdrucks, die dir zur Verfügung stehen, sind vielfältig. Du kannst Schöpfer, Künstler, Erlebender, Zuschauer deiner Formgebung sein. Probiere es, ohne besondere Erwartungen zu haben und ohne das Ergebnis deines kreativen Schaffens zu bewerten. Überrasche dich selbst mit deinen Möglichkeiten. Schaue dir das Produkt noch einmal an, führe einen Dialog mit ihm und lass es dir auch antworten.

Du kannst dann deine Gefühle von einer ganz anderen Seite kennen lernen. Du wirst froh darüber sein, zu entdecken, welche Gefühle in dir wohnen, sodass du dich als einen wirklich lebendigen Menschen erfahren kannst. Durch das Fließen der

Trauer findest du zurück zu deinen Gefühlen, damit zum Leben und seinem Sinn. Trauer ist eine Krise, die sich als Chance anbietet.

5. Suche Symbole und Rituale, um den Abschied zu gestalten

Bereite dich vor, an einem festgesetzten Datum den Abschied zu wagen. Gestalte ihn feierlich mit Kerzen, Blumen und was dir sonst einfällt. Nimm verschiedene Elemente in Anspruch, die dir die Natur zur Verfügung stellt, und gib ihnen eine symbolische Bedeutung.

Versuche eine Handlung, die du dir zum Abschied vorgestellt hast, zu ritualisieren. Wir erfinden bei jedem Trauerseminar neue Rituale, die unserer jeweiligen Situation entsprechen. Lass die Versteinerung nicht zu, lass Verzweiflung, Schuldgefühle und Selbstvorwürfe sich nicht in deinem Körper einnisten. Vertraue dem Ritual. Es wird wie ein Stern da sein und dir den Weg durch die dunklen Pfade der Trauer leuchten. Wenn du keine Möglichkeiten hast, so etwas zu versuchen, und auch niemand da ist, der dir dabei hilft, besteht trotzdem kein Anlass zur Verzweiflung. Du kannst an einem Lebens- und Trauer-Umwandlungsseminar teilnehmen, das in deiner Gegend stattfindet. Dort könntest du deine Anfangsangst verstehen, deine Trauerfähigkeit entwickeln und lernen, in der Begegnung mit Veränderungen in deinem Leben bewusst und lebendig Abschied zu nehmen.

3 Leitfaden, um andere Menschen in ihrer Trauer zu begleiten

Lass dich erst selbst in deiner Trauer begleiten und entwickle deine Trauerfähigkeit, bevor du selbst andere begleitest.

Grundsätzlich: Jeder von uns kommt irgendwann in seinem Leben in die Situation, jemanden zu verlieren, von jemandem

Abschied nehmen zu müssen. Daher sollten wir alles, was uns selbst in solchen Situationen nicht gefallen würde, auch anderen nicht antun.

Einige wichtige Punkte, die beachtet werden sollten, möchte ich hier benennen:

a) Der trauernde Mensch ist kein exotisches Wesen, das man betrachten kann wie eine Theater- oder Zirkusnummer, obwohl wir das heute in unserer Gesellschaft oft vermittelt bekommen. Gib ihm das Gefühl, dass du ganz gegenwärtig bist: »Ich bin da und bleibe bei dir. Hab keine Angst!«

b) Gib der Person zu verstehen, dass sie sich auf dich verlassen kann. Lass sie spüren, dass du ihr deine ganze Aufmerksamkeit und Sorge schenkst, aber ihr auch ihre Eigenständigkeit lässt.

c) Lass sie wissen, dass du sie in ihrer Trauer bedingungslos akzeptierst und dass sie sich nicht zu erklären braucht. Gib ihr zu verstehen, dass du ihr ihren Trauerausdruck zubilligst und dass du bereit bist, daran Anteil zu nehmen.

d) Gib ihr zu verstehen, dass du jemand bist, der, was auch passiert, zu ihr halten wird, und dass du bereit bist, sie so zu lassen, wie sie ist. Bestärke sie in ihrem Weinen und sage ihr, dass sie das Recht hat, sich so zu verhalten.

e) Sage ihr, dass sie laut und verzweifelt sein kann, weil der Verlust unwiderruflich ist und keine Hoffnung auf ein Wiedersehen besteht. Unterstütze sie im Ausdrücken ihrer Trauer und sei klar und eindeutig mit ihr, wenn es um das Feststellen der Realität geht. Gib ihr das Gefühl, von dir gesehen, gehört, verstanden, bestätigt und akzeptiert zu werden.

f) Biete ihr an, bei der Erledigung verschiedener Formalitäten zu helfen, sodass sie Zeit findet für die eigene Trauer, ohne dauernd unterbrochen oder gestört zu werden.

g) Wenn du jemanden weinen siehst, eile nicht gleich hin, um ihn auf der Stelle in den Arm zu nehmen und zu trösten. Nimm erst einmal die Situation wahr und nähere dich achtsam, ansonsten besteht die Gefahr, dass du ihm den Eindruck vermittelst, Weinen sei etwas Unnatürliches. Oder er könnte meinen, er solle aufhören, sonst würdest du auch noch damit anfangen.

h) Lass der Person ihre Eigenständigkeit und nimm sie als

erwachsene selbstständige Persönlichkeit ernst. Bleibe bei ihr, ohne sie zu viel zu bemuttern, sonst bekommt sie das Gefühl, ein Kleinkind zu sein, das untröstlich und hilflos ist.

i) Gib ihr immer das Gefühl, dass deine Anwesenheit nicht bedeutet, dass sie mit dem Trauern aufhören soll. Gib ihr zu verstehen, dass sie sich mit der Trauer nicht zu beeilen braucht. Trauer hört von allein auf und kommt wieder, wenn sie es möchte, bis sie überflüssig wird, wenn sie ganz »umgewandelt« wurde.

j) Betone ausdrücklich, dass du dich nicht belastet fühlst und dass du es ihr sagen würdest, sollte es doch der Fall sein.

k) Gib ihr zu verstehen, dass deine Worte sie nicht wegtrösten, sondern in ihrer Trauer bestärken wollen. Sie soll sich ohne Hemmungen ausweinen dürfen vor dir. Bei allem stehe ihr kameradschaftlich bei.

l) Da der trauernde Mensch seine Antennen für die Sinne meistens eingefahren hat, ist es ratsam, dafür zu sorgen, dass er vielfältig Schönes wahrnehmen kann, dass seine Sinne wieder hervorlockt. Das muss natürlich in der Anfangszeit, in der die Wirkung des Verlustschocks besonders tief spürbar ist, noch nicht so häufig sein. Spaziergänge in der Natur, Konzert-, Museums- und Ausstellungsbesuche können helfen, dass das Leben durch die Sinne in den Körper zurückkehren kann.

Teil X
Es gibt keine Alternative zur Trauer

1 Die Aktualität der Trauernotwendigkeit

In diesem Teil werde ich versuchen, die dramatische Wirkung verdrängter Trauer auf uns selbst, auf unsere Gesellschaft und schließlich auf die Natur, die durch uns stirbt, zu erläutern. Ich meine, dass ein großer Teil der gefährlichen Krise, die den Menschen, geistige Werte und die Natur mit totaler Zerstörung bedroht, an unserem Unvermögen liegt, angemessen mit der Trauer umzugehen. Es handelt sich um eine mittlerweile gesellschaftlich etablierte Fühlunfähigkeit, die einen emotionalen Analphabetismus nach sich zieht, was uns zu schaffen macht. Wir kaschieren dies mit Coolness, Antiemotionalität oder Ruhigstellung durch pharmazeutische Präparate. Dabei birgt das Trauern eine enorme Energie in sich. Findet diese Trauer keinen angemessenen Ausdruck, bleibt sie also in »Sicherheitstrakten« versteckt und gefangen, dann wandelt sie sich zu einer ungeheuren, unbemerkt und langsam wirkenden depressiven Energie, die für den Betroffenen und seine Umgebung schlimme Folgen haben wird. Unerledigte Trauer zerstört und verschmutzt die innere und äußere Umwelt. Ihre Auswirkungen auf das soziale und ökologische Umfeld spüren wir jeden Tag zunehmend.

Vor allem um die stetige Veränderung unserer natürlichen Lebensräume auf unserer Erde wäre es endlich Zeit zu trauern, um all die Lebewesen, die täglich durch unsere Umweltzerstörung vom Erboden verschwinden oder auf die Liste der bedrohten Arten gelangen. Wir müssen uns nicht darum bemühen, die Erde zu heilen, denn sie wird mit den täglich stattfindenden Veränderungen gut umgehen können. Nur wir Menschen zerstören langsam, aber sicher unsere aktuellen Lebensgrundlagen und die unserer Kinder, sodass wir auch irgendwann eine der bedrohten Arten sein werden. Es wäre an der Zeit, sich alle Jahre wieder auf öffentlichen Plätzen zusammenzufinden, um uns gemeinsam dieser Bedrohung unserer Lebensgrundlagen bewusst zu werden. Dann könnten wir Gefühle gewinnen, wütend sein und protestieren, klagen und unseren Schmerz darüber ausdrücken, um ein Verantwortungsbewusstsein zu entwickeln, damit wir respektvoller und achtsamer mit dem übrig gebliebenen Rest umgehen könnten. Um es bildlich deutlich zu machen: Wenn wir uns die Erde als eine wunderbar mollige, vollbusige Mutter vorstellen, sind wir die, die sie mit einem Messer in der Hand abstechen wollen.

2 Die mediale Globalisierung der Trauer

Vor allem durch Radio und Fernsehen hat die Globalisierung in jedem Wohnzimmer Einzug gehalten. Wir werden mit Schlagzeilen und Berichterstattungen aus den unterschiedlichsten Ländern überschüttet. Jede Naturkatastrophe wie etwa Erdbeben, Vulkanausbrüche, Tsunamis oder Hurrikans sind fast hautnah mitzuerleben. Täglich werden wir mit Bildern von Attentaten aus verschiedensten Ländern der Welt überflutet. Niemand kann sich diesem so einfach entziehen, da auch auf öffentlichen Plätzen, in U-Bahn-Stationen oder Kaufhäusern diese Medien mit ihrer Flut von Informationen präsent sind. Wir sind betroffen und empfinden Trauer, ohne direkte Teilhabe am Geschehen. ›Gott sei Dank!‹, denken wir, aber wir haben so auch keine Möglichkeit, Solidarität in der Betroffenheit zu erleben, durch Rituale und symbolische Handlungen Klärung und Ausdruck zu erfahren und begleitet zu werden. Wir können nicht einmal genau sagen, warum wir so betroffen sind.

Je nachdem wird durch eine gezielte, meist nur ausschnittartige Berichterstattung unsere Spendenbereitschaft aktiviert. Die Hilfe und Unterstützung wird so ökonomisiert, während die Gefühle kaum berücksichtigt und »im Regen des Hurrikans nass« werden. Man versucht die Betroffenheit durch eine rekordverdächtige Spendenbereitschaft loszuwerden, die aber vielleicht von nicht wahrgenommenen und nicht bewusst verfügbaren eigenen »Vorerfahrungen« herrührt. Doch kaum jemand erkennt diese Zusammenhänge.

Wir können daher keine Klarheit in unserer Betroffenheit finden, sondern erleben eine Einebnung und Entfremdung von unseren Gefühlen und eine Verdinglichung der Ereignisse und der Menschen, die darunter gelitten haben. So berichten die Massenmedien kaum von Trauerzeremonien, sondern eher von Kriminalbeamten, die eine groß angelegte Genuntersuchung zur Identifizierung der Toten durchführen. Dabei bleibt der Gewinn von heilenden Gefühlsäußerungen auf der Strecke. Die globalisierte Trauer ist somit unfassbar und entwickelt ihre »depressogene« Wirkung.

Teil XI
Anhang

1 Trauerbrauchtum früherer Zeiten

Obwohl in der Antike viel von Unsterblichkeit die Rede ist, nahmen die Griechen dieser Zeit die Auseinandersetzung mit dem Tod sehr ernst. Der Gedanke der Unwiederholbarkeit und Begrenztheit der menschlichen Existenz findet sich in einem großen Teil der griechischen Literatur. In den Erzählungen wird viel getötet und gemordet, sodass das gewaltsame Sterben als etwas Selbstverständliches für die menschliche Gesellschaft galt.

Außerdem wurden die Lebensdauer und das Schicksal jedes Menschen ihm gleich bei seiner Geburt von einer der drei Schicksalsgöttinnen zugeteilt. Diese trugen den Namen »Moira« (= Schicksal) und waren an sich eine einzige Wesenheit in drei verschiedenen Erscheinungsformen. In der Mythologie entschieden die Moirai, welche Länge jeder Lebensfaden haben sollte. Die Macht dieser Schicksalsgöttinnen war unbestritten, und der Sage nach konnte nicht einmal Göttervater Zeus an ihren Beschlüssen etwas ändern. Die Lebensdauer war also nach der Auffassung der Griechen nicht willentlich veränderbar; sie gehörte zu den Lebensbedingungen, die von Geburt an durch die Moiren zugeteilt wurden. Die Anwesenheit der Geburtsmoira bedeutete gleichzeitig die Anwesenheit der Todesmoira (= Schicksalsgöttin des Todes). Es gab also nichts mehr zu verhandeln. Aber das Wissen über das eigene Schicksal und den Tod ermöglichte es dem Sterblichen, ein Schicksalsbewusstsein zu erlangen. Für jeden Menschen war es so denkbar, in Einklang mit seinem Schicksal zu leben. Aber diese schicksalhaften, unwiderruflichen Zuteilungen verhinderten, dass die Menschen sich über das Schicksal beklagten, wenn es ans Sterben ging, über das Ende ihres Lebens weinten, um sich mit Tränen von der schwarzen Trauer, die sie befiel, zu reinigen.

Die Beschreibung der griechischen Unterwelt könnte eher geeignet sein, das Recht des antiken Menschen auf Weinen, Klagen und Anklagen sowie letztlich das Hinnehmen der Unentrinnbarkeit des Schicksals besser zu verstehen. Die Unterwelt der griechischen Mythologie ist das Reich des Hades, in dem der Gott Pluton herrscht. Die Seelen nehmen Abschied und gehen in den Hades, ein dunkles Reich der Schemen und Schatten. Diesem Schattendasein kann die Seele niemals entgehen; das Einzige, was sie tun kann, ist »hindurchzugehen«. In diesem Reich begegnet man dem Skotos (= Dunkelheit) und den greisen Göttinnen Erinyes, die auch Furien und Maniai (= die Rasenden) genannt werden. Ihre Namen sind: Alekto (= die Unaufhörliche), Tisiphone (= die Vergeltung) und Megaira (= neidischer Zorn). Alle drei greisen Göttinnen sind Töchter der Nyx (= Nacht), und ihr Vater ist Skotos. Es sind Darstellungen überliefert, die sie mit Flügeln zeigen, weil sie jeden Menschen verfolgten, bis sie ihn »hatten«. Sie waren verhasste Zorn- und Rachegeister.

Der englische Forscher Graves bezeichnete diese Wesenheiten in seiner »Griechischen Mythologie« wie folgt: »Sie haben Schlangenhaare, Hundehäupter, kohlschwarze Körper, Fledermausflügel und blutunterlaufene Augen. In ihren Händen tragen sie messingumwickelte Geißeln, und ihre Opfer sterben unter Qualen.« Sie sorgen für die innere, das heißt seelische Zerstörung derer, die sie befallen. Sie sind die personifizierten Gewissensbisse, die jeder spürt, der eine Norm oder ein Tabu verletzt hat, oder die personifizierten Wutausbrüche und Hassgefühle, die ein jeder, der ein schlechtes Gewissen hat und sich schuldig fühlt, gegen sich selbst richtet. Diese Auseinanderset-

Threnouses (die Klagenden), eine Gruppe von klagenden Frauen, die in tanzender Bewegung sind: eine symmetrische Abbildung, auf der Threnos (Weinen, Klagen) und Tanz gleichwertig in Erscheinung treten. Dieser Larnaka-Sarkophag stammt aus dem 12. Jahrhundert v. Chr., also aus der Bronzezeit. Der Archäologe Theodor Spyropulos hat ihn 1969 in Tanagra, in der Nähe des Ortes Gefyra gefunden.

zung mit ihnen scheint eine reinigende Kraft zu haben, obwohl sie sehr schmerzhaft sein kann, besonders wenn sie länger dauert oder kein Ende zu nehmen scheint. Viele mythische Helden müssen mit den Dämonen und mit schrecklichen und bösen Ungeheuern des Dunkels kämpfen. Ihre Begegnung mit der Schattenwelt ist eine Möglichkeit, die sie zum Heilwerden des eigenen Selbst zurückführt.

Der Tod, der in »Thanatos« personifiziert ist, ist ein Sohn der Nyx (= Nacht). Er lebt mit seinem Bruder Hypnos (= Schlaf) im Schattenreich Tartaros, das wiederum vom Hadesreich durch den Fluss Styx abgegrenzt ist. Thanatos, Hypnos und Styx waren von den Menschen gefürchtet und sogar bei den Göttern verhasst. Alles, was hinter Styx lag, bedeutete völlige Verlorenheit, Zwecklosigkeit, Leid ohne Ende, unseliges Leben, ja sogar Vernichtung und ewiges Aufhören des Ichs.

Der grausame Fluss Styx war die endgültige Grenze zu allem Leben. Deshalb umringte dieser Fluss das Tartaros-Gebiet des Hades neunmal. Den Übergang über den Styx schafften die Seelen auf den Schultern des Fährmanns Charon. Diese Überfahrt kostete Geld, weshalb man dem Toten eine Münze zwischen die Zähne steckte, um ihn in die Lage zu versetzen, Charon zu bezahlen. Dieser trug ein schmutziges Gewand. Er bahnte sich mit Feuer speienden Augen einen Weg durch den schwergängigen Fluss. Das war immer eine Fahrt ohne Rückkehr und ohne Hoffnung. Die von Skotos beherrschte griechische Hölle hat als das Reich des Toten eine sonderbare, ja Furcht erregende und unendliche dunkle Tiefe. Hier wird alles qualvoll, hier geschieht Sinnloses ohne Ende.

Die Unterwelt wurde also in den düstersten Farben geschildert, und wenn auch in späterer Zeit die Schilderungen farbenreicher wurden durch den Hintergrund der »Seelenwanderung«, die ein hoffnungsvolleres und Sinn gebendes Bild war, so hatte die griechische Unterwelt des Hades ein negatives Übergewicht. Die Vorstellung vom Hades zwang die Menschen dazu, sich nicht in falschen Hoffnungen und Illusionen zu verlieren, und war Anlass dafür, die Heftigkeit des Trauerausdrucks zu steigern.

Die homerischen Trauerszenen sind dafür bezeichnend. Der Verlustschmerz fand im stimmlichen Klang und in ausdrucksstarken Gebärden sein Ventil. Die Frauen schrien und wehklagten mit ihrem ganzen Leib, und auch die Männer waren nicht weniger intensiv beteiligt. Die Frauen rauften sich die Haare, schnitten sie ab, um ihren Schmerz zum Ausdruck zu bringen. Die Männer ließen sich den Bart wachsen als Zeichen ihres Trauerschmerzes.

Frauen wie Männer reagierten auf den Verlust mit der Verweigerung von Nahrung für mehrere Tage. Sie schlugen sich auf die Brust, zerkratzten sich Brust und Wangen. Frauen entblößten ihren Busen, warfen sich auf den Boden, beschmutzten sich mit Staub und beugten sich viele Male und lange über den toten Körper. Die Totenklagen wurden in den homerischen Epen besonders von Frauen angestimmt. In der »Ilias« wurden drei wichtige Helden beklagt: Hektor, Achilles und Patroklos. Insbesondere der tote Hektor wurde gleich von drei Frauen beweint: seiner Ehefrau Andromache, seiner Mutter Hekabe und seiner Schwägerin Helena, der Frau seines Bruders Paris:

»Und stellten zur Seite Vorsänger auf für die Trauergesänge; sie stimmten mit Seufzen an den Klagegesang, und dazu noch stöhnten die Frauen. Ihnen begann Andromache, weiß ellbogig, die Klage, hielt dabei Hektors, des Männer tötenden, Kopf mit den Händen: Mann, du verlorest so jung dein Leben und lässt mich als Witwe hier in den Hallen zurück; und dein Sohn, der ist ja ein Kind noch …« (Ilias 24.720–727).

»Also sagte sie weinend; dazu noch stöhnten die Frauen. Dann fing Hekabe an, bewegt von ihnen zu klagen: Hektor, du warst mir im Herzen der liebste von all meinen Söhnen…« (Ilias 24.746–748).

»Aber als dritte begann dann Helena, ihnen zu klagen: Hektor, du warst mir im Herzen der liebste von all meinen Schwagern.« (Ilias 24.761–762).

Ähnliche Zeugnisse über Trauerklagen finden wir auch bei Thukydides, dem großen Historiker der Antike. In seiner Schrift »Der Peloponnesische Krieg« berichtet er: *»Am Zug nimmt jeder teil, der will, Bürger und Fremde, auch die angehörigen Frauen sind am Grabe anwesend und wehklagen.«* (Zweites Buch, 34.4). Bei der Trauer um Achilles, des beinahe Unsterblichen, waren die Musen persönlich bei der Trauerklage dabei und stimmten die Trauergesänge (Epolofiromene) an: *»Laut wehklagend standen um dich des alternden Meergottes Töchter und kleideten sich mit ambrosianischen Kleidern. Gegeneinander sangen mit schöner Stimme die Musen. Tränen los, so rührten der Göttinnen helle Gesänge.«* (Odyssee 24.58 62).

Beschreibungen von Totenklagen findet man auch bei den erschütternden Schlussszenen vieler antiker Tragödien der Tragiker Sophokles und Euripides. Ein Großteil heidnischen Brauchtums wurde später vom Christentum übernommen. An die Stelle des Charon trat die Gestalt Christi. Beim gekreuzigten Christus stimmten seine Mutter Maria, Martha, Maria Magdalena und die Mutter des Lazarus sowie andere Frauen den

Klagegesang an. Auch im Alten Testament waren es wehklagende Frauen, welche die Trauerrituale bereicherten (Jeremia 8,17-21).

Derartige übermäßig erscheinende Trauerreaktionen, die von den Historikern für den gesamten Mittelmeerraum und auch für die Ägypter überliefert sind, fanden nicht immer und überall Gefallen. Von beachtenswerten Gesetzgebern wie Solon, Lykurgos und Epimenides wurden Gesetze erlassen, um diesen »barbarischen Sitten« Einhalt zu gebieten.

In den christlichen Kirchen wurden schon sehr früh Einwände gegen heidnisches Brauchtum laut. Die Kirchenväter Johannes Chrysostomos, Gregor von Nazianz und Vasilios der Große wandten sich gegen »Übertreibungen« in Trauerbräuchen: *»Verhaltensweisen wie starkes Schreien, längeres Weinen, Auf-die-Brust-Schlagen, Kratzen des Gesichts, so, dass es blutet, sowie das Entkleiden von Armen und Brüsten sind zu unterlassen.«* Die kritische Einstellung der Kirche gegen den leidenschaftlichen Ausdruck von Trauer hatte Folgen, die bis heute zu spüren sind.

Die Frauen waren neben der Klage dazu bestimmt, dem Toten einen letzten Dienst zu erweisen. Sie küssten ihn zum Abschied und schlossen ihm Augen und Mund. Bei der rituellen Vorbereitung zur Bestattung wurde ihm ein weißes Totenhemd übergezogen, nachdem der Körper mit warmem Wasser gereinigt worden war. Dann wurde der Leichnam zu Hause nahe der Ausgangstür aufgebahrt. Die Füße waren zum Ausgang gerichtet, der Kopf des Toten wurde durch ein Kissen gestützt. Er wurde auch liebevoll geschmückt durch einen Blumenkranz. Neben der Bahre waren Gefäße mit Weihwasser und Salböl aufgestellt. Dann konnten Klagegesänge und Klagegeschrei angestimmt werden. Einen bis drei Tage nach der Aufbahrung fand die Bestattung, Einäscherung oder Beisetzung statt. Die älteren weiblichen Hinterbliebenen, Verwandten und Bekannten gaben das letzte Geleit. Man trug schwarze Kleider und opferte am Grab einen Teil des eigenen Haares, manchmal sogar das ganze Haar als Gabe für den Toten. Der Leichnam wurde auf einer Bahre durch die Straßen getragen. Berufssänger und klagende Frauen begleiteten den Trauerzug, um mit ihren Gesängen die Feierlichkeit zu betonen. Auf das Grab legten die

Trauernden Kränze aus Zypressenzweigen, Laub und stark duftende Blumen der jeweiligen Jahreszeit. Die Seele des Verstorbenen wurde durch Weingaben und Tieropfer vor Durst und Hunger geschützt: Wein wurde ausgeschüttet, Nahrung aufs Grab gelegt. Die Trauernden kehrten dann zurück, um gemeinsam am Leichenschmaus teilzunehmen.

Die Periode der Trauer war in den verschiedenen Orten und Städten unterschiedlich lang. Am kürzesten war die Trauerzeit bei den Spartanern, elf Tage, was für einen nach »preußischer Art« lebenden Staat verständlich ist. In Athen dagegen durfte die Trauer einen Monat lang dauern, und in Mysien war es erlaubt, dass die Männer drei Monate und die Frauen vier Monate lang trauerten und ungeschminkt und unfrisiert in schwarzen Gewändern herumliefen.

Die meisten Berichte über die Trauerbräuche der Germanen sind römischen Ursprungs und ergeben leider kein klares Bild. Die Grabbeigaben waren bei den Germanen Waffen, praktische Instrumente für den täglichen Gebrauch, Opfertiere, sogar Menschenopfer. Bemerkenswert war die Tendenz, aus dem Grab eine Art Haus, eine ewige Bleibe zu machen. Dies zeigt uns eine andere Einstellung zum Jenseits. Für die Germanen bedeutete das irdische Leben alles. Ein Jenseits gab es in ihrer Vorstellung nicht. Daher musste das Leben hier auf Erden »ausgekostet« werden. In vielen Sagen und Märchen wird berichtet, dass die Germanen das Weinen um die Verstorbenen für schädlich hielten und es vermieden bzw. nicht zeigten. Der römische Geschichtsschreiber Tacitus erzählt in seiner Schrift »Germania«, dass sich das germanische Volk nicht dem Schmerz hingab und dass es Klagen niemals zu intensiv werden ließ, während die Kulturvölker des Südens den Trauerschmerz äußerten und sich damit der Trauer entledigten. Die Germanen hingegen hielten das Weinen und Klagen zurück, mit der Folge, dass Schmerz und Trauer wahrscheinlich erst nach längerer Zeit Linderung erfuhren.

2 Ein Beispiel für die Gestaltung einer Myroloja-Klage

Um dieses komplexe und multidimensionale Ritual der Klage dem Leser einigermaßen plastisch darzustellen, möchte ich ein Myroloja-Beispiel vorstellen.

Ich bin mir dabei bewusst, dass ich damit nur einen Teil der Atmosphäre wiedergeben kann, da der Klang, das Verhalten und der gesamte Kontext fehlen.

Diese Myroloja ist nicht typisch, weil es keine typischen Myroloja in Mesa-Mani gibt. Auch die Übersetzung bereitet Schwierigkeiten, da der ganze Hintergrund dem Leser nicht bekannt ist und oft Wortsymbole und Sätze mit einer besonderen Bedeutung vorkommen.

Die unten aufgeführte Myroloja ist anlässlich des Todes der Ourania Avgoulea am 5. Mai 1974 entstanden.

Meine Aufnahme stammt vom 20. Juli 1976. Anlass dazu war meine Anwesenheit bei einem Requiem, bei dem ich Material für meine ethno-psychologischen Forschungen sammelte. Solche Requien (Mnemosino) finden in Mani am dritten, neunten und vierzigsten Tag nach dem Tod sowie im sechsten Monat des ersten, zweiten und dritten Jahres statt.

Ich wusste von der Existenz dieser Myroloja von einem Kollegen, der dort vor einigen Monaten ethnologische Studien betrieben hatte. Da die Aufnahmen, die er gemacht hatte, einige »Textlücken« und unverständliche Worte enthielten, wollte ich es sehr gern nochmals versuchen, einerseits um die Myroloja »ganz« zu bekommen, andererseits um meine Neugier zu befriedigen und zu erfahren, ob bei der Myroloja entsprechend der Situation andere Inhalte hinzukommen.

Ich habe mich dann mit zwei Myrolojistres, die mit der Toten verwandt sind und bei der Beerdigung (1974) dabei waren, verabredet, und wir sind gemeinsam zum Friedhof von Trohalakas nahe dem Dorf Stavri gegangen.

Die Frauen waren Eugenia Giannopoulou (57 Jahre) und Georgia Avgoulea (42 Jahre). Sie standen einige Minuten beim Grab, konzentrierten sich, ließen Gefühle hochkommen und die Myroloja entstehen.

Sie sangen gemeinsam, aber die eine führte und die andere begleitete. Das Erstaunliche dabei war, dass die Begleitende die spontan entstehende Dichtung blitzschnell ahnte oder sekundenschnell erfasste und fast gleichzeitig »nachsprach«.

Die Dichtung enthält einen Bericht an den Toten über die Lebenden, das Verlangen nach Segenswünschen und Hilfe bei anstehenden Problemen, die Einbeziehung von aktuellen politischen und ökonomischen Problemen, den Rapport an die Unterwelt über bevorstehendes neues Sterben und Grüße an die übrigen verstorbenen Verwandten im Hades.

Herausragendes Merkmal bei der Myroloja ist die Annahme und erfolgte Verarbeitung des Verlustes sowie die klare Einstellung und Auseinandersetzung mit dem Tod. Nach Beendigung der Klage fühlten sich die Frauen nach eigenen Aussagen erleichtert.

Die Aufnahme entstand mit einem kleinen Taschentonband, das nicht besonders auffiel. Beide Frauen sind meinem Vorschlag, eine Myroloja darzustellen, sehr gerne gefolgt. Ich kann mit einiger Sicherheit sagen, dass die beiden Beteiligten sich durch meine Anwesenheit nicht gestört fühlten, zumal ich summend mitmachte. Außerdem bin ich mit beiden verwandt.

ΜΥΡΟΛΟΓΙ	TOTENKLAGE
Οὐρανίας Αὐγουλέα	für Ourania Avgoulea
(1) Θειούλα καλημέρα σου μέ ὅλη τήν παρέα σου	Tantchen, guten Tag dir und deinem ganzen Freundeskreis
Τί κάνης καί πῶς τά περνάς γιά δέ ζητάεις τίποτα	Wie geht's, was machst du, möchtest du etwas?
(5) Γιά ἕνα σου προσφέρωμε θειούλα μου γιατρεύτικες	Tantchen, durch deinen Tod bist du geheilt
Κἐμείς γιά νά ξεγνοιάσουμε θειούλα δέν ανησυχεῖς	Dein Leiden haben wir nicht mehr Tantchen, bist du nicht beunruhigt
(9) Γιά παιϊδά γιά εγγόνια σου ὅπου μας απαρνήθηκες	wegen deiner Kinder und deiner Enkel hast du uns verleugnet
Γιά δέ μας επεθύμησες ὅπου σου μάννα σπλαχνηκή	hast keine Sehnsucht nach uns? Warst doch mildherzige Mutter.
Εἶ κέ θειούλα ἄριστη τώρα μάς ἔγινες σκληρή	Ach allerbestes Tantchen auf einmal bist du hart mit uns

(15)	Εκεί στόν Ἄδη τό πικρό καί μέ τό θεῖο μου μαζί	Dort im bitteren Hades du zusammen mit meinem Onkel
	Εγώ θειούλα μου χρυσή πολύ σᾶς ἔχω ὑστεριθεῖ	Ich, goldenes Tantchen ihr beide fehlt mir viel
	Καί δέν πάω στό σπίτι σας γιάτ' ἔχασα τά χάϊδα μου	Und ich gehe nicht mehr zu eurem Haus mir fehlt dein Liebkosen
(21)	Καί τήν αγάπη τή στοργή ὅπου μου δίνατε εσεῖς	Und die Liebe, die Fürsorge die ihr mir gabt.
	Θείουλα μου δέ μέ ρωτάς πού ἤρθα'πό τό Πειραιᾶ	Mein Tantchen, du fragst nicht danach dass ich von Piräus gekommen bin
(25)	Θεία τί κάνουν τά παιϊδά τά εγγόνια σου τ'αγαπητά	Tante, wie geht es den Kindern deinen geliebten Enkeln?
(27)	Ἄκω Θειούλα νά σού πῶ μετάΘεσαν τό Μήτσο μας	Höre, Tantchen, was ich dir sage: die Armee hat unseren Mitsos verlegt
	τό στείλανε στά σύνορα καί σάς παρακαλῶ θερμά	hat ihn an die Grenze geschickt. Ich bitte euch wärmstens,
	θεία μου κ'ὁ θεῖο μου κἐσύ ἕνα τοῦ στείλετε ευχή	dass mein Onkel und du ihm den Segen schickt.
	κ'εἶναι στοῦ Τούρκους κοντά κἐ Παναγιά μου νά βοηθᾶ	Er ist nahe bei den Türken und Gottesmutter möge helfen.
(35)	Ἔλα Θειούλα μου νά'ρθῆς καί ὅλοι σε χρειαζώμαστε	Schau, mein Tantchen, dass du kommst, denn wir alle brauchen dich.
	Ἐκέ σ'απεθυμίσαμε ἕνα χρόνο ἕναμιση	Eh! Wir sehnen uns nach dir (nun) ein, anderthalb Jahre (schon)
	Ποῦ σ'ἔχωμε ὑστεριθεῖ δέ μας πεθύματε καί σεῖς	Wir vermissen dich sehr, hast du denn nicht Sehnsucht nach uns.
(41)	Ε θειούλα δέν μέ ρωτᾶς καθόλου γιά τόν Πέτρον μας	Eh! Tantchen, fragst mich gar nicht nach unserem Petros,
	τό ατυχό σου τό παιδί ὅπου'ναι ἄρρωστο πολύ	dein unglückliches Kind das jetzt so krank ist,
	καί εἶδε καί θά γιατρευτῆ κ'ἔχει καρδούλα μου πληγή	dass er geheilt werden möge. Mein Herz ist verwundet.
(47)	Θεία θειούλα μου χρυσή καί νά τοῦ στέρνης τήν ευχή	Tante, mein goldenes Tantchen, schicke ihm doch Segen,
	καί σ'ολα τα παιδία σου θειούλα καί στά εγγόνια σου	auch allen deinen Kindern, Tantchen, auch deinen Enkeln
	ἐγώ νάσαπό μέρος μου δέ γίνομ' ενοχλητική	Ich möchte für mich nichts von dir verlangen.
(53)	καί εἴτε σου ξητῶ ευχή μ'επήρε ἄνεμος κι'οργή	Ich verlange von dir keinen Segen. Dann soll mich der Wind und der Zorn holen.

(55) κ᾽εσᾶς ευχαριστῶ πολύ	Wir bedanken uns sehr,
μονάχα γιά τ᾽ανίψια σου	es ist ja für deine Neffen und Nichten,
Θεία καί τά παιδεία σου	Tantchen, und für deine Kinder.
τρομάρα μου γιά δέ μποροῦ	Weh mir, ich verkrafte nicht,
ἕ ἄλλες πίκρες γιά νά δοῦ	noch mehr Betrübnisse zu sehen.
θεία νά περιμένετε	Tante, warten sollt ihr auf
(61) τή Σταυρούλα τή θεία μου	Stavroula, mein Tantchen,
ὅπου θά᾽ ρθῆ παρέα σας	sie wird zu euch stoßen,
ἔπεσε καί τσακίστηκε	sie fiel hin und stürzte zu Boden
κι᾽ἕνα σορός εγίνηκε	und sie ist wie eine Leiche.
θεία καί δέ γιατρεύεται	Tante, sie ist nicht zu heilen
μᾶς τὀπαν οἱ καθηγητές	haben uns die Professoren gesagt.
(67) καί πές τό στοῦ γονειάτε της	Und sage es ihren Eltern,
ἕ στόν παπποῦ καί στή γιαγιά	dem Opa und der Oma,
στού θείους μου στίς θείες μου	und meinen Onkeln, meinen Tanten,
νά τῆνε αναμένετε	ihr sollt auf sie warten,
νά κάτση νά ξεκουραστῆ	damit sie sich setzt und ausruht,
ὁ κουρασμένο μας γονείς	unser müdes Elternteil.
κι᾽όλοι καλῶς ορίσατε	Ihr seid alle willkommen,
σάς εζητάμε ευχαριστῶ	ihr seid bedankt
(75) εγώ καί οἱ φωστῆρες μου	ich und meine guten (Anverwandten)
καλώς τήν συμπεθέρα μου	heißen dich willkommen, meine Schwägerin,
μαζί μέ τήν παρέα σου	und deine Begleitung.
κάνον τά χέρια μου σταυρό	Ich mache mit meinen Händen das Kreuz.
καί σ᾽῞ολους λέμε φχαριστῶ	Euch allen vielen Dank,
(80) νά κάνετε χίλια καλά.	möget ihr tausendmal Gutes tun.

Transkription

Original 1 Oktave tiefer

♩ = 100–120 meistens frei

Vers 1 bis 4

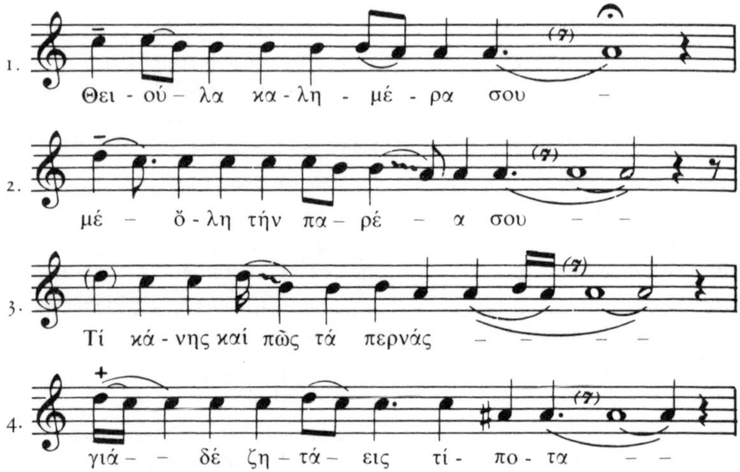

Ab Vers 19 gibt es rhythmische Verschiebungen.
Der Vers 20 und die nachfolgenden zeigen einen Melodiewechsel.

♩ = 84 sehr frei

Im Original 1 Oktave tiefer

Vers 19 bis 22

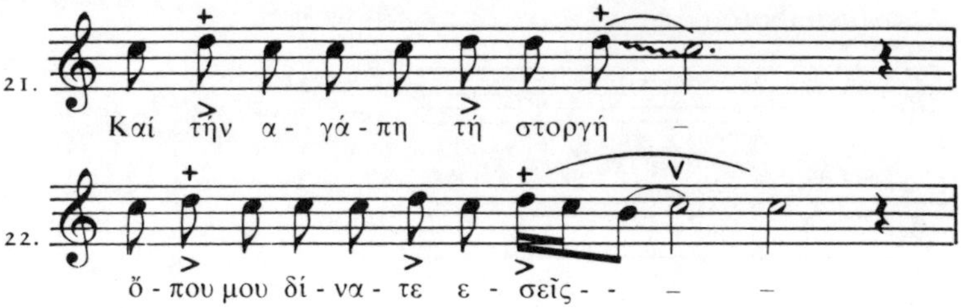

Der Melodiewechsel zeigt eine periodische Tendenz, eine Art Frage- und Antwortspiel der Melodien. Der Rhythmus wird »stabiler«

♩ = 96 nicht mehr so frei

Im Original 1 Oktave tiefer

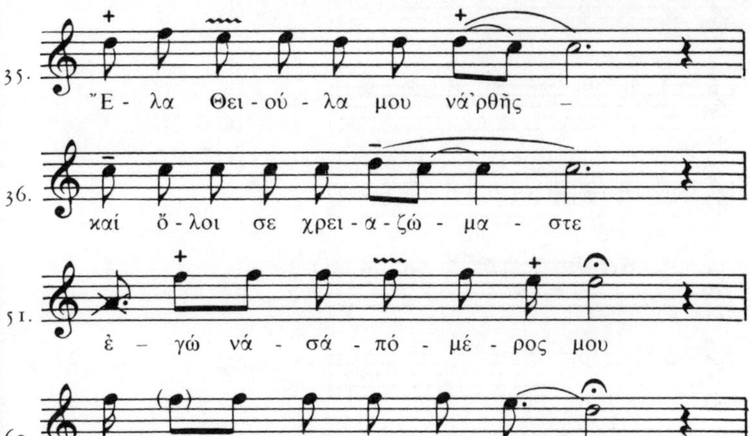

Die Melodie der ganzen Myroloja variiert oft. Ich möchte deshalb die Melodiestrukturen in zehn verschiedene Schemata aufteilen und aufzeichnen.
Die Verse, die dazugehören, d.h., die nach diesem Schema ablaufen, sind seitlich eingetragen.

Melodiestrukturen

Schema ①
Vers: 1–19

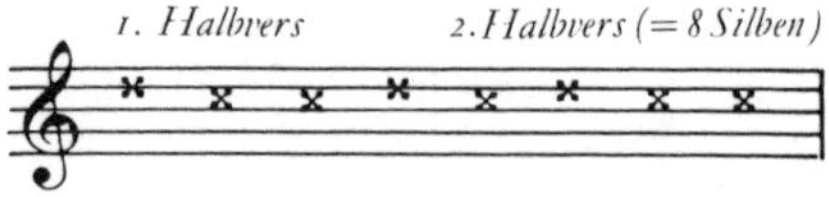

Schema ②
Vers: 1–19

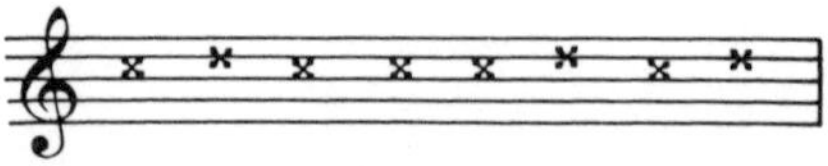

Schema ③
Vers: 20–22, 72, 75, 78, 80

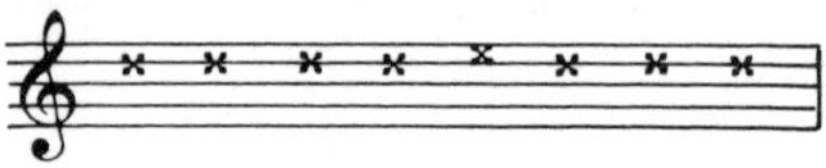

Schema ④
Vers: 23–27

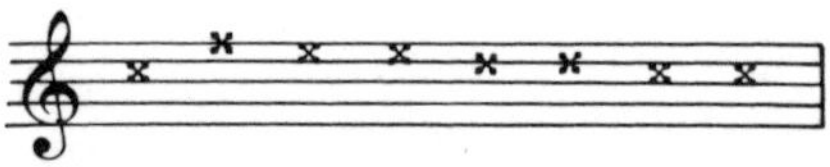

Schema ⑤
Vers: 28–35, 49, 50, 53–55

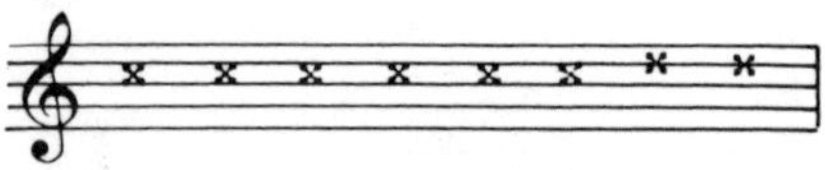

Schema ⑥
Vers: 36–40

Schema ⑦
Vers: 56, 57, 61, 67, 68, 71, 73, 74, 76, 77, 79.

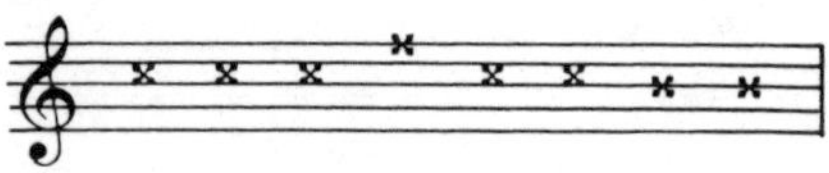

Schema ⑧
Vers: 58, 62–66

Schema ⑨
Vers: 60

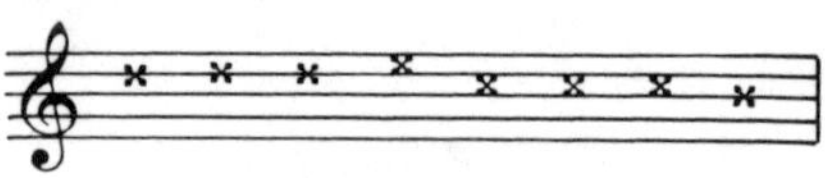

Schema ⑩
Vers: 69, 70

Verwendete Zeichen in der Transkription

+ über einer Note: ungefähr ein Viertelton höher
– über einer Note: ungefähr ein Viertelton tiefer
(♪) Tonhöhe unklar
Ton von nichtmusikalischer Qualität; Ruf, Schrei
𝄐 Verlängerte Schlussnote
besonders starke Bindung
♩♪ Portamento
leicht betont
V kurze Pause ohne direkt rhythmische Bedeutung
unbestimmte Pause
Akzent mit Heraufziehen der Tonhöhe

Teil XII
Ausklang und Abschied

1 Abschied vom Leser

Lieber Leser, wir sind jetzt am Ende unserer Reise durch die Trauer angelangt. Die Zeit zum Abschiednehmen ist für uns beide gekommen. Ich hoffe, dass du jetzt ein Stück in der Entwicklung deiner Trauerfähigkeit weitergekommen bist und eine Orientierung dafür bekommen hast, anders mit dir umzugehen. Durch viele neue Erkenntnisse verstehst du jetzt sicher besser die Diskriminierung dieses Gefühls, das dich ein Leben lang begleitet. Jetzt weißt du, wie und wann es zu schützen ist.

Ich hoffe auch, dass meine Begleitung dir Sinnvolles geben konnte. Du wirst das behalten, was für dich im Moment eine Bedeutung hat.

Ich habe mich wohl dabei gefühlt, dich zu begleiten. Ich konnte meine über die vielen Jahre angesammelten Erlebnisse, meine Erfahrungen und Erkenntnisse zur Sprache bringen. Ich hoffe, bei dir einiges geordnet zu haben, was mit der Bedeutung und dem Verstehen der Trauer zu tun hat.

Dieses Buch zu überarbeiten war anstrengend. Es hat sich so vieles verändert in den Jahren seit seinem ersten Erscheinen.

Eine Überarbeitung war also dringend notwendig. Ich habe oft bis tief in die Nacht hinein versucht, meine Gedanken zu ordnen. Es machte mir aber große Freude, und ich bin froh, mich daran gesetzt zu haben. Auch Margarita und Niko werden froh sein, weil ich für viele Monate dem Computer »treu« geblieben bin und mich von beiden lange fern gehalten habe.

Heute ist wieder ein schöner Aprilmorgen. Die Natur erwacht unter der von kaltem Schnee bestäubten winterlichen Decke. Der Schnee schmilzt zu Tränen der Freude, die sich als Rinnsal einen Weg durch den Fels auf die Erde bahnen. Die Blüten verbergen sich hinter den noch geschlossenen Knospen. Es ist ein Frühlingsmorgen im April wie damals bei meiner Geburt. Der damalige Trauerschrei und der Protest der Niederkunft haben also Gutes bewirkt. Ich kann mich heute über das Leben freuen. Die Wiederentdeckung und Entwicklung der Trauerfähigkeit und der Leben spendende Umgang mit ihr haben die ersehnte Frucht, meine Lebendigkeit, reifen lassen.

Ich sage dir Lebewohl und wünsche dir einen lebendigen Weg.

Zum Ausklang möchte ich dir noch einige Sätze mitgeben:

Das Eingehen in den Trauerschmerz ist wie der Eintritt in die Geburtswehen. Geburt und Tod gehören zusammen, ohne das eine gibt es das andere nicht. Der Trauerschmerz kündigt die Geburt von etwas Neuem an, das lebendig ist. Unsere Aufgabe ist es, dass dieses Neue wohlbehalten zur Welt kommt und lange bewahrt wird.

Der Schmerz des Verlustes muss »durchschmerzt« werden, sonst schmerzt es ohne Ende. Der Schmerz zeigt uns, dass wir lebendig sind. Wer sich dem Trauerschmerz nicht hingibt, hat keinen Grund zur Veränderung. Man kann nicht aus der Trauer herausfinden, wenn man nicht immer wieder von Neuem und anders hineingeht.

Wir können dafür sorgen, dass die von uns entwickelte und angewandte Trauerfähigkeit von Nachhaltigkeit gekrönt wird. Wir können ohne sie schwer leben, deshalb müssen wir darauf Acht geben, dass sie sich mit der Freude austauscht. Freude und Trauer sind wie die beiden Seiten einer Münze. Sie gehören zusammen wie zwei Geschwister im gleichen Lebensraum.

Die Tränen der Trauer reinigen deine Augen von depressiven Bildern und Stimmungen.

Trösten heißt keinesfalls, nicht mehr weinen zu dürfen. Das Ignorieren der Trauer ist leicht. Aber wir können nicht weg von ihr, denn wir tragen sie immer bei uns.

Das verlorene Geliebte musst du in der Erde begraben und nicht in deinem Herzen. Den Platz brauchst du für deine lebendigen Gefühle und für deine lebendige Erinnerung an das, was nicht mehr da ist.

Der Abschied, den du nimmst, führt neue Dinge zusammen. Du gibst etwas Totes ab und du gewinnst Erinnerungen und Gefühle. Dabei geht es nie ums Verlieren. Totes kann man nie verlieren, weil es nichts zu verlieren gibt: Das Wertvolle bleibt, das Verlorene wird umgewandelt und auf andere Weise wieder neu gewonnen.

2 Fragen zur Weiterentwicklung

Mit diesem Fragebogen möchte ich dir, lieber Leser, die Möglichkeit geben, eine kleine Bilanz zu ziehen, um die Eindrücke und die neuen Erkenntnisse zu ordnen, sodass du einen besseren Zugriff auf sie hast. Darüber hinaus könntest du auch vergleichen: Wie ist es mir vor dem Lesen des Buches gegangen und wie geht es mir jetzt.

Mit dieser Bilanz engagierst du dich auch für die Weiterentwicklung des Modells, sodass wiederum du, aber auch deine Mitmenschen daraus einen Gewinn ziehen können. Aus der bisherigen Forschung wissen wir, dass sich durch das Erinnern an das Gelesene und das Formulieren der Erkenntnisse in Worten und Bildern neue, eigene Wissens- und Fühlstrukturen im Gehirn bilden.

Wenn du die Trauer und damit dich selbst jetzt besser verstehst, kannst du eher wahrnehmen und benennen, wie es dir gerade geht und weshalb du trauerst. Da wir oft nicht wissen, wie wir mit unserer Trauer umgehen sollen, fühlen wir uns hilflos und überfordert. Ich hoffe, dass dieses Buch eine kleine Orientierungshilfe für dich ist.

Für deine Bilanz wäre es gut, folgende Fragen zu beantworten (kreuze auf der Skala die Zahl an, die am besten passt). Wähle nur eine der Möglichkeiten!

Auf der Beurteilungsskala heißt 1 = ganz wenig und 10 = sehr viel.

Wie viele und welche Verluste hattest du in deinem Leben?

....

Wer oder was hat dir in diesen Situationen geholfen oder gut getan?

....

Was war schwierig? ....

Was hat dir gefehlt? ....

Durch das Lesen des Buches hat sich der Bezug zu meiner Trauer

verbessert	① ② ③ ④ ⑤ ⑥ ⑦ ⑧ ⑨ ⑩	oder
verschlechtert	① ② ③ ④ ⑤ ⑥ ⑦ ⑧ ⑨ ⑩	

Durch das Lesen des Buches hat sich das Verständnis für und das Vertrauen in meine Gefühle

verbessert	① ② ③ ④ ⑤ ⑥ ⑦ ⑧ ⑨ ⑩	oder
verschlechtert	① ② ③ ④ ⑤ ⑥ ⑦ ⑧ ⑨ ⑩	

Wie hilfreich war das Lesen des Buches für dich?

① ② ③ ④ ⑤ ⑥ ⑦ ⑧ ⑨ ⑩

Was hat dir sehr geholfen? ....

Welches Kapitel? ....

Durch das Lesen des Buches hat sich meine Einstellung zu Menschen in meiner Umgebung, die Trauergefühle zeigen

verbessert	① ② ③ ④ ⑤ ⑥ ⑦ ⑧ ⑨ ⑩	oder
verschlechtert	① ② ③ ④ ⑤ ⑥ ⑦ ⑧ ⑨ ⑩	

Seitdem ich das Buch gelesen habe, kann ich mit meiner Trauer

besser	① ② ③ ④ ⑤ ⑥ ⑦ ⑧ ⑨ ⑩	oder
schlechter	① ② ③ ④ ⑤ ⑥ ⑦ ⑧ ⑨ ⑩	umgehen.

Jetzt, nach dem Lesen des Buches, kann ich meine Gefühle, besonders meine Trauergefühle, anderen Menschen

eher zeigen	① ② ③ ④ ⑤ ⑥ ⑦ ⑧ ⑨ ⑩	oder
eher verstecken	① ② ③ ④ ⑤ ⑥ ⑦ ⑧ ⑨ ⑩	

Ich bin sicher, dass dein Leben auch manche freudigen Momente hatte und hat. Diese könntest du wie die Trauer in eine Landkarte malen und dann beschreiben.

Auch wäre es eine gute Möglichkeit, ein kleines Märchen zu deiner Trauergeschichte zu schreiben, indem du ein Tier auswählst und dich mit ihm identifizierst (etwa 1–2 Seiten).

Ich bedanke mich jetzt schon für jede Zusendung. Durch deinen aktiven Beitrag kannst du auch anderen Menschen helfen, so wie andere vor dir mit ihrem Beitrag zu diesem Buch dir Anregungen gegeben haben. Vielleicht steht dann dein Beitrag irgendwann in einem meiner Bücher, aber natürlich ohne Nennung deines Namens.

Hier ist meine Adresse:

Dr. Jorgos Canacakis
Goldammerweg 9
D-45134 Essen
Tel.: (02 01) 44 24 69
Fax: (02 01) 47 18 00

3 Visionen, Pläne, Perspektiven

Ich hoffe, dass ich mit diesem Buch wenigstens ein Ziel erreicht habe: die Bedeutung der Trauerfähigkeit in einer umfassenden Gesamtschau transparent gemacht zu haben. Die Einstellung zur Trauer ist aber, wie wir gesehen haben, heute für die meisten Menschen aus persönlichen Erfahrungen und gesellschaftlich vermittelten Normen heraus sehr gestört. Abwehrhaltungen und Vermeidungsstrategien gegenüber der Trauer treffe ich nicht nur bei einzelnen Personen, sondern auch bei zahlreichen Institutionen an, auch dort, wo man sich die Aufgabe gestellt hat, Trauernde zu begleiten.

Dass es an hilfreichen Informationen und klarer Orientierung fehlt, wie und wann man etwas tun kann, das gesundheitserhaltend und gesundheitsfördernd ist, liegt leider auch an den Zuständigen für die verschiedenen Massenmedien, welche die Trauer meiden wie »der Teufel das Weihwasser«. Wie könnte es anders sein: Sie sind Kinder einer trauerarmen Gesellschaft in besonders exponierter Position, zeigen also ohne Hemmungen schreckliche Bilder von massakrierten Menschen, sind dabei aber selbst gehemmt, zu fühlen und über ihre eigenen Gefühle zu berichten.

Ähnliche Schwierigkeiten beobachten wir oft bei Verantwortlichen in kirchlichen, klinischen und sozialen Institutionen. Wenn die Leiter und Mitarbeiter solcher Institutionen keine Kompetenz für ihren eigenen Gefühlsbestand haben, dann ergeben sich automatisch Kommunikationsschwierigkeiten, Überlastung, Selbstüberforderung. Man pendelt ständig zwischen Depression und Selbstaufopferungstendenzen. Leider ist diese Kompetenz nicht durch das Lesen allein erreichbar. Die unerträgliche Situation etwa in der Altenpflege, in der die Beschäftigten oft überfordert sind, zeugen davon. Da solche Berichte oft in den Medien lanciert werden, wird man dem Altern gegenüber immer ängstlicher, auch wenn dies nur Einzelfälle sind.

Bei diesem »Wettbewerb der Ignoranz« gegenüber dem Thema Trauer liegt die universitäre Fachdisziplin Medizin weit vorn. Auf mehrmalige Vorschläge, Studenten und Ärzte zu diesem Thema in »fühlbare Nähe« zu bringen, erhielt ich die Antwort, dass es »von der Schulmedizin nicht als notwendig angesehen wird«. Sensible Menschen, die in therapeutischen, sozialen und pflegerischen Berufen tätig sind, begegnen dagegen täglich den Schwierigkeiten, die aus der Trauerunfähigkeit entstehen, und erleben am eigenen Leib die Zwänge und die Ignoranz von manchen Institutionen.

Es muss also weiterhin viel Bewusstseinsarbeit geleistet werden; dafür stehen wir alle in der Pflicht. Ich versuche seit einigen Jahren durch Vorträge und Artikel den berühmten Tropfen aus dem Ozean der Unwissenheit als Träne zum »Fließen« zu bringen. Hier möchte ich einige meiner visionären Konzepte vorstellen:

A) Geropolis-Projekt und EU-AGEING-COMPETENCE Programm:
Durch die Überalterung der Gesellschaft sind wir in den nächsten Jahren mehr denn je gefordert, neue Konzepte des Zusammenlebens zu entwickeln, um einem sich anbahnenden Generationenkonflikt vorzubeugen. Die alternden Menschen sollen hier in einem viel stärkeren Maß die Möglichkeit haben, ihre erworbenen Kenntnisse und Fertigkeiten zu erhalten, weiterzuentwickeln und an andere weiterzugeben. In dieses Projekt fließen die neuesten anthropologischen und gerontologischen Erkenntnisse ein, sowie die Vision, das Lebensumfeld der Menschen so zu gestalten, dass es als Ressource gewonnen werden kann. Das Modell nennt sich »Eu-Geria« und »Eu-Ageing«. Diese Begriffe kommen aus dem Griechischen und bedeuten »mit Wohlgefühl alt werden«. Es ist ein Trans-Refugium-Projekt, das den alten Menschen die Möglichkeit gibt, ihre Ressourcen weiterhin zu nutzen, Neues zu lernen und kompetent zu werden für das Altern, denn diese Kompetenz fehlt uns allen. Dort, wo sie wohnen, sollen sie die Möglichkeit haben, von gerontologisch geschulten Menschen unterstützt und begleitet zu werden, damit es nicht zu solch dramatischen Szenen im Umgang mit alten Menschen kommt, wie jede Woche in den Zeitungen zu lesen ist.

Dieses *lebenserhaltende und lebensfördernde Modell* will den alten Menschen eine Heimat geben und sie nicht irgendwo abstellen, damit sie dort auf den Tod warten. Stattdessen soll jeder auf allen Ebenen des Seins bis zum letzten Atemzug die Möglichkeit haben, sinnvoll zu leben, das eigene Leben zu gestalten und zu genießen, engagiert zu sein für andere und für sich und am Leben teilzunehmen. So können die Weisheitsquellen der alternden Menschen als Basis genutzt werden, um Neues aufzubauen.

B) Natura-Cultura-Integra:
Hier geht es um Expeditionen zu besonderen, einmaligen Plätzen in der Natur und zu wichtigen antiken Orten und Kultstätten, die als Wurzeln der abendländischen Zivilisation gelten. Wir reisen zu diesen Orten, nehmen deren Atmosphäre auf und lassen die Steine dort lebendig werden, indem wir uns in die damalige Zeit hineinversetzen. Durch kreatives Tun im improvisierten szenischen Spiel, durch das Finden von Ausdrucksmöglichkeiten in Rhythmus, Klang und Stimme und Stärkung durch die Rückbindung an jene antike Zeit, in der besondere, bis heute wirkende Erkenntnisse gewonnen wurden, können wir Orientierung für unser aktuelles Leben finden. Eine Expedition nennt sich »Reise zu den Wurzeln der antiken Heil- und Orakelkultur der Antike« und führt zu den antiken Kultstätten in Dodona, Epidaurus und Delphi.

Eine weitere führt »Mit Orpheus unterwegs zu den Quellen der europäischen Trauerkultur«. Dazu gehören der Besuch des Totenorakels am Acheron in Nordgriechenland, des Keramikos-Museums in Athen und eines neuzeitlichen Klagerituals der Klagefrauen und Klagemänner in Mani im Süden Griechenlands.

C) »Tri-Topos-Ansatz«, d.h. »Drei-Orte-Ansatz« und »Outplaced & Selfreplacing«:
Hier geht es um ein neu entwickeltes Projekt für die von unserer Kultur vernachlässigten arbeitslosen Menschen. Outplacing-Care und Transplacing-Agogik sind hier die Schlüsselbegriffe. Dahinter verbergen sich neue salutogene Wege aus der Arbeitslosigkeit heraus. Immer mehr Firmen reduzieren ihren Mitarbeiterstamm durch ein so genanntes Outsourcing der Arbeit. Dies bedeutet für die gekündigten Mitarbeiter, dass sie

zwar mit der Kündigung eine Abfindung erhalten, aber keine Möglichkeit haben, neue Perspektiven für ihre Zukunft zu entwickeln, denn der Arbeitsmarkt hält immer seltener offene Stellen für sie bereit. In diesem Konzept werden daher die *drei* beteiligten großen Gruppen (Tri-Topos), d. h. die ehemaligen Arbeitgeber, der Staat und die jetzt arbeitslosen Menschen an einen Tisch gebracht, um die Ressourcen der Menschen zu erschließen und sie unter besonderen Bedingungen beim Entwickeln neuer Zukunftsperspektiven und -visionen zu unterstützen. Dabei wird zunächst genau hingeschaut, warum diese Arbeitsplätze abgebaut wurden, welche Entwicklungs- und Anpassungsmöglichkeiten die Firmen, aber auch die Arbeitnehmer hier vielleicht versäumt haben. Danach geht es darum, wie man Menschen, die gerade eine Kündigung erhalten haben, vor allem auf emotionaler Ebene unterstützen kann, da man heute weiß, wie schnell eine längere Arbeitslosigkeit eine Depression nach sich ziehen kann.

D) Das »TRANSMORPHOSE©-Modell«:
Hier geht es darum, eine generelle Kompetenz im Umgang mit Veränderungsprozessen im Leben zu erwerben. Dies ist ein biophiler, d. h. lebenserhaltender Ansatz. Aus der Emotionsforschung wissen wir, dass wir neue Ansätze brauchen, wie Menschen ihre emotionalen Anlagen und ihre Persönlichkeit so entwickeln können, dass sie verantwortungsvolle Aufgaben in der Gesellschaft übernehmen können, ohne ihre jeweilige Stellung und Position zu missbrauchen. Das Trans-Performance-Competence-Coaching spricht Menschen in leitenden Positionen der Hochschulen, der Wirtschaft, im Rechtswesen oder auch in kirchlichen Institutionen an, die eine Selbstkompetenz erwerben und trainieren wollen, die es ihnen ermöglicht, auch in Krisensituationen kompetent, verantwortungsbewusst und angemessen mit Blick auf die vielfältigen Verflechtungen zu handeln. Sie erwerben hier also umfassende Kompetenzen zur sinnvollen, kreativen Lebensgestaltung, im beruflichen wie privaten Bereich, und für eine nachhaltige leib-seelisch-geistige Gesundheitsvorsorge.

E) Vermittlung von Self-Care-Coaching-Competence für Fachpersonal in Gesundheitswesen, Medizin, Pflege, Seelsorge oder der Hospizbewegung:
Hier liegt der Schwerpunkt auf dem Schutz vor Burn-out und Cool-in, d. h. dem Schutz vor Überforderung, der Entwicklung von Selbstfürsorge und der Vermittlung von Konzepten einer salutogenen Professionalität. Dabei werden die Trauer als Basis-Humanressource in Anspruch genommen und Lebens-Umwandlungs-Potenziale erschlossen. Es geht also darum, als professionell Tätiger das eigene gesundheitsfördernde Potenzial der Trauer zu entwickeln und dadurch Handlungskompetenzen zu erlangen, um andere Menschen in Verlustkrisen zu begleiten und zu unterstützen.

Vielleicht können meine vorgetragenen Konzepte und Modelle hilfreich sein. Ich möchte dadurch auch die Zusammenarbeit von kompetenten Forschern und Institutionen anregen, sodass sich die universitäre Forschung dem Phänomen Trauer wieder aus vollem Herzen widmen kann.

4 Dank an das Buch

Ich freue mich, wieder einige Monate mit dir zusammen gewesen zu sein und dich wieder in meinen Armen gehalten zu haben. Oft hatte ich das Gefühl, durch dich wieder meine Gefühle von damals berührt zu haben. Gut, dass du an die Tür meines Herzens geklopft hast, um endlich die Umwandlung, die ja die Basis unserer Theorie ist, an uns beiden auszuprobieren. Stell dir vor, was geschehen wäre, wenn wir dies nicht getan hätten: Dann wärst du vergilbt, verwelkt und vergessen worden, und ich, dein Autor, hätte meine Erinnerungen von damals nicht durch lebendiges Tun auf den heutigen Stand der Entwicklung gebracht. Du hast oft geschmunzelt, weil so viel Neues entstanden ist. Das Einzige, was ganz geblieben ist, ist der Titel »Ich sehe deine Tränen«. Alles andere ist von der Umwandlung ergriffen worden.

Also, mach dich wieder auf den Weg und bring den Leuten *»Power aus der Trauer«*. Lass sie darin Lebendigkeit entdecken. Freue dich über ihre Herzensgeschichten, die sie dir erzählen werden, und ihren lebendigen Herzschlag, wenn sie dich in der Hand halten. Wer weiß, ob wir uns jemals wieder treffen, um eine neue Umwandlung zu vollbringen. Sollte uns unsere Lebendigkeit weiterhin erhalten bleiben, lass uns vorsorglich einen Termin vereinbaren, um uns in 20 Jahren wieder zu treffen. Dann kannst du erneut an meine Herzenstür klopfen. Ich verspreche dir jetzt schon, dass du staunen wirst. Und ich freue mich schon darauf, alle Herzensgeschichten zu hören, die du erfahren hast.

Also, mache dich auf den Weg! Viele Menschen erwarten dich!

Teil XIII
Adressen und Angebote der AMB und des CaJoSI

An wen du dich wenden kannst

Am Ende dieses Buches kann ich dir als Leser versichern, dass das Gelesene und Mitgefühlte einen wichtigen Beitrag in deiner Lebensgestaltung leisten wird. Ich habe das Buch gerade mit Blick auf die vielen Fehlentwicklungen in unserer Kultur im Umgang mit Gefühlen geschrieben. Verschiedene, aufeinander aufbauende Seminare zur Entwicklung von Trauerfähigkeit, Selbstfürsorge und Kompetenz im Umgang mit Veränderungsprozessen, die ich entwickelt habe, möchte ich im nächsten Kapitel vorstellen. Sie können für dich ein weiterer wichtiger Baustein für deine Lebensgestaltung sein.

Auf den genannten Internetseiten und bei den beiden Instituten in Deutschland und in der Schweiz kannst du noch mehr Informationen erhalten:

Erprobte und bewährte Wege zur Aneignung von Schlüsselkompetenzen, zur Entwicklung der eigenen Potenziale.

Lebendigkeit, Selbstständigkeit und Selbstwertschätzung, ermöglichen den Teilnehmern dieses Modells, mit Lebenswille und wachen Sinnen, wenn notwendig sich »neu zu erfinden«.

Die Grundlagen dafür liegen im Ansatz des LebensUmwandlungsModells (LUM).

Deutschland:
Akademie für Menschliche Begleitung© (AMB©)
Goldammerweg 9,
D-45134 Essen,
Tel.: +49 201 44 24 69; Fax: +49 201 47 18 00;
E-Mail: info@Canacakis.de
Homepage: www.canacakis.de; www.canacakis. at;
www.canacakis.ch;

Schweiz:
Canacakis Jorgos Swiss International© (CaJoSI©)
Im »Institut für HumanRessourcen-Forschung« (IFHR©)
Coss Consulting International
Hagenholzstr. 81, 2. Etage
CH-8050 Zürich
Tel. +41 (0) 43 811 49 21 Fax: -22
Email: www.canacakis.ch und info@canacakis.ch

Sollte diese Adresse sich geändert haben, wende dich bitte an die Hauptadresse der AMB© in Deutschland (s.o.).

Jetzt noch eine Bitte: Wenn du dich schriftlich bei uns meldest, wäre es gut, wenn du für die Zusendung von weiteren Unterlagen einen frankierten Rückumschlag beilegen würdest.

Basis- und Aufbauseminare für Kinder und Erwachsene

I. Basisseminare

Das Lebens- und Trauerumwandlungs-Modell© (LTUM©), wurde aus der MYROAGOGIK© entwickelt und geht davon aus, dass Trauer eine natürliche Ausstattung des Menschen ist, um dem täglichen Geschehen von Werden und Vergehen angemessen begegnen zu können.

Der Weg der Trauerumwandlung wird durch das Konzept der »Human-Begleitung« unterstützt. Es führt trauernde Menschen zur Selbstständigkeit und Selbstverantwortung. Die Angst wird verringert, wirkliches Loslassen ermöglicht, neue Lebenskraft freigesetzt und so lebendige Lebensgestaltung wieder möglich. Eine neue Einstellung zur eigenen und fremden Trauer ermöglicht künftig eine sichere, offene Begegnung mit diesem unausweichlichen Lebensgefühl. Trauerfähigkeit ermöglicht überhaupt erst Lebensentwicklung.

Körperübungen, Meditationen, kreative Gestaltungen, Rituale als klar strukturierte, sichere Abläufe und symbolische Handlungen bringen die natürliche Trauer zum Fließen. Rollenspiele, Erzählungen, Mythen, Musik und Tänze aktivieren die Sinne und rütteln die Lebensenergie wach. Die Trauer wird von der unterstützenden Solidargemeinschaft der Teilnehmenden gesehen, gehört, bestätigt, verstanden und akzeptiert. Trauerqualitäten wie Wut, Verzweiflung, Anklage, Schuldgefühle, Liebesgefühle und Unausgesprochenes finden endlich Ausdruck und Form. In der Begegnung mit schmerzhaften Traueranteilen erleben wir uns als »ganz und lebensfähig« und nach dem Abschied kann der weitere Lebensweg auf eigenen Füßen einfühlsam gestaltet werden. Die Trauerumwandlung bietet Versöhnung mit dem »Losgelassenen«, mit der Welt und sich selbst.

A. Lebens- und Trauerumwandlung LTUM© Typ A (3 Tage, für Menschen jedes Alters, 16 bis 100 Jahre)

Das klassische Seminar für alle Personen, die sich von aktueller, bevorstehender, weit zurückliegender oder »scheinbar« grundloser Trauer betroffen fühlen.

Es eignet sich auch besonders gut für alle Menschen in sozialen, pflegerischen, pädagogischen, therapeutischen und medizinischen Berufen, die oft Kontakt mit Menschen in Trauerkrisen haben.

Das Seminar bietet den geschützten Rahmen und die notwendigen Bedingungen für einen gesunden Trauerdurchgang über die Berge von angesammelter und aufgestapelter Trauer. Ziel ist es, lebenshindernde Trauer in lebensfördernde Trauer umzuwandeln.

Die sorgfältige Begleitung durch die Seminarleitung ermöglicht einen in mehreren Phasen ablaufenden Prozess, der auf einer speziell dafür entworfenen Dramaturgie basiert. Dies ermöglicht es den Teilnehmerinnen und Teilnehmern – oft zum ersten Mal – neue, lebendige, positive Erfahrungen mit der eigenen, gesunden Trauer zu machen.

B. Lebens- und Trauerumwandlung LTUM© Typ B – »Eltern auf neuen Wegen«, 4 Tage, für Eltern nach dem Tod eines Kindes

Dieses Seminar bietet speziell für trauernde Eltern nach dem Tod eines Kindes einen geschützten Rahmen.

Beim Tod eines Kindes/Jugendlichen scheint die Welt plötzlich auseinanderzubrechen. Nichts ist mehr, wie es früher einmal war. Die Aufgabe, mit dem Tod des eigenen Kindes fertig zu werden, scheint in unserer Kultur und speziell in der aktuellen gesellschaftlichen Situation fast unüberwindbar zu ein. Trauer um den Tod eines Kindes trifft Väter und Mütter in ihrem ganzen Sein und erschüttert bis ins Innerste.

Das Seminar bietet die Möglichkeit, die Trauer umzuwandeln und ihr dadurch einen lebendigen und berechtigten Ausdruck zu geben, denn bei einem Abschied zieht tiefe Liebe auch stets tiefe Trauer nach sich. Gewonnen wird dabei das Gesehen-, Gehört-, Verstanden- und Akzeptiertwerden von einer tragenden, solidarischen Gemeinschaft anderer betroffener Eltern und eine lebendige, klar geordnete Erinnerung an die gemeinsame Zeit mit dem Kind. Jetzt kann das tote Kind seine berechtigte Ruhe finden, und die Eltern können »seinen Wunsch« erfüllen, ihren zukünftigen Weg auch ohne ihr Kind zu gestalten.

C. Lebens- und Trauerumwandlung LTUM© Typ C – »Mit Kindern lachen und weinen«, 2 x 3 Tage für Eltern mit Kindern nach einem Todesfall in der Familie (Eltern, Geschwister, Großeltern, andere Angehörige. Wichtig: die Eltern besuchen vorher das Basisseminar Typ A als Grundlage zur Vorbereitung ihrer Kinder!)

In diesem kreativen Seminar können Kinder und Jugendliche (7–15 Jahre) nach dem Tod eines Eltern-, Großelternteils oder Geschwisterkindes durch eine verständnisvolle und einfühlsame Begleitung in einer tragenden Solidargemeinschaft ihren lebendigen Trauergefühlen begegnen, sie durchgehen und umwandeln.

Parallel dazu nehmen die Eltern oder Bezugspersonen an einem Aufbauseminar teil, wo sie Selbstliebe- und Selbstfürsorgekompetenz entwickeln und Orientierung für die Weiterbegleitung ihrer Kinder und Jugendlichen auf dem Weg der Entwicklung vorwärts in ein lebendiges Leben hinein erhalten.

D. Parental-Integral:
Ziel ist es, Familien in Trennungssituationen, z.B. Scheidung, zu begleiten und ihnen Schlüsselkompetenzen zu vermitteln.

E. Co-Kin-El – »Familienmitglieder auf dem Entwicklungsweg«
Diese Begleitung und dieses Coaching von Eltern und Kindern hat das Ziel, ihnen Orientierung und Unterstützung in ihrer Lebensgestaltung zu geben, damit Fehlentwicklungen in der Familie vorgebeugt werden kann.

Das Leben verlangt von unseren Kindern in Zukunft mehr Fähigkeiten als jemals zuvor. Gleichzeitig stehen Eltern vor der Frage, wie sie ihren Kindern den optimalen Start ins Leben geben können, damit sie den komplexen Anforderungen nachkommen können, während unsere Gesellschaft kaum Möglichkeiten bietet, sich auf das Elternsein praktisch und realistisch vorzubereiten.

2. Grundlagenseminar

»Auf in die Lebendigkeit«, 3 Tage

Bilanz und Neuorientierung. Nach dem Basis Seminar! Seminar zur Neu-Entwicklung. Erinnerungspotenziale aktivieren, Struktur und Ausdruck gewinnen, die »Gabe der Klage« erfahren.

3. Aufbauseminare

a. TRANS-SELBST© 3 Tage. Das ICH und SELBST in Aktion: »Wenn das Selbst an die Pforte des Ich pocht«. Ein Seminar zur Bereicherung der Identität. SELBSTWERTSCHÄTZUNG – SELBSTLIEBE – SELBSTFÜRSORGE

Der moderne Alltag zwingt uns oft zum Funktionieren. Dadurch verlieren wir den Kontakt zu uns selbst. Die Konsequenzen sind: Entfremdung und Schwächung unserer Identität in dem Versuch, den alltäglichen Anforderungen gerecht zu werden. Schleichend entwickelt sich daraus eine mangelnde Beziehung zu uns selbst, und die Selbstliebe bleibt auf der Strecke.

Als Kinder haben wir wegen fehlender Leitbilder meist nicht lernen können, wie wir gut für uns sorgen und unsere Selbstliebesfähigkeit entwickeln. Zu früh haben wir unser emotionales Potenzial darauf gerichtet, für nahe Angehörige zu sorgen anstatt für uns selbst. Wir nennen diese Kinder »Turbokinder«, da sie auf der emotionalen Ebene zu schnell in die Erwachsenenrolle schlüpfen mussten. Im Erwachsenendasein bleiben wir in der gewohnten kindlichen Haltung der Erwartung von Liebeszuwendung von außen und suchen mit zunehmendem Stress danach. Doch die vermisste Selbstliebe kann uns nur das eigene Ich schenken.

Ziel ist es also, den Kontakt zwischen Ich und Selbst zu fördern, neue Selbstfürsorgekompetenz zu entwickeln und Ressourcen anzuzapfen, um sie im Alltag zu nutzen. Durch das Lernen von Selbstfürsorge und Selbstliebe, Selbstverständnis und Selbstakzeptanz kehren Lebendigkeit und Lebensfreude zurück. Dabei finden wir kreative Zugänge zum Selbst, stärken unsere Identität, bereichern unsere Beziehungsfähigkeit und gelangen so zu mehr SELBSTvertrauen, SELBSTständigkeit, SELBSTverantwortung und SELBSTwertschätzung. Ungehinderten Zugang zu unseren vitalen Lebenskräften haben wir erst, wenn unsere Identität, bestehend aus »Selbst« und »Ich«, gut entwickelt ist.

b. TRANS-SONANS© 3 Tage. »Was ist, wenn du, ich und die anderen, die Natur und der Kosmos aus dem gleichen Stoff entstanden sind?« – Entdeckung des inneren Pulsierens, Schwingens, Tönens, Ruhens. Den Kern der Lebendigkeit in sich erfahren. Atem- und Stimm-Ausdruck übend leiblich erleben.

TRANS-SONANS© bedeutet, dass wir durch Ausschöpfen unseres gesamten Schwingungspotenzials zur Verbundenheit mit uns selbst, den Mitmenschen, der Natur und dem Universum gelangen können. Wir entdecken durch Klang, dass wir ein Teil des schwingenden Universums sind und das Universum ein Teil von uns.

Das Experimentieren und Arbeiten mit Klang und Schwingung bringt ungeahnte Entwicklungsmöglichkeiten mit sich. Im Mitschwingen von erzeugten Klängen, z. B. Gongs, Klangschalen oder eigenen Tönen, entstehen im neuronalen Verbindungsnetz neue Verknüpfungen, die uns zu neuen Erkenntnissen, neuem Verständnis, neuer Kreativität und einer Erweiterung des Denkens und Handelns führen. Das Erfassen von Zusammenhängen, Visionen und Perspektiven wird möglich, alte Muster lösen sich auf. Es ist eine Art von »Erleuchtung« durch Schwingung. Die neu erworbene strahlende Lebendigkeit wird durch die begleitende »Performancearbeit« deutlich in Erscheinung gebracht. Der eigene Auftritt wird authentisch, selbstsicher und klar. Talente, Fähigkeiten und Fertigkeiten werden (wieder-)erkennbar und bereichern und stärken unsere kreativen Möglichkeiten der Lebensgestaltung.

Musikalische, instrumentale oder stimmliche Voraussetzungen sind nicht erforderlich. Wir nutzen die jedem Menschen von Natur aus gegebenen Möglichkeiten.

4. Ausbildung

Dr. Canacakis, 30 Jahre Erfahrung, 20 Jahre Forschung – Akademie für Menschliche Begleitung (AMB©)

MYROAGOGIK© (intensiv – kurz)
Trauerbegleitung/-beratung LTUM©
Abschlusszertifikat MYROAGOGE/IN (AMB©)
Ausbildung zur Lebens- und Trauerbegleitung/-beratung. Die Ausbildung vermittelt eine Vertiefung der Modellressourcen. Sie wird mit dem Erhalt des ZERTIFIKATs für »Myroagogik©« beendet und beinhaltet die Entwicklung und Förderung der emotionalen Kompetenz der Teilnehmer. Die Förderung der eigenen emotionalen Klarheit befähigt erst zur Begleitung anderer Menschen. Dauer der Ausbildung: 1 x im Jahr, 5 Wochen, verteilt in 4 Blockseminare, in der Zeit von April bis November. Gesamt: ca. 30 Tage. Der Besuch des LTUM© Basisseminars Typ A (3 Tage) dient der Vorbereitung und ist deshalb Voraussetzung für die Aufnahme in diese kurze, intensive Ausbildung, die Basiswissen und Basiskompetenzen für die Trauerberatung und -begleitung verleiht. Diese Ausbildung richtet sich sowohl an motivierte Laien zur Aktivierung und Entwicklung der eigenen Trauerfähigkeit und des Umgangs mit ihr im privaten Umfeld, als auch an Fachpersonen aus Berufsgruppen, die täglich mit Menschen in Trauer, Krise, Not in Kontakt sind (Sozialbereich/ Medizin/ Pflege/Pädagogik/Therapie/Psychiatrie).

Über ein vertieftes Verständnis verborgener Trauervorgänge ist eine bessere Begleitung von Klienten und Patienten möglich, wobei dies auch zur eigenen Gesundheitsprävention als Schutz vor Burn-out dient. Dabei erlangen wir die Kompetenz, das Trauerphänomen und das darin enthaltene Gesundheitspotenzial bei uns selbst und anderen differenzierter wahrzunehmen. Dank der erlernten Methoden, Erfahrungen und Kompetenzen können wir Menschen im eigenen Berufsfeld angemessener und lebensfördernd begleiten. Wir werden fähig, selbst Übungen, symbolische Handlungen und klar strukturierte Abläufe (Rituale) zu entwickeln und anzuwenden.

Fazit der Ausbildung: Idealer Weg zur Aneignung von Schlüsselkompetenzen zur Begleitung und Entwicklung des Selbst und der zu begleitenden Personen.

5. AUFBAU-ENTWICKLUNGS-EXKURSIONEN

auf der sagenumwobenen Insel IKARIA, im Azur-Blau des ägäischen Archipels. Jeweils im Frühling und im Herbst. Ressourcenschätze in der NATUR und in uns SELBST entdecken und entwickeln.

Exkursion A und B jeweils 14 Tage.

Die griechische Insel Ikaria ist ein sagenumwobener grünbrauner Opal im Lichtrausch des ostägäischen Archipels. Die Insel ist 140 km² groß und liegt zwischen Mykonos und Samos. Der Name Ikaria ist bekannt durch Ikaros, den Sohn des legendären Dädalos, der die Sonne erreichen wollte und ins Meer stürzte.

A. EXKURSION TRANS-SELBST. Natur-Erlebnisse und Selbst-Begegnung – auf der Insel in einer wilden Felsen- und Blumenpracht.

Dauer: 14 Tage im Frühling

In diesem Aufbauseminar füllen wir unsere inneren Räume mit Lebensenergie und nutzen dabei die außergewöhnlichen Möglichkeiten der Natur auf Ikaria. Wir nutzen die Chance, das Lebendige in uns zu entdecken und uns zu einer kreativen Lebensgestaltung zu bringen. Unter besonderen Bedingungen, eingebettet in die Natur, können wir in einer geschützten Gemeinschaft heilsame Erfahrungen machen und neue Erkenntnisse für unsere Lebensorientierung sammeln.

B. TRANS-SONANS-Erlebnisse als HERBST-KLANG-BEGEGNUNGEN – Wiederentdeckung und Belebung des inneren Lebenskerns durch Klänge.

Dauer: 14 Tage im Herbst

Hören neu entdecken und Horchen von der Pike auf lernen. Naturschwingungen wie Wellen und Wind, Klänge wie die großen Olympischen Trommeln, 12 unterschiedliche große Gongs, Klangschalen, die Lyra und unser Stimmklang versprechen ein Festival der Schwingungen und ungeahnten Klangerlebnisse.

Die Exkursion bedarf keiner speziellen musikalischen Kenntnisse.

Durch faszinierende Gongklänge fühlen wir uns getragen, durchlässig und ganz. Wir gehen in Resonanz und fühlen die Verbundenheit zu uns, der Umgebung und allen anderen Lebewesen. Unsere Tagesexpeditionen bieten ideale Bedingungen für ein sinnliches Ganzheitserleben, das unsere Lebensperspektiven zu neuen Horizonten führen kann.

6. AUFBAU-EXPEDITIONEN in Griechenland

Seelisch-kulturelle Schätze entdecken.
Atmosphäre von Kraft- und Heilplätzen erleben. Antikes und neuzeitliches-traditionelles Wissen aneignen.

Expedition A = ORPHEUS und B = PROMETHEUS. Zurück zu den Wurzeln der europäischen Wiege unserer Kultur, der Antike. Faszinierendes Hellas zur richtigen Jahreszeit und zu den richtigen Kraftplätzen. Diese Expeditionen finden im jährlichen Wechsel statt.

ORPHEUS-Expedition in der geraden Jahreszahl und PROMETHEUS in der ungeraden Jahreszahl, jeweils 12 Tage im Monat Mai.

EXPEDITION A.
Auf den Spuren von Orpheus
Eine Begegnung mit den Wurzeln unserer Trauerkultur und der Thanatosophie (die Philosophie des Todes). Zudem nutzen wir die Möglichkeit der Begegnung mit der Kultur der Antike, die uns die Basis unserer Entwicklungspotenziale stärken lässt, und zudem die geschützte Begegnung mit Anteilen unseres todesfürchtenden und trauerängstigendem Selbst ermöglicht.

Wir reisen von Athen (Pnika, Keramikos-Museum) zum Totenorakel von Efira und dem Totenfluss Acheron in Nordgriechenland. Dann geht es nach Süden zum Orakel von Poseidon am Kap Tainaron, zu den Wehrtürmen von Vathia, und in Mani lehren die Klagefrauen und Klagemänner ihre Trauerkultur der Myroloja.

Wir bekommen die Möglichkeit in dieser Umgebung selbst mit den berühmten Myroloja-Klagegesängen zu experimentieren.

Dies ist eine inszenierte edukativ-kreative Expedition zur Bereicherung der eigenen Persönlichkeit und Berufskompetenz.

EXPEDITION B. Sich mit Prometheus identifizieren um Erkenntnisse der eigenen Lebens-Rollen zu gewinnen. Dann zu den Heil- und Kraftplätzen des Heilgottes Asklepios und schließlich ein menschlich-göttliches Mord Komplott der damaligen Zeit mit zu entlarven. Eine faszinierende Reise zur Selbstentwicklung und Bereicherung deiner Identität.

Freue dich auf die noch unentdeckten Schätze der hellenistischen Zeit. Sie warten auf dich!

Vorträge/Kurzseminare und Buchpräsentationen

A. Kreative, sinnliche Einführung in die Konzepte und Modelle der MYROAGOGIK© und TRANSMORPHOSE©

Heilsamer Umgang mit dem Basisgefühl – Trauer

Dauer: ca. 4 ½ Stunden oder 9 Stunden
Ort: überall im deutschsprachigen Raum
Teilnehmer: alle Interessierten
Veranstalter: Städte, Kommunen, Schulen, Universitäten, Institutionen, Verbände

B. Buchpräsentationen mit kreativen Trainings

z. B. das Lebenswerk des Autors: »Die Welt ist voll von halben Enten«.

Ein innovatives, humorvolles, ernstes, lebendiges, farbiges Text- und Bilderbuch. Mit dem »Ententraining« macht das Publikum neue Erfahrungen mit Gefühlen und kreativen Ausdrucksformen. Diese Workshop-Erlebnisse ermöglichen ihnen den Umgang mit Gefühlen und Beziehungen und fördern somit die eigene Lebendigkeit, als Prävention gegen depressive Stimmungen und dem gefürchteten Burn-out. Die kleine Ente Kalliopi nimmt uns als leuchtendes Leitbild auf ihren Weg durch das Labyrinth der Gefühle mit. Sie schafft es von einer halben Ente zu einer ganzen Ente zu werden.

Buchveröffentlichungen

Canacakis, Jorgos:
Ich begleite dich durch deine Trauer
Förderliche Wege aus dem Trauerlabyrinth
21. Auflage 2010, Kreuz Verlag, 140 Seiten

Jorgos Canacakis begleitet Trauernde mitfühlend und sicher auf ihrem Weg durch den Schmerz hin zu neuer Lebensenergie. Dabei gibt er leicht verständliche und sensible Anleitungen zu verschiedenen Meditationen und Imaginationsübungen. Darüber hinaus berücksichtigt er alle Arten von Verlust und zeigt nicht nur Trauer-, sondern gleichzeitig Lebensalternativen auf.

Canacakis, Jorgos; Bassfeld-Schepers, Annette:
Auf der Suche nach den Regenbogentränen
Heilsamer Umgang mit Abschied und Trennung
12. Auflage 2005, Bertelsmann Verlag, 255 Seiten

Angeregt durch die jahrelange praktische Arbeit mit trauernden Menschen haben Jorgos Canacakis und Annette Bassfeld-Schepers mit der Geschichte von den Regebogentränen eine ungewöhnliche poetische Form gefunden, die uns neue Wege für den liebevollen Umgang mit Trauer erfahren lässt. Sie erzählen eine Geschichte, die Kindern und Erwachsenen dabei hilft, sich den Trauergefühlen zu öffnen, sie auszudrücken und ihre lebensfördernde Kraft zu spüren.

Canacakis, Jorgos; Schneider, Kristine:
Neue Wege zum heilsamen Umgang mit Krebs
Angebote für Betroffene und Helfer
3. erw. Auflage 1997, Kreuz Verlag, 317 Seiten
Nur noch antiquarisch erhältlich

Zwei erfahrene Therapeuten führen in diesem Buch die Auseinandersetzung mit Krebs in eine neue Dimension und machen auf heilsame Einflüsse und Möglichkeiten jenseits der modernen Apparatemedizin aufmerksam. Die Angst der Betroffenen vor der Krankheit kann damit in Freude am Leben verwandelt werden und gewinnt so selbst heilungsfördernde

Qualität. Betroffene und Helfer erhalten Denkanstöße und Hinweise, wie sie sich am Heilungsprozess beteiligen und ein gesundes, wirklichkeitsnahes Verhältnis zur Erkrankung und zu sich selbst entwickeln können.

Schneider, Kristine; Canacakis, Jorgos:
Heilsamer Umgang mit Schwingungen.
Gongklänge: Neue Wege zum Selbst und zur Lebendigkeit
1996, Walter Verlag, 228 Seiten
Restexemplare bei der AMB© erhältlich, Adresse siehe oben.

Durch das völlig neue »Trans-Sonans«-Modell wird ein neuer Zugang zu Klangmedien wie Gong, Klangschale, Trommel und Lyra eröffnet. Hier kann der Mensch sich in der Inszenierung von kreativen Medien, Mythen, Symbolen und Ritualen als schwingend, allverbunden und heilsam klargegrenzt erfahren. Das Buch bietet den Lesern einen Fundus von bewährten und neuen Gongübungen. Es wendet sich an psychologisch Interessierte, an Fachleute der helfenden Berufe, an Psychotherapeuten und Ärzte. Die Modelle geben eine klare Orientierung, auch für Nichttherapeuten, die die heilsame Arbeit mit Klang kennen lernen möchten.

Canacakis, Jorgos:
Die Welt ist voll von halben Enten
Eine Entwicklungsreise für unsere Kultur. Wie das halbe Entlein Kalliopi sich auf den Weg macht, um eine ganze Ente zu werden. Ein Buch in drei Teilen. Basierend auf innovativen Forschungsansätzen und pädagogisch-psychologisch kreativen Konzepten. Lebensunterstützung für Jung und Alt.
2006, Orphikon Verlag, 335 Seiten

Dieses Buch ist eine Gefühlsoase für Jung und Alt, ein beinahe Life-Mega-Event für Kinder, Eltern und Menschenbegleiter, die sich weiterentwickeln und dabei echt lebendig werden wollen. Es wurde für Kinder, ihre Eltern, Großeltern, und alle Wegbegleiter gemalt und geschrieben. In einer leicht verständlichen, witzigen und herzensrührenden Art bekommen wir praktische Anleitungen, wie wir im Alltag auch mit schwierigen und traurigen Lebenssituationen umgehen können. Dieses ermutigende Abenteuer- und Familienbuch, auch für kultur- und gesellschaftskritische Einzelgänger, verbindet die Generationen wie eine Schifffahrt die Kontinente. Es navigiert alle Passagiere sicher durch die unruhigen Meere der Gefühle.

Dr. Canacakis hat in diesem aufwendigen und kreativen Lebenswerk sein Wissen, seine Erfahrungen und Erkenntnisse aus seiner über 30-jährigen Forschungs- und Praxisarbeit zusammengefasst. Damit leistet er einen unschätzbaren Beitrag zu einer neuen Kultur der Emotionen, insbesondere der Kultur im Umgang mit Trauer und ihrer Umwandlung. Die Realisation dieses Buches wäre nicht möglich gewesen ohne das großherzige Sponsoring schweizerischer Gesundheitsorganisationen und das große Engagement vieler Menschen, insbesondere die unermüdliche Arbeit von Gudrun Grebu (Illustrationen) und Alfred Kleinat (Layout und Umschlaggestaltung).

Dieses Buch ist

- zunächst eine spannende, ergreifende und humorvolle Bildererzählung, in deren Mittelpunkt ein ungewöhnliches einfaches Entlein mit dem stolzen Musenamen Kalliopi steht. Eine faszinierende Kombination von Spaß und Spiel.
- ein Arbeitsbuch, das uns Lesern das Gestalten eines eigenen Erlebnisbuches ermöglicht
- in drei Teile gegliedert – jeder Teil ist in sich abgerundet und gibt uns die Gelegenheit, unsere persönliche Bilanz zu ziehen. Wir können nach Lust und Laune über unsere Gefühle, Empfindungen, Fantasien und Wünsche schreiben, dichten und malen
- ein auf mehreren Ebenen gestaltetes dramaturgisches Konzept:
  - die Erzählwelten
  - die Bildwelten
  - die bühnenhafte Inszenierung der Handlung
  - der kreative Ausdruck
  - die Spür- und Spielebene (Kalliopi als Plüschfigur)
- eine Art »Bühne im Buch«. Wir haben die Gelegenheit, all diese Ebenen in unserer Vorstellung zu betreten. Wir können aktiv mitspielen, mithandeln, mitempfinden, ja sogar mit-

streiten. Die verschiedenen Rollen und Charaktere verführen uns zum Ausprobieren.

- ein Orientierungsgeber, der bestätigt, berät und neue Wege anbietet:
  - für das ganze Jahr
  - für die ganze Familie
- ein innovatives Werk der neuen Art »Family Adjustment«

Die Geschichte in Kürze:

Im idyllischen Städtchen »Rutschi-Popolis« geschieht etwas Schreckliches – ein Entenpapa wird von einem Sportauto totgefahren. Die Mama kann so viel Schreck und Trauer gar nicht verkraften. In ihrer Depression vergisst sie, ihr letztes Ei, in dem unser Entlein sitzt, auszubrüten. Die Geschichte nimmt ihren Lauf. Ein freundliches Mäusetrio hilft dem armen Wesen, doch noch zur Welt zu kommen, aber leider nur als ein »halbes Entlein«. Es kann nicht watscheln, quaken, schwimmen. Es kann nicht einmal die richtige Nahrung für sich finden. Traurig, mutlos, abgelehnt, und auch noch überfordert mit der Sorge um die schwermütige Mama und die Geschwisterchen, kann sich Kalliopi zu Hause kaum entwickeln. So macht sich das Entlein auf und davon in die weite Welt. Unterwegs nach »Nirgendwo« begegnet es vielen Tieren und anderen besonderen Gestalten. Diese helfen ihm, langsam Vertrauen in sich aufzubauen.

Kalliopi durchlebt so manches fast gefährliches Abenteuer. Der nahezu blinde Maulwurf »Earthy« begleitet es zur Urwärme der Erde und zeigt ihm, wie man mit anderen Sinnen sehen kann. Zahlreiche »Nicht-Spezialisten« helfen Kalliopi auf dem Weg der Entwicklung – zum Beispiel der sympathische Esel, der dem Entlein tatsächlich das Fliegen beibringt, oder die neugierige Schnecke, von der es das schnelle Watscheln lernt. Außerdem ordnen wir unser »Traumwelten-Chaos«, begegnen »inneren Engeln« zum Anfassen, »jungen Alten« und »alten Jungen« und in Sachen Liebe dürfen wir auch gespannt sein. Auf dieser sinnlichen Expedition können »halbe Wesen« Schritt für Schritt erwachsen werden, alle ihre »Gefühlsfarben« wiedergewinnen und lernen, sie auszudrücken.

Dieses Buch ist

- für jeden, der sich selbst besser fühlen und verstehen möchte
- für Menschen, die mit Menschen arbeiten – sie entdecken neue Dimensionen und gleichsam Möglichkeiten, schwierige und komplexe Themen einfach und kreativ zu vermitteln
- für alle, die Pädagogisches, Psychologisches oder Spirituelles auf verständlichem Weg menschlich vermitteln wollen
- für Visionäre und andere Menschen in Führungspositionen. Sie können das wissenschaftliche Gerüst ihrer Welten durch den Inhalt dieses Buches atmosphärisch durchdringen lassen – dies führt zur Ganzwerdung ihrer selbst und ihrer Ziele
- für künstlerisch arbeitende Menschen – sie bekommen Unterstützung im Ozean der Möglichkeiten, auf ihren ureigenen Punkt zu kommen
- in erster Linie für Kinder und Jugendliche – die Erwachsenen begegnen auf Umwegen ihrem oft übersehenen »inneren Kind«

Die Hauptfigur Kalliopi stellt ein Leitbild dar. Wir sind Zeugen ihrer Entwicklung, wir fühlen seelische Verwandschaft und wir haben jederzeit die Möglichkeit, uns durch den Ausdruck unserer natürlichen Gefühle einzumischen. Dadurch entwickeln wir uns ganz nebenbei auch selbst zu einer »ganzen Ente« – sorry, zu einem »ganzen Menschen«.

Wir lernen

- den inneren Lebensfunken trotz widriger Lebensumstände zu schützen
- unsere Sinne optimal zu nutzen
- unsere schlummernden Talente und Fähigkeiten zu entdecken
- uns selbst zu lieben und gut für uns zu sorgen
- Vertrauen und Hingabe zur Natur und zu den Mitmenschen zu vertiefen
- Unterstützung anderer anzunehmen und uns ebenfalls zu engagieren
- Verantwortung für das eigene Leben und Handeln zu übernehmen

- das Leben in vollen Zügen zu genießen. Deshalb lautet unser Motto: Einer für alle, alle für einen und ich für mich!

Das Konzept des Buches bietet neben der Begleitung des Lesers auf seinem Entwicklungsweg die Möglichkeit lebendiger, tiefer gehender Erlebnisse in einer Gruppe.

In der Tat wird lebendiges »Enten-Training« angeboten! In Kurzworkshops zwischen zwei und acht Stunden oder in Workshops bis zu drei Tagen besteht die Möglichkeit, die Entwicklung zur ganzen Ente – sorry, zum ganzen Menschen – zu vertiefen.

Kalliopi zum Anfassen

»Kalliopi das kleine Stoffentlein« (20 cm) ist weitaus mehr als ein niedliches Geschenk. Während des Lesens kann man Kalliopis Geburtshelfer sein und je nach Gefühl und Empfindung die biegsame Figur entfalten und immer wieder neu formen. Es ist eine weitere Ausdrucksmöglichkeit und somit eine wertvolle Ergänzung zum Buch.

Das Kalliopi Entlein können Sie direkt bestellen bei:

WIN Promotion GmbH
Abt. Kalliopi-Versand
Postfach 1204
65502 Idstein
Telefon 0 61 26 / 9 51 85 86
Fax 0 61 26 / 9 51 85 87
E-Mail: office@winpromotion.de

106, 115, 126, 138, 161, 189, 195, 198, 201 ff., 205, 208, 212 f., 216 f., 222, 226, 236, 261

Neuausgabe 2011

www.kreuz-verlag.de

Umschlaggestaltung: Agentur IDee
Umschlagmotive: © shutterstock
Autorenfoto: © privat

Satz: de·te·pe, Aalen
Herstellung: fgb · freiburger graphische betriebe
www.fgb.de

Gedruckt auf umweltfreundlichem, chlorfrei gebleichtem Papier
Printed in Germany

ISBN 978-3-451-61031-8